本书为国家自然科学基金面上项目(71472189)阶段性研究成果

直接经验与非伦理消费行为决策
—— 理论模型、作用效应及心理路径

赵宝春 ◎ 著

中国社会科学出版社

图书在版编目（CIP）数据

直接经验与非伦理消费行为决策：理论模型、作用效应及心理路径/赵宝春著 . —北京：中国社会科学出版社，2016. 12

ISBN 978 - 7 - 5161 - 9673 - 1

Ⅰ. ①直…　Ⅱ. ①赵…　Ⅲ. ①消费者行为论—研究　Ⅳ. ①F036. 3

中国版本图书馆 CIP 数据核字（2016）第 326400 号

出 版 人	赵剑英	
责任编辑	卢小生	
责任校对	周晓东	
责任印制	王　超	

出　　　版	中国社会科学出版社	
社　　　址	北京鼓楼西大街甲 158 号	
邮　　　编	100720	
网　　　址	http：//www. csspw. cn	
发 行 部	010 - 84083685	
门 市 部	010 - 84029450	
经　　　销	新华书店及其他书店	

印　　　刷	北京明恒达印务有限公司	
装　　　订	廊坊市广阳区广增装订厂	
版　　　次	2016 年 12 月第 1 版	
印　　　次	2016 年 12 月第 1 次印刷	

开　　　本	710×1000　1/16	
印　　　张	17	
插　　　页	2	
字　　　数	245 千字	
定　　　价	65. 00 元	

前　　言

在日常生活中，违反伦理道德规则的非伦理消费行为问题变得越来越严重。但从行为主体角度看，很多非伦理消费行为是消费者基于自身经验积累的不自觉选择，也就是习惯性的行为再犯。这种现象客观上体现了"积习难改"的特征，从而增加了非伦理消费行为问题的治理难度。

在此现象的背后，隐藏了一个重要的学术命题：在非伦理消费行为决策的情景下，决策者在前期行为实践中积累的经验究竟如何影响后续的行为决策？系统研究这一问题十分必要。尤其在中国这个特别强调"德行修养"但违反道德规则的消费行为又随处可见的新兴市场，从直接经验角度深入揭示非伦理消费行为决策的形成规律，不仅具有重要的理论创新价值，还对有效推进非伦理消费行为问题治理有重要的启示和指导价值。

本书首先在系统梳理商业伦理和消费伦理理论、感知风险理论以及行为经验理论的基础上，以非伦理消费行为意愿为决策结果变量构建直接经验影响非伦理消费行为决策的综合理论模型，并以此模型为理论框架指导设计后续七个独立的实证研究。总体来看，实证研究包含了"作用效应研究"和"心理路径研究"两大内容模块。

在"作用效应研究"中，除以非伦理消费行为意愿这个决策结果变量为目标变量外，还逐渐将关注的焦点转移到伦理判断和感知风险等决策中间变量及与之相关的"伦理判断→非伦理消费行为意愿""感知风险→非伦理消费行为意愿"等决策核心环节，从不同视角依次揭示直接经验在影响这些核心决策环节时的作用效应。

"心理路径研究"则从伦理判断视角、感知风险视角和同步包含这两个变量的综合比较视角等不同角度，系统探讨直接经验影响非伦理消费行为意愿的心理路径及不同路径所表现出来的特征，并在此基础上深入揭示了伦理判断和感知风险这两个重要的决策中间变量在直接经验影响非伦理消费行为意愿中所发挥的中介作用和调节作用。

长期以来，本土研究停留于跟随、复制西方研究的基础研究阶段。而本书首先提出综合理论模型，随后通过系列实证研究分别从作用效应和心理路径等不同层面逐步揭示直接经验在非伦理消费行为决策中的作用机制。这些研究是基于中国市场环境开展的自主性研究，为跨越和突破本土复制性的传统研究思路做了一些尝试；这些研究从行为经验角度为深入揭示非伦理消费行为决策形成规律开辟了全新视角，不仅可以有力地推动非伦理消费行为本土研究的深入发展，而且还为消费伦理研究贡献了来自中国市场的研究成果，是对消费伦理理论的重要拓展。

从实践角度来看，消费领域的非伦理行为随处可见，且有愈演愈烈之势。究其原因，其中最重要的一点就是，长期以来在治理过程中忽视了行为产生的内在必然性，没有抓住问题的关键，从而出现了治理措施"药不对症"的现象。本书特别注意到，在中国市场环境下非伦理消费行为的产生在很大程度上是决策者基于自身经验的非自觉选择。也就是说，很多的非伦理消费行为其实是决策者在没有太多意识投入状态下发生的重复选择。因此，非伦理消费行为治理过程中要有所针对地寻找有效措施。本书较为全面地揭示了自身经验对消费者后续非伦理行为决策的影响机制，研究发现和研究结论为非伦理消费行为治理提供了重要的启示，具有重要的实践价值。

摘　　要

本书将理论研究和实证研究有机结合起来，在构建综合理论模型基础上从作用效应和心理路径等方面揭示直接经验在非伦理消费行为决策中的作用机制。实证研究通过街头拦截完成问卷调查，并借鉴前人方法开展跨伦理情景的宏观层面研究，以期获得更逼近事实的研究结论。

"作用效应研究"发现，在非伦理消费行为决策情景下，直接经验有利于消费者行为意愿的形成，直接经验的促进作用非常明显；还发现，直接经验能显著影响伦理判断和感知风险等非伦理决策心理过程的中间变量。此外，直接经验还被发现可以显著调节伦理判断和感知风险对非伦理消费行为意愿的影响，并且可以从根本上改变伦理判断和感知风险影响非伦理消费行为意愿的作用方向。即在直接经验影响下，伦理判断和感知风险对非伦理消费行为意愿的常态抑制作用有所减弱，甚至逆转为促进作用。

"心理路径研究"证实，直接经验可以通过伦理判断和感知风险这两个决策中间变量分别向非伦理消费行为意愿传递间接影响；不过，与直接经验影响非伦理消费行为意愿的直接路径相比，间接影响始终处于辅助地位；伦理判断间接路径和感知风险间接路径在传递直接经验影响非伦理消费行为意愿的作用效用中旗鼓相当。此外，还发现，直接经验对非伦理消费行为意愿的影响还受伦理判断和感知风险这两个决策中间变量的显著调节，只是直接经验对非伦理消费行为意愿的促进作用不因伦理判断和感知风险这两个变量的干扰而发生方向性逆转。

另外，与伦理判断、感知风险等其他的消费伦理影响因子比较后可以发现，在非伦理消费行为意愿形成过程中，直接经验的作用特别突出。从作用效应角度看，直接经验影响非伦理消费行为意愿的程度远大于其他两个变量；从心理路径角度看，直接经验作用效应主要通过直接路径传递，因此其作用效应传递具有很强的独立性，较少因为依赖其他变量传递作用效应而受到制约。

概括而言，在非伦理消费行为研究中，直接经验这个变量不仅可用于评估决策者的个体属性特征，还可上升到伦理判断、感知风险等决策心理变量同等的逻辑层次，用于对非伦理消费行为意愿的预测。且比较而言，直接经验的预测准确率远高于伦理判断和感知风险。这些都是消费伦理实证研究中的全新发现。

关键词： 消费伦理　非伦理消费行为　直接经验　理论模型　作用效应　心理路径

ABSTRACT

In this book, with an integration of theoretical method and empirical one, machinism of direct experience functioning in consumer unethical behavior decision – making is explored from two sides, influencing effections and psychological pathes, on the base of constructing a comprehensive theoretical model. Questionnaire is accomplished by intercept in street for the empirical researches, and predecessors' way is imitated to take research at macro level across diverse ethical situations just for getting some conclusions more closely to the facts.

In the part of researches on influencing effects, direct experience is found to promote the formation of the intention to take unethical behavior, and the positive function is outstanding. It is also significant of direct experience to impact on ethical judgment and perceived risk, two important variables as one step of the decision psychological process. Moreover, direct experience is found to not only moderate the relationships between ethical judgment and consumer unethical behavior intention, as well as between perceived risk and consumer unethical behavior intention, but especially reverse the directions of ethical judgment and perceived risk affecting consumer unethical behavior intention.

In the part of the researches on psychological pathes, it is found that direct experience could influence indirectly consumer unethical behavior intention through ethical judgment and perceived risk, while the direct path of direct experience influencing consumer unethical behavior intention is still the leading one. Among the indirect pathways, effects transmitted indirectly through ethical judgment equated to another one through perceived risk. Furthermore, the relationship between direct experience and consumer unethical behavior intention is moderated respectively by ethical judgment and perceived risk. However, the moderation effects can not diverse the direction of direct experience promoting consumer unethical behavior intention.

Compared with other factors of consumer ethics like ethical judgment and perceived risk, the function of direct experience is outstanding much more in the formation of consumer unethical behavior intention. Regard to the influencing effects, those of direct experience are much greater than others, and for the psychological pathes, the direct one is the main to transmit the influence of direct experience on consumer unethical behavior intention.

Besides being a variable with implication of reflecting personal characteristics of decision - maker, direct experience could be rised to the same logical level of ethical judgment and perceived risk just as the forecaster of consumer unethical behavior intention, with much higher accurate rate than the latter two. All of these conclusions are brand new in the empirical research on consumer ethics.

Key Words: Consumer Ethics, Consumer Unethical Behavior, Direct Experience, Theoretical Model, Influencing Effects, Psychological Pathes

目　　录

第一章 导论

第一节 选题背景

近年来，非伦理消费行为（Consumer Unethical Behavior，CUB）越来越受到关注。有专业研究报告显示，非伦理消费行为问题已很严重。例如，据国际商业软件联盟（BAS）报告，2011年全球盗版软件商业价值达到634亿美元；另据经济合作与发展组织（OECD）2012年推算，全球仿冒品贸易造成的损失额每年高达2500亿美元。

在正经历巨大社会变革的中国市场，消费领域的非伦理行为随处可见，有的甚至已呈群体失范之势。例如，BAS公布的数据显示，治理多年后，2011年中国市场盗版软件使用率仍高达77%；据中国香港媒体2013年9月报道，内地某高铁站10分钟内查获20人逃票，有些人态度嚣张，无视车站工作人员阻拦，扬长而去；而旅游景点游客不文明行为表现更是常常成为焦点新闻，受到公众热议，一些不文明行为还被带到国外，并产生了恶劣的国际影响。

作为消费者行为的阴暗面（Hirschman，1991），非伦理消费行为破坏了社会信任机制，增大了交易成本（曾伏娥，2010），严重损害了企业利益，并抑制了市场活力（Steenhaut and Kenhove，2006；Liu，Zeng and Su，2009）。为此，政府和企业组织等治理方采取了一些措施，但事实表明，治理工作收效甚微。

从日常生活实践看，成功的非伦理消费行为不仅为当事人重复选择提供了经验积累，还为其他消费者提供了经验参考和行为示范，并由此产生了"积习难改"（非伦理消费行为的自体再犯）"近墨者黑"（非伦理消费行为的人际传播）等问题。尤其在注重社会认同和群体一致的集体主义文化背景下，社会成员之间关系紧密（Joy，2001），个人决策更易受他人影响（Bao，Zhou and Su，2003；Childers and Rao，1992）。也就是说，非伦理消费行为经验更易在人际间传播。当这种人际传播扩展到社会群体层面时，"群体失范"（群体成员的普遍效仿）就会产生，从而进一步增大了治理难度。

面对这些难题，治理方未能有效应对，最主要的原因在于，长期以来忽视了经验在非伦理消费行为形成中的突出作用，对经验影响非伦理消费行为决策的内在机制缺乏深入理解，以致难以找到长效治理的突破口。

在非伦理消费行为决策这种不宜公开的决策情形下，消费者不可能如产品购买决策一样轻易获取产品性价比等明确的描述性信息用于个人决策；而且，在期望获得经济利益的同时，决策者还需面对相应的道德成本，因此，他们需要在效用价值和道德价值之间进行权衡和取舍。但效用价值基于经济理性标准做出判断，道德价值基于规范理性标准做出判断（Redmond，2004；赵宝春，2011a），两套标准截然不同，难以对等互换；再者，非伦理消费行为还与文化导向（例如，Armstrong，1996）、社会奖惩（例如，Zhao and Tian，2009）等环境因素密切相关，这些环境因素不为决策者所左右，因此行为结果也不由决策者完全掌控。也就是说，非伦理消费行为决策所需的信息、决策过程以及决策结果都有高度的不确定性。

在不确定情形下，决策者更多的是基于以往的经验做出决策（刘腾飞、徐福明、马红宇等，2012）。与基于描述信息下的决策相比，依赖基于经验获得的选项而做出的判断更加精确（Hogarth and Soyer，2011；Barron and Leider，2010；Camilleri and Newell，2009；

Hau, Pleskac and Hertwig, 2010；Koritzky and Yechiam, 2010）。因此，在非伦理消费行为决策这种高度不确定情形下，经验的作用特别突出。消费伦理理论模型和实证研究结果也显示，经验的确是影响非伦理消费行为决策的重要因子（Hunt and Vitell, 1986；曾伏娥，2010），但迄今为止，经验在非伦理消费行为决策中的作用机制仍未被系统揭开。

在中国，依赖传统价值体系评判的伦理道德水平始终是衡量个人素质的重要标准（赵宝春，2008）；"修身""慎独"等传统观念一直是主流社会推崇的道德修炼方向；党的十八大和习近平（2013）"8·19"重要讲话都特别强调了加强以全面提高公民道德素质为基本任务的社会主义核心价值体系建设的重要性。① 这意味着，在特别强调"德"的环境下，与主流价值理念明显冲突的非伦理消费行为不应有藏身之地。

但从现实情景看，这些行为却无处不在，频繁出现。道德现状与道德理念的这种严重背离致使非伦理消费行为不确定性更为突出，因为非伦理行为天天发生或被很多人接受，这些行为就会被认为是伦理的（Kini, Rominger and Vijayaraman, 2000；Logsdon, Thompson and Reid, 1994），从而导致了道德认知的进一步混乱。因此在中国市场环境下，个体经验对非伦理消费行为决策的作用和影响更加显著，在此环境下对此开展研究具有更为重要的理论意义和现实价值。

直接经验是相对间接经验而言的。直接经验是伴随行为主体参与而获得的知识积累（赵宝春，2012），间接经验则是对他人知识的共享。决策信息理论显示，绝大多数决策者首选自主信息作为决策基础，只有在自主信息不够的情况下才会关注外来信息（Kline and Wagner, 1994），这即意味着，直接经验早于间接经验被决策者

---

① 来自中国文明网，http：//www. wenming. cn/xj_ pd/ssrd/201308/t20130820_1422721. shtml, 2014 - 12 - 12。

利用。也就是说，揭示经验在非伦理消费行为决策中的作用机制，首先应该从直接经验着手。为此，本书选择直接经验作为研究的突破口，针对中国市场特点设计和开展实证研究，系统揭示直接经验影响非伦理消费行为决策的内在机制，以填补相应的理论空白，并为中国商业实践提供启示。

第二节　研究内容

本书实证研究共包含两个内容模块：一是作用效应研究。首先以行为意愿这个个体决策结果变量为目标，系统检验直接经验对非伦理消费行为意愿的影响，从总体上揭示直接经验影响非伦理消费行为意愿这个决策结果变量的作用效应；其次以"伦理判断→非伦理消费行为意愿"以及"感知风险→非伦理消费行为意愿"等决策核心环节为目标，系统检验直接经验影响伦理判断、感知风险等重要的决策中间变量及相应决策核心环节的作用效应。二是心理路径研究。即将伦理判断、感知风险等决策中间变量纳入决策心理路径中，系统揭示直接经验影响非伦理消费行为意愿作用效应的传递路径及相应规律。但是，按照实证研究规范化程式，首先需要在理论研究基础上构建理论指导模型。因此，总体来看，本书的内容共包含理论模型构建、作用效应研究和心理路径研究三大模块。其中，第一部分为基础理论研究，后两部分为实证研究。

一　理论模型构建

本部分包含研究现状、文献评述和模型构建三大研究内容。进入20世纪90年代以后，消费伦理实证研究进入了快速发展时期，但新兴发展态势的出现离不开商业伦理领域的基础理论积累。尤其是极其丰富的商业伦理理论模型为消费伦理实证研究的快速发展奠定了扎实的理论基础。因此，本部分首先从理论模型着手文献梳理，随后系统分析实证研究现状。

　　文献评述也遵循这种内容框架分别从理论模型和实证研究两个方面开展。在理论模型评述中除了系统梳理商业伦理理论模型演变历史线索外，还要归纳现有理论模型反映个体决策心理过程的全部潜在路径，并论证将感知风险这个重要的决策中间变量融入现有理论模型中的必要性和可能性。实证研究评述则主要从消费伦理决策影响因子的角度剖析现有研究的不足，并从行为经验理论角度分析直接经验在消费伦理决策中的潜在价值。

　　最后，基于文献研究成果构建综合理论模型。该模型以直接经验为决策心理过程的起点，以非伦理消费行为意愿为决策心理过程的终点，包含伦理判断、感知风险等重要的决策中间变量，融合一般行为决策理论、消费伦理理论、感知风险理论和行为经验理论等领域的研究成果，将直接经验影响非伦理消费行为意愿的直接路径、伦理判断间接路径和感知风险间接路径纳入综合理论模型中，从理论上揭示直接经验影响非伦理消费行为决策心理过程的各种潜在可能，为后续实证研究提供总体框架和理论指导。

二　作用效应研究

　　作用效应研究主要意图在于系统揭示直接经验对与非伦理消费行为决策密切相关的心理变量和核心心理环节的影响效应。由于从不同理论视角出发至少可以发现伦理判断和感知风险都是个体伦理行为意愿的重要预测变量，因此，本部分研究除了要揭示直接经验影响非伦理消费行为意愿这个决策结果变量的作用效应外，还将系统揭示直接经验影响伦理判断和感知风险等重要决策中间变量及与之相关的核心决策环节的作用效应。

（一）对决策结果变量的影响

　　本部分主要是从总体上分析直接经验影响非伦理消费行为意愿的效应特征。具体包括两个方面的内容。

　　其一，将直接经验、非伦理消费行为意愿同性别、年龄、婚姻、学历等人口统计学变量以及伦理情景结合起来，试探性分析直接经验、非伦理消费行为意愿与四个人口统计学变量以及伦理情景之间的关系（基础试探分析）。

其二，基于上一步分析所获结论，将消费伦理决策情境（伦理情境）这个影响直接经验和非伦理消费行为意愿的重要变量作为控制变量引入，在控制伦理情境作用效应的前提下，揭示直接经验影响非伦理消费行为决策的净效应，并与没有加入伦理情境条件下的总效应进行比对（作用效应分析）。一方面，可以获得直接经验的真实作用效应；另一方面，还可清晰地评估伦理情境对直接经验影响非伦理消费行为意愿的干扰程度。

简言之，本部分主要是从总效应和净效应等角度初步揭示直接经验影响非伦理消费行为意愿的作用效应，为后续研究提供铺垫。

（二）对决策核心环节的影响：基于伦理判断视角

首先，以伦理判断这个决策中间变量为自变量，以非伦理消费行为意愿这个决策结果变量为因变量，系统分析伦理判断影响非伦理消费行为意愿的总体效应，并在控制伦理情景和人口统计学变量干扰条件下揭示伦理判断影响非伦理消费行为意愿的作用效应。

其次，以直接经验这个个体属性变量为自变量，以伦理判断为因变量，系统分析直接经验对伦理判断的影响，并在控制伦理情景和人口统计学变量条件下评估直接经验影响伦理判断的作用效应；在此基础上继续从不同细分伦理情景的角度分析直接经验对伦理判断的影响。

最后，将直接经验作为调节变量引入，系统揭示直接经验在伦理判断影响非伦理消费行为意愿中所发挥的调节作用。并基于不同细分伦理情景进一步分析直接经验在伦理判断影响非伦理消费行为意愿中的调节作用。

（三）对决策核心环节的影响：基于感知风险视角

本部分研究基于伦理判断视角进行研究，具体内容如下：

第一步，以感知风险这个决策中间变量为自变量，以非伦理消费行为意愿这个决策结果变量为因变量，系统分析感知风险影响非伦理消费行为意愿的总体效应和净效应。

第二步，以直接经验为自变量，以感知风险为因变量，系统分析直接经验对感知风险的影响，并在控制伦理情景和人口统计学变量条件下评估直接经验影响感知风险的作用效应；随后进一步基于细分伦理情景分析直接经验对感知风险的影响。

第三步，将直接经验作为调节变量引入，系统揭示直接经验在感知风险影响非伦理消费行为意愿中所发挥的调节作用。最后从不同伦理情景的角度深入分析直接经验的调节作用。

（四）对决策核心环节的影响：基于综合比较视角

本部分是在伦理判断、感知风险并存状态下，将直接经验引入，系统分析直接经验同步影响伦理判断和感知风险的作用效应以及同步调节伦理判断和感知风险影响非伦理消费行为意愿时的特征，重点揭示直接经验影响这两个决策中间变量和调节"伦理判断→非伦理消费行为意愿"和"感知风险→非伦理消费行为意愿"两个核心决策环节时的差异。

本部分主要包含如下内容：

首先，在伦理判断和感知风险同步存在的状态下，分别揭示直接经验影响伦理判断和感知风险的作用效应，以及调节伦理判断和感知风险影响非伦理消费行为意愿时的特征和规律。

其次，从四个维度开展比对分析。一是在伦理判断和感知风险并存条件下，横向比较直接经验影响伦理判断和感知风险作用效应的差异以及调节两个核心决策环节时所呈现的差异；二是将本部分的研究发现同上述基于伦理判断视角的研究进行比对分析，检验伦理判断和感知风险同步存在条件下直接经验对伦理判断及"伦理判断→非伦理消费行为意愿"环节的影响是否发生了显著变化；三是将本部分的研究发现同上述基于感知风险视角的研究进行比对分析，检验伦理判断和感知风险同步存在条件下直接经验对感知风险及"感知风险→非伦理消费行为意愿"环节的影响是否发生了显著变化；四是从伦理情景、直接经验、伦理判断和感知风险四个变量横向比较的角度，分析它们在影响非伦理消费行为意愿形成中的作用力大小。

三 心理路径研究

与个体行为决策相关的不同理论发现了不同的决策中间变量，且不同的决策中间变量代表了不同的决策心理路径。在消费伦理决策理论领域，伦理判断在消费伦理决策过程中的中心地位已得到了广泛认同，这是揭示消费伦理决策心理过程的最重要也是最常用的中间变量；而在感知风险理论中，感知风险也被认为是揭示个体行为决策心理机制的重要中间变量，且已有研究将此变量引入消费伦理决策情景之中。因此，心理路径研究将从伦理判断、感知风险及二者之间的比较等不同视角系统揭示直接经验影响非伦理消费行为意愿的心理路径及相应的特征。本部分主要包含如下三部分内容：

（一）作用心理路径研究：基于伦理判断视角

本部分是基于"伦理判断"这一消费伦理决策心理过程中的核心变量，系统分析直接经验通过伦理判断环节影响非伦理消费行为意愿的心理路径（简称"伦理判断间接路径"）及其特征。主要包含两个方面的内容。

首先，以伦理判断为中间变量，分析直接经验影响非伦理消费行为意愿的间接效应，并通过比较分析评估间接效应在直接经验影响非伦理消费行为意愿总效应中的相对比重，从而基于伦理判断这个决策中间变量揭示直接经验通过直接路径和伦理判断间接路径等不同心理路径影响非伦理消费行为决策的具体特征（伦理判断中介效应研究）。

其次，大量实证研究显示，行为经验可以不依赖任何中间决策变量进而直接影响行为意愿。也就是说，直接经验影响非伦理消费行为意愿时有直接路径存在。但这并不排除伦理判断这个重要的决策中间变量可能会对其产生其他形式的影响，调节效应就是其中最重要的表现形式。因此，本部分系统地探讨伦理判断对直接经验影响非伦理消费行为意愿时的调节效应（伦理判断调节效应研究）。

简言之，本部分重点在于揭示伦理判断在直接经验影响非伦理消费行为意愿中扮演中间变量和调节变量角色时所具有的特征和规律。

（二）作用心理路径研究：基于感知风险视角

尽管感知风险这个决策中间变量较少用于消费伦理研究，但已有的为数不多的研究成果已充分显示，感知风险同样是预测非伦理消费行为意愿的重要心理变量。因此，本部分将从感知风险视角深入揭示直接经验影响非伦理消费行为意愿的心理路径（简称"感知风险间接路径"）及对应的特征。具体研究内容包含两部分内容。

首先，以感知风险为中间变量，分析直接经验影响非伦理消费行为意愿的间接效应，并通过比较分析评估间接效应在直接经验影响非伦理消费行为意愿总效应中的相对比重，从而基于感知风险这个决策中间变量揭示直接经验通过不同心理路径（直接路径和感知风险间接路径）影响非伦理消费行为决策的具体特征（感知风险中介效应研究）。

其次，以感知风险为调节变量，系统分析直接经验影响非伦理消费行为意愿如何受到感知风险的调节（感知风险调节效应研究）。

概括而言，本部分主要着眼于揭示感知风险作为直接经验影响非伦理消费行为意愿的中介变量和调节变量所呈现的规律和特征。

（三）作用心理路径研究：基于综合比较视角

本部分则是将伦理判断和感知风险这两个决策中间变量同步引入，在伦理判断和感知风险并存的条件下比较分析直接经验分别通过两条间接路径影响非伦理消费行为意愿所呈现的特征差异，以及两个决策中间变量在直接经验影响非伦理消费行为意愿中的调节效应差异。本部分包含三部分内容。

其一，比较分析直接经验通过伦理判断和感知风险影响非伦理消费行为意愿的间接效应差异，并将两个间接效应同直接经验影响非伦理消费行为意愿的直接效应相比较，找到直接经验影响非伦理消费行为决策的最有效的心理路径（中介效应比较分析）。

其二，将伦理判断和感知风险作为调节变量同步引入，比较分析这两个变量在直接经验影响非伦理消费行为意愿中的调节效应差异（调节效应比较分析）。

其三，将伦理判断和感知风险双变量同步存在条件下的研究结论同单一变量条件下（伦理判断视角和感知风险视角）的研究结论进行比对，试图发现其中的差异。

简单地说，本部分重点在于揭示伦理判断和感知风险这两个变量同步存在条件下各自在直接经验影响非伦理消费行为意愿中所发挥的中介作用和调节作用差异。

第三节　研究方法与技术线路

一　研究方法

本书的不同研究内容包含不同的研究方法。在理论研究中，主要针对现有文献成果开展定性研究，以系统梳理消费伦理决策、一般行为决策、感知风险、行为经验等领域的理论体系，并在此基础上论证和构建直接经验影响非伦理消费行为意愿的综合理论模型，为后续系列实证研究提供指导框架和理论铺垫（"理论模型构建"）。

实证研究是本书的核心内容，这些研究主要通过问卷调查方法获得数据以供后续的定量分析。实证研究主要实现两个研究目的：一是揭示直接经验影响非伦理消费行为意愿这个决策结果变量和伦理判断、感知风险等决策中间变量及与此相关的核心决策环节的总效应和净效应（"作用效应研究"）。二是揭示直接经验直接影响非伦理消费行为意愿以及通过伦理判断和感知风险等决策中间变量间接影响非伦理消费行为意愿等不同心理路径的特征和彼此间的差异（"心理路径研究"）。

二　技术线路

本书研究分理论研究、实证研究和整理成文三个阶段进行，研究实施总体上遵循如下技术线路（见图 1 - 1）。

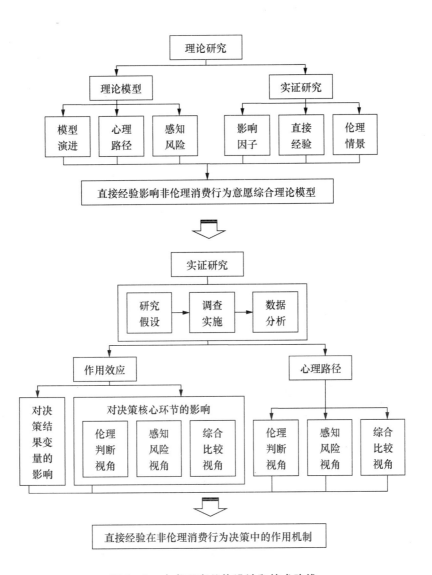

图 1-1 本书研究总体设计和技术路线

（一）理论研究

理论研究主要是系统地梳理前人的研究成果。

首先，从理论和实证两个方面系统地梳理消费伦理领域的文献和成果。

其次，从上述两个方面深入剖析现有研究成果的欠缺和不足，尤其要明确以下几点：一要明确行为意愿在揭示伦理情境下消费者行为决策机制中具有无可替代的独特价值；二要明确在消费伦理决策情境下伦理判断在预测行为意愿中所发挥的中心作用；三要明确感知风险也是消费伦理决策情景下预测行为意愿的重要潜在变量；四要明确直接经验是影响非伦理消费行为意愿的重要个体属性变量；五要明确解释消费伦理决策影响因子影响个体决策的作用机制时需要考虑伦理情景可能产生的潜在干扰。

最后，综合上述研究成果并结合研究目的构建包含直接经验、伦理判断、感知风险以及非伦理消费行为意愿等变量在内的综合理论模型，直观展示不同变量彼此之间的逻辑关系，并为后续的实证研究做好铺垫。

（二）实证研究

首先，探索性检验直接经验影响非伦理消费行为意愿的总效应，并在此基础上将伦理情境和人口统计学变量作为控制变量引入，继续分析在控制伦理情景和人口统计学变量条件下直接经验影响非伦理消费行为意愿的净效应。

其次，分别从伦理判断、感知风险等单一视角以及同步包含伦理判断和感知风险在内的综合比较视角三个角度，系统探讨直接经验影响伦理判断和感知风险等重要的决策中间变量以及与之相关的核心决策环节的作用效应，并比较彼此之间的差异。

最后，分别从伦理判断、感知风险等单一视角以及同步包含伦理判断和感知风险在内的综合比较视角三个角度，系统探讨直接经验影响非伦理消费行为意愿的心理路径及其特征，并比较不同心理路径之间的差异。

概括而言，实证研究试图从作用效应和心理路径两个方面系统揭示直接经验在非伦理消费行为决策中的作用机制。所有实证研究均通过问卷调查方式完成数据收集。

（三）整理成书

本阶段的主体工作是梳理研究报告，总结和归纳理论研究和实证研究成果，予以集成并整理成书。

第四节　结构安排

本书除第一章导论外，共包含 10 章内容，各章内容彼此之间的结构关系如图 1 - 2 所示，具体内容和结构安排如下：

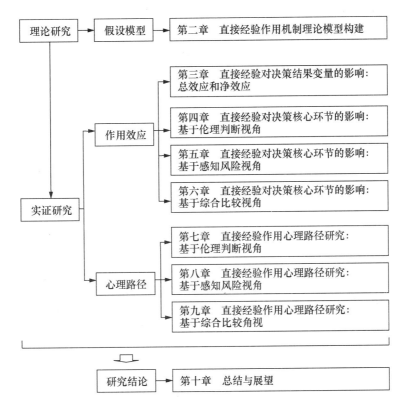

图 1 - 2　本书研究框架和主要研究内容

第二章系统地梳理了商业伦理理论模型、消费伦理理论、感知风险理论、行为经验理论等理论内容，在整合不同理论成果的基础上，构建并论证包含直接经验、伦理判断、感知风险和非伦理消费的行为意愿等变量在内的理论假设模型，为系统揭示直接经验影响非伦理消费行为决策的内在机制提供必要的理论基础。

第三章除检验直接经验和非伦理消费行为意愿与性别、年龄、婚姻和学历等人口统计学变量以及伦理情景的关系之外，重点做直接经验影响非伦理消费行为意愿这个决策结果变量的总效应和净效应分析。其中，净效应分析即是在控制伦理情景和人口统计学变量影响下的作用效应分析。

第四章除分析直接经验影响伦理判断这个决策中间变量的作用效应外，还以直接经验为调节变量，系统分析直接经验在伦理判断影响非伦理消费行为意愿中所发挥的调节作用，揭示直接经验在伦理判断单一变量条件下影响伦理判断的作用效应以及对"伦理判断→非伦理消费行为意愿"决策核心环节的调节效应；并在此基础上从细分伦理情景的角度继续探讨直接经验影响伦理判断和调节伦理判断作用效应中的规律。

第五章除分析直接经验影响感知风险这个决策中间变量的作用效应外，还以直接经验为调节变量，系统分析直接经验在感知风险影响非伦理消费行为意愿中所发挥的调节作用，揭示直接经验在感知风险单一变量条件下影响感知风险的作用效应以及对"感知风险→非伦理消费行为意愿"决策核心环节的调节效应；最后从不同细分伦理情景的角度继续深入研究上述内容。

第六章将伦理判断和感知风险两个决策中间变量同步引入，系统分析两个变量并存状态下直接经验影响两个决策中间变量的作用效应，以及直接经验在"伦理判断→非伦理消费行为意愿"和"感知风险→非伦理消费行为意愿"等决策核心环节中的调节效应，并同伦理判断和感知风险单一变量条件下的研究结论进行比对分析；随后基于不同细分伦理情景分析直接经验的作用规律；最后从横向比较的角度分析伦理情景、直接经验、伦理判断和感知风险等变量在影响非伦理消费行为意愿时的作用力大小。

　　第七章以伦理判断为决策中间变量，系统分析直接经验通过伦理判断对非伦理消费行为意愿施加的间接影响，并就直接路径和伦理判断间接路径的作用效应进行比较分析，随后分析伦理判断在直接经验影响非伦理消费行为意愿中的调节效应。

　　第八章以感知风险为决策中间变量，系统分析直接经验通过感知风险影响非伦理消费行为意愿的间接作用效应，并比较直接路径和感知风险间接路径所传递的作用效应的差异，随后分析感知风险在直接经验影响非伦理消费行为意愿中的调节效应。

　　第九章将伦理判断和感知风险这两个决策中间变量同步引入，系统分析直接经验通过伦理判断间接路径、感知风险间接路径和直接路径影响非伦理消费行为意愿时的特征及不同路径所传递的作用效应间的差异，并比较检验伦理判断和感知风险在直接经验影响非伦理消费行为意愿中的调节效应。

　　第十章基于上述八章研究内容，分别从作用效应和心理路径等方面梳理直接经验在非伦理消费行为决策中的作用机制，并在归纳提炼研究结论基础上系统阐述研究的启示意义及不足与展望。

第二章　直接经验作用机制
理论模型构建

通常情况下，构建理论假设模型或提出研究假设是实证研究得以顺利开展的基本前提。本章将以直接经验为逻辑起点，以非伦理消费行为意愿这个决策结果变量为逻辑终点，引入伦理判断和感知风险等重要的决策中间变量，在全面梳理消费伦理、行为经验、感知风险、一般行为决策理论等领域相关研究成果的基础上，汇集各种潜在的心理路径，用以构建直接经验影响非伦理消费行为意愿的综合理论模型，为后续实证研究提供指导。①

本章将实现以下研究目的：基于文献研究揭示直接经验在非伦理消费行为决策中的重要潜在价值；从理论上论证将感知风险引入消费伦理决策心理过程中的合理性；构建包含直接路径、伦理判断间接路径和感知风险间接路径的综合理论模型，为用实证研究方法系统揭示直接经验影响非伦理消费行为决策的作用机制提供必要的理论铺垫。

---

① 后续实证研究均分别从该理论模型中截取特定模块予以检验。本章构建的综合理论模型统领全部实证研究的逻辑框架，而从理论模型和实证研究两个方面所开展的文献梳理和评述也为实证研究提供了充足的理论基础。因此，此后各章重点阐述各自研究假设的推理过程，不再按照标准的实证研究范式重复"文献综述"的内容。

第一节　研究现状

比较而言，无论是理论体系还是研究规模，西方消费伦理研究都远远领先于中国市场的本土研究，即使本土已有零星的实证研究，但这些研究也仅仅停留于模仿复制阶段，系统性和原创性均显不足。本章文献梳理将从"理论模型"和"实证研究"两个方面予以展开，其中"理论模型"内容全部来自西方。

一　理论模型

从时间逻辑看，消费伦理领域的理论研究早于实证研究，而理论研究主体内容即是构建解释商业伦理决策机制的各种理论模型。回顾文献即可发现，西方消费伦理实证研究之所以能在 20 世纪 90 年代中后期呈现爆炸性增长之势，在此之前储备了丰富的商业伦理理论模型即是重要的前提，这些理论模型为旨在揭示消费伦理决策规律的实证研究提供了基础性的理论准备和方向性指导。

在这些模型中，最为根本的即是科尔伯格（Kohlberg，1969，1976）提出的道德发展理论。科尔伯格（1969）的感知道德发展模型讨论了组织背景下的伦理判断和个体道德评估过程。科尔伯格认为，面对相同的伦理情景，不同个体将产生不同的反应，因为他们处于道德发展的不同阶段。科尔伯格通过横向和纵向研究，定义了道德发展的三个阶段：前传统水平、传统水平和后传统水平。

其中，12 岁前的儿童处于前传统水平。这样的个体比较关注外来回报和惩罚，如果一个行为有利于获得好处或者避免惩罚，则被判断为是"好的"。从 12 岁到青春期进入传统水平，这个阶段的个体依赖家庭、同伴、社会群体等相关群体的期望来判断对错，接受所在群体或社会的规范，这些规范以法律、规则、价值观等形式出现。绝大多数成年人处于后传统水平，这是原则性很强的阶段，用广泛适用的共有规范指导行为，并且行为个体具备理解和运用道德标准的能力，如果能够保证所有社会成员平等、自由主张自己，这些标准就能成为社会基础并被广泛认同（Rawwas，Patzer and Klassen，1995）。

道德发展理论是研究个体生命周期不同阶段道德水平发展轨迹的理论。伴随道德感知的发展，人们从仅关注自己的阶段发展到关注所有个体平等尊重的阶段。既然人们在不同发展阶段关注的重点不同，因此道德感知发展是区别不同发展阶段不同个体差异的个体变量。很多研究已证实，道德发展在伦理判断中扮演着十分重要的角色（Cole，Sirgy and Bird，2000）。后来出现的主要的商业伦理理论模型大多都是基于科尔伯格道德发展理论发展演变而来的（Rest，1986；Jones，1991）。

（一）雷斯特伦理模型

雷斯特（Rest，1986）针对个体伦理决策提出了包含"问题认知""道德评估""道德意愿"和"道德行为"四大环节的伦理假设模型，这一模型简洁地勾勒出了个体伦理决策的基本流程（见图2-1）。雷斯特认为，个体伦理决策从认知道德问题开始，随后进入道德评估阶段，进而建立个体的行为意愿，并用以指导随后的具体行为。

图2-1　雷斯特伦理模型

在此模型中，科尔伯格的道德发展理论被融入了伦理决策的第二阶段——道德评估之中。在此模型中，个体道德发展状态被认为是道德评估环节的关键变量。而行为个体进行道德评估的意义在于建立相应的行为意愿。为了便于对不同道德发展阶段特征的量化，雷斯特（1979）还专门开发了相应的度量工具。

在雷斯特模型中，认知道德问题、做出道德评估、建立道德意愿和采取道德行为四个环节被认为是彼此独立的。对同一决策主体而言，上一环节的成功并不意味着下一环节也会成功。例如，具有良好道德发展状态的个体在面对伦理问题时，并不一定能做出正确的道德选择。

（二）琼斯伦理模型

琼斯（Jones，1991）在雷斯特模型基础上提出了事项随机模型。总体来看，琼斯模型继承了雷斯特模型所提倡的伦理决策的四大基础环节（见图 2 - 2）。最重要的改进在于，琼斯从雷斯特所提出的"道德问题"概念出发，提出了道德强度概念。

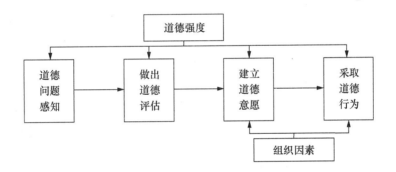

图 2 - 2　琼斯伦理模型

道德强度被认为是把握特定情景下道德事项伦理成分的构建内容。道德强度能表明的是道德事项包含的道德含义被社会个体所认知的程度。雷斯特认为，道德强度包含结果重要性、社会关注度、发生可能性、时间及时性、空间接近性及效果集中性六个维度，并认为，道德强度影响伦理决策的每一个环节。

此外，琼斯还将组织变量作为建立道德意愿和参与道德行为的重要影响因素考虑进来，将这些变量融入雷斯特模型的基本决策框架之中，并试图用于分析组织环境下的伦理决策机制。

（三）F—G 伦理模型

弗雷尔和格雷沙姆（Ferrell and Gresham，1985）整合社会文化、个人因素、他人影响、组织环境、行动机会等变量，提出了伦理决策随机框架模型（见图 2 - 3）。该模型表明，伦理决策起始于伦理困惑（或伦理问题），但整个决策过程受到内在因素和外界因素的共同影响。个人感知变量、组织环境下的重要个体以及行为机会等因素被引入，伦理情景与组织及个体之间的互动特别受到强调，行为个体面对伦理困惑时的行为选择同这种互动密切相关。

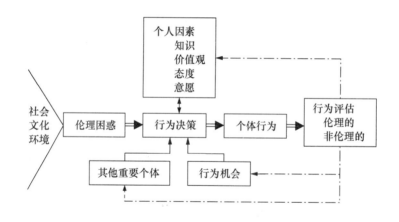

图 2 - 3　F—G 伦理模型

（四）特里维诺伦理模型

特里维诺（Trevino，1986）认为，伦理决策受到个性因素和情景因素的共同作用，并基于这一思想提出了个人—场景互动模型（见图 2 - 4）。特里维诺（1986）的模型强调道德发展阶段等个体感知变量同组织背景下的环境变量的融合。其主要理论基础仍然是科尔伯格（Kohlberg，1969，1976）的道德发展理论，该理论为特里维诺（1986）伦理模型提供了基本的理论构建、测量工具以及理论基础。

在特里维诺伦理模型中，个体特点包含利己主义强度、文件依赖性、心理控制等内生属性变量；情景变量则特指在组织环境下的一些变量，例如，工作环境下的激励机制、来自他人的压力，规范结构性、权威遵从性、责任明晰性等组织文化，以及工作角色、道德冲突解决机制等工作特点，等等；而道德感知则特指决策主体的道德发展阶段。

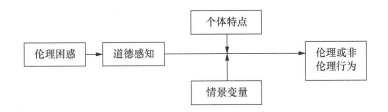

图 2 - 4　特里维诺伦理模型

（五）H—V 伦理模型

亨特和维特尔（Hunt and Vitell，1986，2006）将本体评估和目的评估两种基本的伦理评估方式运用到伦理决策之中，并提出了基于特定伦理场景做出伦理决策的描述性模型（见图 2 - 5）。

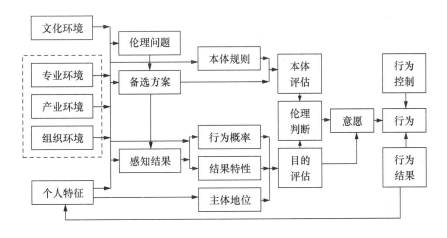

图 2 - 5　H—V 伦理模型

H—V 伦理模型认为，个体伦理判断依赖本体评估和目的评估这两个独立的道德评估过程组合形成，人们不是从两者的某一方面达到判断的目的，而是二者的组合（Cole，Sirgy and Bird，2000；Vitell，2003）。行为个体在一定环境中关于伦理问题的决策感知伴随众多的选择，一旦决定了一套感知方案或行为过程，这两个主要的伦理评估就会发生（Vitell，2003）。

H—V 伦理模型详细描述了行为个体伦理决策的全部过程，并使用了不同的心理学理论来解释决策者的伦理判断，这个模型剔除了专业、组织、行业因素（Vitell，2003），得到了大量实证研究的支持（Donoho，Polonsky，Roberts and Cohen，2001；Thong and Yap，1998；Hunt and Vitell，1993；Vitell，Singhapakdi and Thomas，2001）。

（六）F—G—F 伦理模型

Ferrell、Gresham 和 Fraedrich（1989）认为，个体伦理决策同时受到外在因素（环境、同伴、场景）和内在因素（道德价值结构）的影响。Ferrell、Gresham 和 Fraedrich 在整合社会学习理论"感知影响行为"的基本思想后，提出了伦理决策整合模型（见图 2 - 6）。

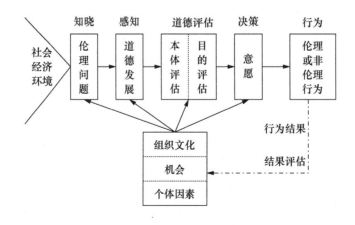

图 2 - 6　F—G—F 伦理模型

从总体上看，F—G—F 伦理模型既吸收了 F—G 伦理模型中所显示的伦理决策起源于伦理困惑的理论主张，同时还吸收了 H—V 伦理模型中关于伦理决策包含本体评估和目的评估两个基本伦理评估过程的核心思想。此外，该模型还吸纳了科尔伯格（1969，1976）的道德发展理论，并将其融合到伦理决策的感知环节。

简单地说，F—G—F 伦理模型是在整合 F—G 伦理模型、H—V 伦理模型和科尔伯格道德发展理论基础上提出的改进型模型。

二　实证研究

自 20 世纪 80 年代中后期起，随着全球一体化的加剧和社会责任意识在全球的觉醒，针对企业营销伦理的研究成果逐渐被延伸到消费领域。消费伦理实证研究不被重视的局面开始在西方有所改善。特别是测量"消费伦理信念"（Consumer Ethical Belief, CEB）的"消费伦理量表"（Consumer Ethics Scale, Muncy and Vitell, 1992；Vitell and Muncy, 1992）[①] 成功开发出来后，即被迅速运用到不同文化背景下的实证研究中，消费伦理实证研究规模随之呈现了爆炸性增长态势，消费伦理理论也逐渐在消费者行为理论体系中崛起，并发展成为一个全新的理论领域和研究方向。

从根本上讲，西方消费伦理实证研究围绕揭示不同个体面对伦理情景时的决策差异而展开。为了揭示伦理决策的个体差异，学者们在原有的理论模型基础上主要关注两个方面：其一是评估具有不同特征的个体在伦理判断和决策时的差异，即度量伦理现状；其二是解释造成个体差异的原因，即发掘原因变量。

（一）伦理现状

消费者的伦理状态实质反映的是具有不同个性特征的消费者在消费情景下所呈现的伦理程度的差异。此类研究主要包含以下两个基本思路：一是在特定地区或国家单一文化背景下的独立研究；二是在跨地区或跨国界的多元文化背景下的比较研究。

---

①　后文均简称为 M—V 消费伦理量表。

在单一文化背景下的研究中，部分学者选择的是能够反映本地消费特征的一般人群（Rawwas，1996；Vitell and Muncy，1992；Kenhove，Vermeir and Verniers，2001；Bonsu and Zwick，2007），也有学者在特定文化背景下选取特定人群开展研究（Vitell，Lumpkin and Rawwas，1991；Swaidan，Vitell and Rawwas，2003）。

这些研究主要是将消费伦理信念、伦理意识（Forsthy，1980，1992）和权术主义（Singhapakdi and Vitell，1990）等目标变量同人口统计学变量结合起来，深入分析具有不同人口统计学特征的消费者面对相同消费情景做出伦理判断和决策时的差异。

此外，还有学者针对入店行窃（Kallis，Krentier and Vanier，1986）、购买非法产品（Albers - Miller，1999）、购买盗版产品（Ang，Cheng，Lin and Tambyah，2001）等单一的特定消费现象开展研究。

跨地区或跨国界的多元文化比较研究在伦理现状研究中占有主导地位。自从 M—V 消费伦理量表开发出来后，这方面的研究迅速扩展到全球很多国家或地区。例如，埃及和黎巴嫩消费者间的比较（Rawwas，Vitell and Al - Khatib，1994），美国和埃及消费者间的比较（Al - Khatib，Vitell and Rawwas，1997），北欧四国（德国、丹麦和苏格兰、荷兰）和南欧四国（葡萄牙、西班牙、意大利和希腊）间的比较（Polonsky，Brito，Pinto and Higgs - Kleyn，2001），等等。

以上针对消费伦理现状的研究都依赖消费伦理信念这一感知变量来反映具有不同文化背景或个性特点的消费者在伦理判断上的差异，同时将伦理意识和权术主义等变量作为原因变量引入，并试图揭示消费伦理信念与伦理意识和权术主义之间的关系。

（二）原因变量

寻找导致个体伦理差异的原因变量是消费伦理实证研究的核心内容。概括起来，已发现的原因变量主要包含个体因素和环境因素两个方面。

　　个体因素主要包括外显变量和内生变量两类变量，其中，外显变量是指个体人口统计学变量，而内生变量则指反映个体感知特点的内生属性变量。

　　在消费者个人因素中，人口统计学变量是最早受到关注的。目前研究中涉及的人口统计学变量一般包括性别、年龄、教育程度、婚姻状况等几个变量。

　　值得注意的是，近几年"出生地"作为实证研究中的一个崭新的人口统计学变量已被引入消费伦理实证研究之中。例如，赵宝春（2011b）基于中国城乡二元分化的社会现实，将反映消费者成年前生活环境和文化背景的出生地作为分类变量，将消费者细分为出生农村和出生城镇两类人群，并系统比较两类消费者的消费伦理信念差异及导致这种差异的根源；Zhao 和 Xu（2013）则遵循同样的思路针对两类细分群体的非伦理消费行为差异开展研究。这些研究系统证实了"出生地"在消费伦理感知和行为中的重要价值，为消费伦理研究发现了一个重要的个体属性变量。

　　具有感知特点的内生属性变量既是影响消费者伦理判断和决策的重要因素，也是实证研究中用于解释导致不同个体伦理状态差异的原因变量的主要方面。在此领域，伦理意识（Swaidan, Vitell and Rawwas, 2003）、权术主义（Vitell, Lumpkin and Rawwas, 1991）、物质主义（Muncy and Eastman, 1998）、心理依恋（Albert and Horowitz, 2009）、自我监控（Kavak, Gurel, Eryigit and Tektas, 2009）、地位焦虑（Chiou and Pan, 2008）、价值偏好（Steenhaut and Kenhove, 2006）等内生属性变量逐一被发现。

　　Rallapalli、Vitell、Wiebe 和 Barnes（1994）发现，趋于冒险、自主、创新、勇于挑战的人具有更低的伦理水平，趋于按照社会许可的方式和现有模式解决问题的人更具有伦理性；Cole、Sirgy 和 Bird（2000）的研究发现，个体对行为结果的需求影响伦理判断时的目的评估；Vitell 和 Muncy（1992），以及 Chan、Wong 和 Leung（1998）等研究将消费者对交易行为、人的本性及非法行为的态度等相关变量引入，发现这些变量对伦理决策都能产生显著影响。Vi-tell（2003）总结指出，消费者对企业及非法行为的态度影响其伦理判断，那些相信"非伦理"就是"非法"的人更趋于将"主动获益"的行为视为非伦理的行为。

在影响消费伦理的环境因素中，最重要的是文化变量。任何社会成员都离不开特定文化或亚文化的影响，文化是影响伦理决策的最重要的变量。亨特和维特尔（1986）将文化环境描述为直接影响营销伦理决策过程不同组成的重要因素之一。因此，有关文化因素的研究在消费伦理研究领域受到了特别的重视（Shaw，Grehan，Shiu，Hassan and Thomson，2005；Swaidan，Vitell and Rawwas，2003；Sarwono and Armstrong，2001）。

从 Hofstede（1979，1983）文化维度解释不同消费者伦理选择差异是消费伦理研究的重要视角，并取得了一定的成绩。Armstrong（1996）利用 Hofstede 文化维度证实，风险规避和个人主义两个维度同消费伦理相关；Chonko 和 Hunt（1985）发现，个人主义维度十分明显的美国人在面对伦理困惑时很少依据已有的伦理准则做出道德判断；Verma（1985）发现，个人主义和打破规范的行为趋势之间具有关联；莫里斯、戴维斯和阿伦（Morris，Davis and Allen，1994）发现，信奉个人主义的行为主体是被自利和实现个人目标支配的。

Hofstede 文化理论常被用于跨地域的比较研究。在这些研究中，Hofstede 文化维度常常成为假设推导的依据。Rawwas（2001）利用 Hofstede 文化维度分析美国、爱尔兰、奥地利、埃及、黎巴嫩、中国香港、印度尼西亚和澳大利亚八个不同国家或地区的文化差异，并推断这种差异对消费者伦理决策产生的潜在影响，由此提出研究假设，最后通过比较分析检验研究假设。Rawwas、Swaidan 和 Oyman（2005）比较研究土耳其和美国消费者，Singhapakdi、Rawwas、Marta 和 Ahmed（1999）比较研究马来西亚和美国消费者，等等，这些研究都遵循了同样的思路。

在基于文化对比的前提下，有的学者试图比较分析社会秩序状态是否对消费者伦理决策产生影响。例如，Rawwas、Patzer 和 Klassen（1995）比较分析同处殖民统治状态的北爱尔兰和中国香港消费者，发现社会秩序稳定的中国香港消费者比处于动荡中的北爱尔兰消费者更具有伦理倾向；Rawwas、Patzer 和 Vitell（1998）比较同样处于战火或恐怖主义状态下的爱尔兰和黎巴嫩，发现爱尔兰人具有较低的理想主义伦理意识、较高的相对主义伦理意识和较高的权术主义倾向，且对伦理实践比较麻木。

还有其他因素也影响消费者的伦理判断。例如，Albers – Miller（1999）发现，产品类型、购买场景和价格都影响非法产品的购买意向，风险及价格同产品类型的相互作用也对购买意向产生影响，周围人群的压力明显影响非法产品购买行为；Muncy 和 Vitell（1992）发现，影响消费者伦理感知的因素还包括错误发生地、欺骗行为的表现形式、伤害的程度，等等。

国内研究内容则主要集中在挖掘伦理内涵、分析伦理问题及问题治理等方面。本土学者善于从传统文化中挖掘消费伦理内涵。比如，孔子的"均而安"（唐凯麟、陈科华，2004）、孟子的"寡欲"（储昭海，2006）、老子的"无知无欲"（王丰年，2002）、墨子的"俭而有度"（李国荣，2005）、荀子的"天下尚俭而弥贫"（杨韶昆，2004）等。

在剖析现实问题时，大学生（王月英，2006）、军人（蔡雪芹，2005）、女性（赵何娟，2004）等特定人群，奢侈消费（汪秀英，2006）、前卫消费（王建平，2006）、人情消费（刘军，2004）等特定现象，仿冒名牌消费（史瑗宁等，2009）、恶意透支信用卡（陆剑清，2008）、拖欠助学贷款（孙淼，2007）等特定行为，分别受到关注。

为了解决消费领域的伦理问题，本土学者积极倡导可持续消费（乔法容、杨建国，2009）、节俭消费（郑红娥，2006）、适度消费（陈科、周洁琼，2009）等伦理观，还主张加强消费教育及制度和环境革新（曾洁珍，2001；武永春，2004；张旭，2006）。

与国外相比，国内研究基础理论模型和基础工具都很匮乏，且过重依赖定性方法，定量研究十分欠缺，特别是对（非）伦理行为发生的心理和文化根源缺乏深入探讨。虽有借用西方定量工具的尝试性研究（赵宝春，2011b；曾伏娥、甘碧群，2007），但规模与国外相差甚远。

第二节　文献评述

延续上一部分的逻辑脉络，本部分将从"理论模型"和"实证研究"两个方面对中西方消费伦理研究现状展开评述。

一　理论模型

从发展过程看，西方主流的商业伦理理论模型经历了不同发展阶段，体现了不同的理论思想和视角。不过，总体来看，这些模型非常一致地表现出了对揭示个体伦理决策心理路径的关注，并发现和提出了伦理决策心理过程的不同构成环节和对应的变量。但是，跳出伦理理论领域，从风险理论的角度看，感知风险也是个体伦理决策的重要中间变量。因此，此部分将从模型演进、心理路径和感知风险三个方面对理论模型研究现状予以评述。

（一）模型演进

概括而言，伦理学者在构建商业伦理理论模型时主要遵循两条基本路径：一是强调个体决策内在影响因素的感知路径；二是将社会条件和个体因素同步引入感知机制的整合路径（Fukukawa，2003）。其中，感知模型重点在于从道德发展理论的视角分析个体道德感知发展状态对伦理决策的影响（Rest，1986；Jones，1991），而整合模型则在此基础上引入了组织和个体因素（Ferrell and Gresham，1985；Hunt and Vitell，1986；Ferrell，Gresham and Fraedrich，1989）。

整合路径模型的开发是在感知路径模型不尽如人意的情况下开展的。将社会环境及与之关联的个体因素引入时，感知模型并不能很好地预测伦理情景下的行为（Ho，Vitell，Barnes and Desborde，1997）。事实表明，伦理情景下的行为不仅受决策主体的感知因素影响，还受环境及其他个体因素影响（Fukukawa，2003）。综合环境及个体因素的整合模型由此而来。从组织的角度看，影响个体伦理决策的主要因素包括组织文化、规章制度、组织奖惩、监管及组织学习等方面（Ferrell，Fraedrich and Ferrell，2008）；从行为个体的角度看，置身于特定社会联系中的行为者面对伦理问题时如何在本体评估和目的评估中做出平衡则受到重点关注（Ferrell，Johnston and Ferrell，2007）。其中，H—V伦理模型最有影响（Albert and Horowitz，2009；Chatzidakis and Mittussis，2007）。

从现有文献看，针对消费者这一伦理决策主体，不同商业伦理理论模型关注的内容至少有两点是共同的：一是伦理决策过程；二是伦理决策影响因子。

就伦理决策过程而言，目前的主流模型均遵循了行为心理学"感知→行为"这一解释行为产生根源的基础性理论框架。这些模型认为，伦理决策的起点源于对道德问题或伦理事项的认知，经历特定的伦理评估过程形成具有个性化特点的道德判断，并在此基础上构建个性化的伦理行为意愿，随后表现出相应的行为。

就伦理决策影响因子而言，消费者所处的外部环境因素和决策主体自身因素可以得到确认。外部环境因素最重要的是社会、文化因素及与之关联的变量（如价值观、亚文化等），而个体因素则包含年龄、性别等外显的人口统计学变量以及道德意识等内隐的心理变量，其中最受重视的则是决策主体的道德发展水平。

尤其值得关注的是，从行为流程看，消费者个体行为并非伴随单一行动的结束而终结，在社会奖惩机制作用下，行为结果、结果评估等行为延续内容还会影响行为主体的后续决策。H—V伦理模型等商业伦理理论模型从理论上勾画了伦理行为的后续效应，即基于行为结果、结果评价形成行为经验，进而通过个人属性影响后续决策，并由此形成动态的决策环路。将这种决策环路引入，即可将常态研究中习惯性关注的决策主体的单一行为串联起来，从而以动态的视角更加深入地解剖行为个体的伦理决策规律。

概括起来，动态的消费伦理决策过程包含了问题识别、伦理判断、伦理意愿、伦理行为、后续效应（行为结果、结果评价及对后续决策的影响）等不同环节（见图2－7），这些环节都可从不同角度体现消费者的伦理状态（赵宝春，2014）。

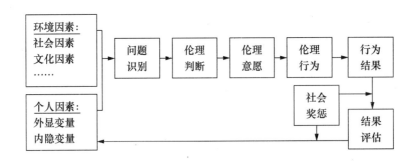

图2－7　消费伦理综合模型

（二）心理路径

现有的商业伦理理论模型显示，揭示伦理决策的心理路径是消费伦理决策机制研究中最核心的主题，而在消费伦理决策心理路径中，行为意愿和伦理判断这两个决策变量扮演了十分重要的角色。

西方学者构建的用于解释伦理决策心理过程的理论模型高度强调行为意愿在决策心理过程中的突出意义。一般行为决策理论认为，行为意愿是导致行为发生的最直接的内生原因变量（Ajzen，1991；Fishbein and Ajzen，1975），它包含了影响行为决策的所有动机因素，这些因素暗示着行为主体愿意为行为付出努力的程度（Kulik，O'Fallon and Salimath，2008）。

行为意愿既是行为发生的最直接的预测变量，也是伦理判断等更深层次心理感知变量综合作用的结果（赵宝春，2012）。作为由内隐的行为决策阶段向外显的行为实施阶段转换的关键节点，行为意愿是行为决策阶段决策成果的具体体现，因此，揭示非伦理消费行为决策心理过程实质上就是揭示非伦理消费行为意愿的形成过程。

主流商业伦理理论模型显示，消费者的伦理决策始于对道德问题或伦理困惑的认知，此后经历特定的伦理评估过程以形成个性化的伦理判断，进而构建行为意愿。这是消费伦理决策的一般路径。在此路径中，伦理判断非常关键。亨特和维特尔（1986，2006）认为，伦理判断依赖本体评估和目的评估这两个独立的伦理评估过程组合形成。伦理判断反映了决策者对行为过程合适性的测定（Reidenbach and Robin，1990；Robin，Reidenbach and Babin，1997），或对行为是否伦理的评估（Sparks and Pan，2010）。

然而在现实生活中，常常出现行为意愿与伦理判断并不一致的现象，即"明知不对，依然想做"。亨特和维特尔（1986）指出，在这种情况下，消费者基于本体评估标准做出正确的伦理判断，但在实际选择中却仅仅出于对行为结果的渴求而做出选择。也就是说，只有目的评估被用于行为意愿的构建中，从而导致了行为意愿与伦理判断之间的冲突（Vitell，2003）。这是消费伦理决策的另一条特殊路径：通过"目的评估"影响"行为意愿"，而"本体评估"并未产生实际作用。

概括起来，基础理论研究为揭示非伦理消费行为决策心理过程提供了两条潜在的心理路径，即由"伦理评估（目的评估和本体评估）"经"伦理判断"到"行为意愿"的一般路径（简称"一般路径"）和由"目的评估"直接到"行为意愿"的特殊路径（简称"特殊路径"）。通常情况下，消费伦理影响因子被认为可通过这两条路径对伦理决策施加影响（Hunt and Vitell，1986，2006）。不过，在实证研究中，还很少有研究从整体上揭示消费伦理影响因子通过两种不同路径影响行为意愿的潜在规律。

(三) 感知风险

风险理论研究成果显示，感知风险也是个体决策心理过程中的重要中间变量，同伦理判断一样，作为决策心理路径中的重要一环，感知风险也可用于对后续行为意愿的预测。

风险是对损失的预判，预判的损失越大，风险就越大（Stone and Winter, 1987）。这种观点常常将风险视为概率和产出的乘积（Mitchell, 1999），既考虑了行为结果是什么，也考虑了行为结果发生的概率。

在市场营销领域以外的文献中，风险常常被认为有别于不确定性（Veloutsou and Bian, 2008）。奈特（Knight, 1948）指出，风险是可知概率的，而不确定性只存在于精确概率未知的情况下。但在市场营销领域，这两个概念基本可以混用，因为市场营销者们普遍认为，消费者从来都不可能准确地知道某种产出的确切概率（Mitchell, 1999）。

从风险分类看，风险有主客观之分。其中，客观风险是基于科学现实主义原则提出的独立于感知之外的客观存在。但作为有限的理性主体，消费者不可能准确计算客观风险的大小，只能基于内外信息形成主观的风险信念（Featherman, Valacich and Wells, 2006）。即使能准确评估行为所隐含的风险，这种风险也是诱导行为的主观风险，而不是客观风险（Mitchell, 1999）。事实上，主观风险包含了消费者个体因素，很多时候同现实世界没有多大关系（Bertea, 2010）。因此，学术研究所关注的也是主观风险，即感知风险。

感知风险的概念最先由鲍尔（Bauer, 1960）提出。鲍尔指出，如果一个行为可能产生的结果无法预测，则该行为就包含了风险。一般而言，感知风险由对行为不确定性和负面结果的感知组合形成（Dowling and Staelin, 1994），是对不好行为结果产生可能性的主观评估（Cox, 1967），在消费者行为领域就是对消费行为损失及其类型的不确定性的感知状态（Murray and Schlacter, 1990）。概括起来，感知风险包含两个要素：不确定性和行为结果（Campell and Goodstein，2001；Conchar，Zinkhan，Peters and Olavarrieta，2004；Cunningham，1967；Dowling and Staelin，1994；Jacoby and Kaplan，1972；Laroche，Yang，McDougall and Bergeron，2005）。

考克斯（Cox，1967）换一个角度更明确地指出，感知风险应该包含两个构念：一是危险数量；二是行为结果的确定性。其中，风险数量是指消费者期望获得满足的目的的函数，一旦目的无法实现，消费者就会面临损失；而确定性的主观感知则独立于风险数量之外影响风险的感知程度，当风险数量保持不变时，行为结果确定性越高，风险就越小。

从构成维度上看，感知风险的多维建构特点得到了学者们的一致认同（Liao，Lin and Liu，2010）。其中，雅各布和卡普兰（Jacoby and Kaplan，1972）在文献梳理基础上提出的财务风险、绩效风险、物理风险、心理风险、社会风险等维度，已成为风险理论领域最经典的细分维度，并被广泛应用于实证研究中。

如果不能确认行为是否可以满足购买目的时，消费者就会感到不安（Boshoff，Schlechter and Ward，2011）。感知风险就是行为潜在结果及其可能导致不悦感知的不确定性的综合函数（Forsythe and Shi，2003）。作为个人评估、决策和行为的中心（Campbell and Goodstein，2001），感知风险隐含于消费者决策过程的所有环节中（Mitchell and Boustani，1993），因此是揭示个人行为决策规律的重要工具（Mitchell，1999）。

大量的理论研究和实证研究成果都已证明，感知风险是影响消费决策的关键因子（Featherman and Pavlou，2003；Fraedrich and Ferrell，1992；Jacoby and Kaplan，1972；Mitchell，1992；Pavlou，2003）。尤其在网上购物（Ueltschy，Krampf and Yannopoulos，2004；Samadi and Yaghoob‑Nejadi，2009；Boshoff，Schlechter and Ward，2011；Zhao and Li，2012）、在线音乐服务（Kunze and Mai，2007）、高新技术产品（Hirunyawipada and Paswan，2006）、3D 广告技术

（Shim and Lee，2011）、电子银行（Zhao，Hanmer – Lloyd，Ward and Goode，2008；Cunningham，Gerlach and Harper，2005；Alda's – Manzano，Lassala – Navarre，Ruiz – Mafe' and Sanz – Blas，2009）等新生消费现象中，感知风险常常被作为揭示产品购买决策规律的目标变量备受瞩目。

在具有伦理含义的决策情景下，感知风险也是影响个体决策的重要变量（Fraedrich and Ferrell，1992）。例如，Fraedrich 和 Ferrell（1992）在企业组织环境下系统地揭示了感知风险对道德哲学变量及伦理决策的显著影响；Chen 和 Chang（2013）针对企业的漂绿行为开展研究，系统揭示了这种减轻和掩盖非绿色行为负面影响的行为表现对消费者感知风险和绿色信任的影响；Liao、Lin 和 Liu（2010）则针对盗版软件消费行为开展研究，并系统检验了感知风险对盗版软件购买意愿的影响。这些研究已经证实，感知风险在个体伦理决策中具有重要的价值。

尤其是 Tan（2002）针对盗版软件消费所开展的研究具有重要的示范性意义。为了从理论上深入剖析盗版软件消费行为隐含的内在规律，Tan（2002）利用琼斯的道德强度理论并引入风险理论，构建了事项—风险—判断模型（Issue – Risk – Judgment Model，见图 2 – 8）。在 Tan 伦理模型中，盗版产品购买意愿被视为是伦理决策的结果，道德强度、风险感知和道德判断则作为影响购买意愿的三个因子被放在同等的逻辑层次，而商品价格以及年龄、经验等个体属性变量作为道德强度、风险感知和道德判断的调节变量被提出。①

这一模型简单描述了盗版软件消费决策的基本流程，并将道德强度和道德判断等具有伦理含义的变量融入决策环节中，用于分析包含伦理问题的盗版消费行为发生的内在机制。但遗憾的是，Tan（2002）的伦理理论模型只在盗版软件消费这种单一的非伦理消费

---

① 尽管此文将商品价格以及年龄、经验等变量称为调节变量，但事实上仅在多元回归分析中将这些变量作为控制变量使用，以分析道德判断、道德强度和感知风险影响盗版软件购买意愿的作用效应，并未真正揭示上述变量的调节效应。

决策情景下得到了检验，还不能轻易地上升到一般决策理论的
高度。

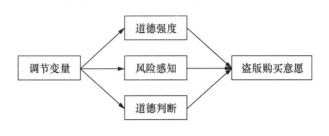

图 2 - 8　Tan 伦理模型

从理论上看，感知风险也是揭示个体决策心理机制的重要决策
中间变量，即使在包含伦理成分的决策情景下也是如此。换言之，
作为个体决策心理路径中的重要一环，感知风险也是构成非伦理消
费行为意愿形成心理路径中的重要一环。这一判断需要实证研究检
验，尤其需要跨越伦理决策情景的宏观层面的研究予以检验。但目
前，从实证研究规模看，在消费伦理领域，关注感知风险的研究还
非常欠缺，感知风险在非伦理消费行为决策中的作用效应也还没有
得到系统揭示。

二　实证研究

（一）影响因子

测量"消费伦理信念"的 M—V 消费伦理量表被成功开发后的
20 年间，伴随该量表在不同文化背景下的广泛使用，消费伦理信念
已成为消费伦理实证研究中的核心变量，大量的消费伦理影响因子
因此被发现。由于"消费伦理信念"反映了决策者评估 20 余项非
伦理消费行为伦理性的总体状态（Vitell，2003），因此，基于该变
量发现的影响因子都是非伦理消费行为决策的影响因子。

本质上说，消费伦理信念反映的是决策者的伦理判断状态，有
的研究甚至将其等同于伦理判断予以使用（Rawwas，2001；Chan，
Wong and Leung，1998），但从决策形成的过程看，伦理判断只是决

策路径中的单一环节，因此，基于消费伦理信念的研究无法充分揭示影响因子在整个决策过程中的作用特点。

如主流商业伦理理论模型所显示的，这些影响因子可通过"一般路径"和"特殊路径"对非伦理消费行为决策产生影响，但目前还没有实证研究从这一角度去检验影响因子的整体价值。另有研究前瞻性地关注消费伦理信念等心理变量与实际行为间的因果关系，并寻找影响这种关系的调节变量（Kenhove，Wulf and Steeenhaut，2003；曾伏娥、甘碧群，2007；Liu，Zeng and Su，2009），这些研究试图将某个决策心理环节同行为实施阶段结合起来，以揭示行为发生的内在必然性，还有一些直接针对非伦理消费行为意愿的研究（Devonish，Alleyne，Cadogan – McClean and Greenidge，2009；Nga and Lum，2013），这些研究也都没有系统而完整地揭示影响因子在非伦理消费行为决策心理过程中的整体价值。

作为依赖过去实践获得并保留在记忆中的知识替代品，经验既是决定消费者熟悉程度的直接前提（Alba and Hutchinson，1987），也是消费者专业程度的强力预测因子（Mitchell and Dacin，1996），而熟悉程度和专业程度直接决定了消费者在特定情景下的决策能力（Rodgers，Negash and Suk，2005），因此，经验能显著影响消费决策过程及与之对应的决策结果。这已得到消费者行为研究领域大量实证研究的证实（Park and Yang，2006；Langdon，Lewis and Clarkson，2007；Glöckner and Hochman，2011；Teichmann，2011）。但比较而言，这些成果主要集中于产品购买决策研究中，在包含伦理问题的消费伦理决策研究中则较为缺乏。

亨特和维特尔（1986）在其提出的商业伦理模型早期版本中，就将经验作为消费伦理决策的独立影响因子予以确立。最近几年出现了少量的实证研究成果为此提供了佐证（曾伏娥，2010）。不过，从研究内容看，这些为数不多的研究主要揭示的是经验与非伦理行为意愿等个别决策环节的直接关系，长期以来，经验在非伦理消费行为决策中的突出作用还没有受到足够重视，非伦理消费行为决策受经验影响的内在机制还有待揭开。

（二）直接经验

在学术研究中，不同学者基于不同的学科基础界定了经验的定义（Carù and Cova，2003；Walls，Okumus，Wang and Kwun，2011）。但剔除学科背景因素后，《朗文英文字典》（Longman English Dictionary）给出了权威定义：经验是行为主体通过采取特定行为、置身特定情景或与特定主体接触过程中所获得的知识或技能。《美国传统词典》（American Heritage Dictionary）更是将经验的定义简化为"行为主体通过参与某项事件或行动所产生的知识积累"。

尽管如前文所述，经验在个体决策中的重要意义已经得到产品消费领域实证研究的支持。但这些研究主要基于经济理性的效用标准（结果好坏）做出行为合理性评价，并未关注行为决策的伦理成分。正如规范理性理论所表明的，在伦理情景下的决策主要依赖对行为本身对错的评价做出选择，而不完全按照行为结果好坏做出选择（赵宝春，2011a）。因此，经验对消费者行为决策的影响还需要在伦理情景下继续予以检验。

有少量针对仿冒产品消费（Tom，Garibaldi，Zeng and Pilcher，1998；Yoo and Lee，2009；马志鹏，2008；褚小荣，2011；郭俊辉、袁云峰、徐小青，2012）、学术造假行为（Nonis and Swift，2001；Sims，1993；Harding，Carpenter，Finelli and Passow，2004）等特定伦理问题的研究证实了行为经验在后续行为决策中扮演了十分重要的角色。但这些研究局限于单一的决策行为，还没有从消费伦理决策一般化模式的角度挖掘直接经验的价值，更没有协同考虑伦理判断、伦理情景等消费伦理决策的重要影响因子，并以更加开阔的视野全面揭示直接经验影响非伦理消费行为意愿的作用效应和心理路径。

从具体属性看，经验具有多维特征（Walls，Okumus，Wang and Kwun，2011）。其中，反映经验多少的频度属性是最受关注的基础属性。在现有研究中，经验被普遍认为是行为主体对特定情景熟悉程度的反映，经验"多少"常常被视为行为主体相关知识掌握程度的替代变量。大量实证研究就是通过测量被访对象置身相应情景或从事相应行为的频率来测量经验的（Kline and Wagner，1994；Langdon，Lewis and Clarkson，2007；Raju，Lonial and，Mangold，1995；Teichmann，2011）。

从获取来源看，经验还有直接经验和间接经验之分。产品消费领域的研究以及少量的针对特定伦理问题的实证研究常常笼统使用"经验"一词，但其研究的实质就是直接经验（Rodgers，Negash and Suk，2005；Park and Yang，2006；Langdon，Lewis and Clarkson，2007；Teichmann，2011；Yoo and Lee，2009；褚小荣，2011；郭俊辉、袁云峰、徐小青，2012）。鉴于直接经验在个体决策中的突出重要性（Kline and Wagner，1994）。本书研究的目标明确指向"直接经验"，而非笼统的"经验"。

（三）伦理情景

在消费伦理研究领域，主流的消费伦理决策情景类别与"消费伦理信念"这个变量密切相关。Muncy 和维特尔通过文献研究、同行讨论、开放调查等方式获得 381 个初选项目，经综合提炼最终确定具有代表性的 27 种消费情景，并以此形成了 M—V 消费伦理量表。

M—V 消费伦理量表测量消费者针对多项消费伦理情景所做出的"对"或"错"的评价状态，这种评价状态被称为"消费伦理信念"。而基于这一量表的大量研究较为一致地认为，从消费伦理信念的角度看，受到质疑的消费伦理情景可以被细分为"非法获益""被动获益""主动获益"和"没有伤害"四种类型。其中，"非法获益"是指主动发起并从被普遍认为是非法的行为中获益，例如，篡改商品价格标签（本书称为"伦理情景 1"）；"被动获益"是指充分利用他人失误而被动获益，例如，使用过期优惠券购物（本书称为"伦理情景 2"）；"主动获益"是指从那些无法确定的行为（不一定非法）中主动获益，例如，拿走别人多找的钱（本书称为

"伦理情景3");"没有伤害"是指感觉到可能不会危害他人才会采取的行为,如购买使用盗版软件(本书称为"伦理情景4")。这些非伦理消费行为情景被广泛应用于实证研究之中。

不同文化背景下的实证研究都表明,消费者趋于相信"非法获益"比"被动获益"更缺乏道德,"非法获益"的行为似乎在所有环境下都被认为是非法或非伦理的;然而面对后两种情景("主动获益"、"没有伤害"),特别是"没有伤害"情景下的行为,不同的消费者却表现出了差异(有的拒绝,有的接受)(赵宝春,2009,2011b)。横向比较而言,四个维度伦理决策难度依次增大,伦理分化也愈加突出。第四维度已被证明是区分不同文化背景下不同消费者伦理感知差异的关键维度(Vitell,2003)。

这即意味着,不同伦理情景隐含着不同强度的道德属性,彼此之间存在显著差异。由于伦理决策源于对特定伦理情景下道德问题的认知(Rest,1986;Jones,1991),伦理决策的各个环节都要受到伦理情景的影响,因此,揭示直接经验影响非伦理消费行为决策的内在规律还需注意伦理情景可能产生的干扰。

第三节　模型构建

在基于经验的决策研究中,用于揭示经验作用心理过程的解释模型还很欠缺,这是制约相关理论发展和应用的关键问题。

在一般行为决策研究中,有一些借用计划行为理论(Theory of Planned Behavior,TPB,Ajzen,1991)的研究为此做出了尝试。这些研究试图利用计划行为理论的结构体系从整体上揭示经验影响一般行为决策的心理过程,并发现,经验影响行为意愿时可不依赖行为态度等计划行为理论的核心心理变量的中介作用(Bagozzi and Kimmel,1995;Godin,Valois and Lepage,1993;Norman and Smith,1995),同行为态度一样,经验也是后续行为意愿的直接预测因子

（Conner and Armitage，1998；Ouellette and Wood，1998；赵宝春，2012），甚至在不断重复的情景或行为中，经验比行为态度等变量更能决定行为（Sutton，1994；Conner and McMillan，1999）。这说明，经验可与行为态度等变量同处一个逻辑层次并直接作用于行为意愿。

H—V 伦理模型与计划行为理论（TPB）都源于理性行为理论（Theory of Reasoned Action，TRA，Fishbein and Ajzen，1975），因此二者具有理论同源性（Fukukawa，2002）。横向比较可以发现，H—V 伦理模型中的伦理判断同计划行为理论中的行为态度等变量处于同一逻辑层次。而上述基于计划行为理论的研究发现，经验可与行为态度等变量在影响行为意愿时处于同一逻辑层次。由此可以合理推断，在非伦理消费行为决策情景下，经验同伦理判断一样也可直接作用于非伦理消费行为意愿，这就意味着，经验影响非伦理消费行为决策时还有一条直接路径存在。也就是说，经验有可能不依赖任何其他中间环节而直接作用于非伦理消费行为意愿。

因此，将消费伦理理论和行为经验理论领域的研究成果结合起来看，直接经验影响非伦理消费行为决策的潜在心理路径有一般路径、特殊路径和直接路径三条。但目前这三条路径还未被整合起来用于系统揭示经验在非伦理消费行为决策中的作用心理机制。

从伦理决策的中间环节看，西方主流的商业伦理理论模型较为一致地强调伦理判断这个决策中间变量在伦理决策心理过程中所发挥的重要作用。Tan（2002）的理论模型在继承这一主流观点的同时还做了重要的理论突破。即将感知风险作为伦理决策中间变量放在同伦理判断同等的逻辑层次引入，并将这些不同的伦理决策中间变量结合起来共同用于对非伦理消费行为决策规律的解释。这是对传统理论模型的重要拓展。

不过，在消费伦理领域只有少量的实证研究关注到了感知风险这个变量，即便如此，这些研究也存在明显的弊端：

其一，这些为数不多的研究仅仅关注感知风险与后续行为决策结果（行为意愿）之间的因果关系，而没有将之视为决策心理过程的中间变量用于解释其他原因变量影响伦理决策的内在作用机制。

其二，这些研究只是针对仿冒品消费（Veloutsou and Bian，2008）、盗版产品消费（Liao，Lin and Liu，2010；Tan，2002）等单一的非伦理消费行为决策情景。这些单一伦理情景下的研究只能证明感知风险在特定情景下可以发挥作用，在其他伦理情景下是否依然如此，还需要进一步检验。这种没有跨越伦理决策情景的微观层面的研究具有很大的局限性，其研究结论还不能简单地上升到一般化的层面。因此，跨越伦理决策情景开展宏观层面的研究变得非常必要和迫切。

综合消费伦理、行为经验、风险理论和一般行为决策理论的研究成果，可构建出直接经验影响非伦理消费行为意愿的综合理论模型（见图1-9）。由于感知风险与伦理判断同处一个逻辑层次，而直接经验影响行为意愿特殊路径中的"目的评估"这个变量并不在此层次，且本书研究的主要目的也在于揭示伦理判断和感知风险这两个决策中间变量在直接经验影响非伦理消费行为意愿中所发挥的作用，因此，该综合理论模型将感知风险作为决策中间变量引入决策心理过程中后，删除了"目的评估"这个变量，经"目的评估"影响非伦理消费行为意愿的特殊路径实质是绕开了"伦理判断"作用的直接作用路径，因此，在本模型中，这一路径也被融合到了直接路径中。

从总体上看，直接经验影响非伦理消费行为意愿的综合理论模型包含三方面的内容：

一是直接经验对重要决策变量的影响。首先是对非伦理消费行为意愿这个决策结果变量的影响（如图2-9中的虚线箭头①所示）；随后是对非伦理消费行为意愿的两个重要预测变量——伦理判断和感知风险的影响（如图2-9中的虚线箭头②和④所示）；最后，是对"伦理判断→非伦理消费行为意愿""感知风险→非伦理消费行为意愿"两个决策核心环节的影响（如图2-9中的虚线箭头③和⑤所示），即直接经验在伦理判断和感知风险影响非伦理消费行为意愿时所发挥的调节作用。

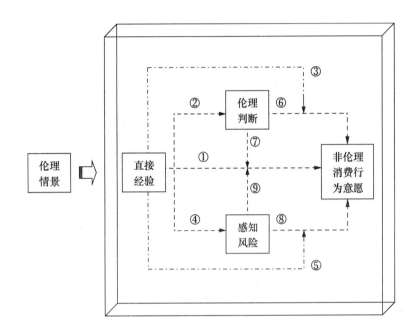

图2-9　直接经验影响非伦理消费行为意愿的综合理论模型

二是直接经验影响非伦理消费行为意愿时被调节的效应，即伦理判断和感知风险在直接经验影响非伦理消费行为意愿中的调节作用（如图2-9中的虚线箭头⑦和⑨所示）。

三是直接经验影响非伦理消费行为意愿的三条心理路径，即直接路径（如图2-9中的虚线箭头①所示），伦理判断间接路径（如图2-9中的虚线箭头②和⑥所示）和感知风险间接路径（如图2-9中的虚线箭头④和⑧所示）。

其中，第一部分内容对应于本书的"作用效应研究"模块中的第三章、第四章、第五章和第六章的研究内容。

第二、第三部分内容则对应于本书"心理路径研究"模块中的第七章、第八章和第九章三章的研究内容。由于伦理判断和感知风险对直接经验影响非伦理消费行为意愿的调节作用是以直接经验作用心理路径为基础的，因此，伦理判断和感知风险的调节效应也被融合到了心理路径研究中。

需要特别说明的是，由于伦理情景在消费伦理决策中扮演了与众不同的角色，为了更加逼真地揭示直接经验在非伦理消费行为决策中的作用规律，后续所有的实证研究均在分析中将伦理情景作为控制变量使用，以控制这个变量可能产生的潜在干扰。本书第二章数据分析结果为采用这种操作方法提供了理由，随后各章数据分析结果也佐证了此种处理方法的合适性。

此外，由于后续实证研究都会从不同理论视角提出相应的研究假设，为避免内容重复，本章构建的综合理论模型所包含的不同变量彼此之间的路径关系无须在此处论证，后文各章推导研究假设的过程可以实现论证的目的。

本章小结

主流的商业伦理理论模型高度一致地强调了行为意愿在揭示伦理决策中的独特价值。但在消费伦理研究领域，实证研究对行为意愿的关注远远不及"消费伦理信念"这个感知变量。社会心理学的研究结论告诉我们，基于社会规范的伦理标准被社会个体感知内化后，可在一定程度上反映到随后的行为中。正因为如此，西方学者试图通过测量消费者面对一些伦理上受到质疑的消费情景（非伦理行为）时的感知状态——消费伦理信念来推断其伦理行为趋势。消费伦理领域的大量实证研究也是基于这样的逻辑前提而开展的（Fukukawa，2003）。

本质上说，消费伦理信念反映的是决策者的伦理判断状态，有研究甚至将之等同于伦理判断予以使用（Rawwas，2001；Chan，Wong and Leung，1998），但伦理判断只是反映决策过程中间状态的一个单一变量，因此，在系统完整揭示消费伦理决策形成规律中，消费伦理信念这个感知变量的价值远远不及行为意愿这个决策结果变量。

在解释行为意愿形成规律中，西方的商业伦理理论模型特别重视伦理判断的作用，并认为伦理判断是预测行为意愿的核心变量。但风险理论领域的研究成果表明，感知风险也是预测行为意愿的重要变量。将两种理论结合起来，可以推测，伦理判断和感知风险这两个决策中间变量可被协同用于行为意愿的预测。

事实上，在消费伦理实证研究中，已有少量学者开始了这种尝试，并在盗版软件消费这种单一的伦理决策情景下验证了感知风险与伦理判断在行为意愿形成中所扮演角色的相似性（Tan，2002）。然而，这种决策情景的单一性限制了研究结论的一般化，因此，有必要跨越伦理情景开展宏观层面的探索。

直接经验是决定决策过程和决策结果的重要个体属性变量，反映了决策者与众不同的个人属性特征。产品购买决策领域的大量研究证实了直接经验在消费行为决策中的价值，但在消费伦理决策情景下，直接经验的价值和作用规律还有待揭开。

综合消费伦理理论、感知风险理论、经验理论和一般行为决策理论领域的研究成果可以发现，直接经验影响非伦理消费行为意愿时可能包含伦理判断间接路径、感知风险间接路径和直接路径三条潜在的作用心理路径。为了更好地指导后续实证研究的开展，本章构建了直接经验影响非伦理消费行为意愿的综合理论模型，这是对消费伦理理论、行为经验理论和感知风险理论的重要拓展和完善。

本章"研究现状"和"文献评述"中的部分内容首次刊登在笔者的前一部专著《消费伦理研究：基础理论与中国实证》（中国人民大学出版社2014年出版，由国家社会科学基金后期项目资助）中，此处有修改和完善。

由于同属消费伦理理论领域的学术研究，两部专著在前人研究成果和文献资料梳理时所使用的基础信息有相通性，但本书文献梳理和评述的根本目的在于构建用于指导后续实证研究的理论假设模型，而在前著中，相关内容主要用于分析消费伦理的理性本质及全面展示消费伦理研究领域的概貌。二者文献梳理的目的有根本不同。

第三章　直接经验对决策结果变量的
影响：总效应和净效应

　　本章将实现如下研究目的：辨识人口统计学变量和伦理情景对非伦理消费行为意愿和直接经验的影响；揭示直接经验影响非伦理消费行为意愿这个决策结果变量的作用总效应，并在控制干扰变量条件下揭示其作用净效应；通过比对分析评估其他变量的干扰程度，为后续研究提供启示。

第一节　研究问题

　　行为意愿既是行为决策的结果变量，也是消费者行为决策机制研究中最受关注的目标变量。揭示直接经验在非伦理消费行为决策中的作用机制首先就应该关注直接经验对非伦理消费行为意愿的影响。但考虑到伦理情景、人口统计学变量等其他消费伦理影响因子可能产生的干扰，本章首先将非伦理消费行为意愿、直接经验同消费伦理实证研究中最受关注的性别、年龄、学历和婚姻等人口统计学变量以及在消费伦理决策中具有特殊意义的伦理情景等变量结合起来分析，评估可能干扰直接经验作用发挥的重要变量，以便为后续研究提供基础；随后分析直接经验影响非伦理消费行为意愿的作用总效应和净效应。

　　作为行为主体通过参与某项事件或行动所产生的知识积累，直接经验全方位影响决策者的决策能力、决策过程和决策结果。也就是说，在伦理决策情景下，消费者的决策心理过程及其中的所有心理环节都将受到直接经验的影响。作为行为决策阶段的结果变量，行为意愿也不例外。

从变量本质看，同性别、年龄、学历、婚姻状态等人口统计学变量一样，直接经验也是反映决策者个性化特点的个体属性变量。只是按照消费伦理实证研究现有的理论体系分类，人口统计学变量是体现决策者个体属性的外显变量，而直接经验则是体现决策者个体属性的内隐变量。

消费伦理实证研究通常关注外显属性变量和内隐属性变量对消费伦理信念等关键决策变量的影响，而不太重视内隐属性变量同人口统计学变量之间的关系。但由于人口统计学变量同样是非伦理消费行为决策的重要影响因子，况且常态的实证研究一般都是从关注显性的人口统计学变量开始着手新领域的研究。因此，从实证研究操作的规范性和严谨性看，要想深入揭示直接经验等内隐属性变量在非伦理消费行为决策中的作用规律，首先需要判断这些外显属性变量可能产生的干扰。

此外，文献研究结果显示，伦理情景同样是影响消费伦理决策的重要变量。而且，与其他变量相比，伦理情景在消费伦理决策中扮演了非常特殊的角色。因为任何伦理决策都发生在特定的伦理情景之下，伦理决策的各个环节都与伦理情景本身的特点密切相关。甚至伦理情景所具有的道德属性直接决定了个体伦理决策的结果。因此，要揭示直接经验在非伦理消费行为决策中的作用规律同样要考虑伦理情景这个伦理决策环境变量可能产生的影响。

鉴于上述原因，为更真实地揭示直接经验影响非伦理消费行为决策的潜在规律，本章首先系统检验直接经验和非伦理消费行为意愿同性别、年龄、学历和婚姻状态等人口统计学变量以及伦理情景之间的关系（基础分析），随后在此基础上再做直接经验影响非伦理消费行为意愿的总效应和净效应分析（效应分析）。

本章从综合理论模型（见图 2－9）中节选部分模块构建如图 3－1

所示的假设模型。该模型直观反映了本章的研究目的和意图，图 3-1 中的虚线箭头表明的是本章的主体研究内容。本章将重点回答如下三个问题：

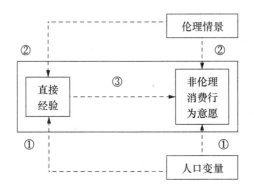

图 3-1 本章研究假设模型

（1）性别、年龄、学历和婚姻状态等人口统计学变量是否显著影响直接经验和非伦理消费行为意愿（如图 3-1 中的虚线箭头①所示）？（问题 1）

（2）消费伦理情景是否显著影响直接经验和非伦理消费行为意愿（如图 3-1 中的虚线箭头②所示）？（问题 2）

（3）直接经验是否显著影响非伦理消费行为意愿？控制人口统计学变量和伦理情景等非伦理消费行为意愿潜在影响因子后，直接经验对非伦理消费行为意愿的影响是否发生了显著的改变（如图 3-1 中的虚线箭头③所示）？（问题 3）

本章将分别针对上述三个问题提出研究假设。其中，前两个问题是为最后一个问题服务的，目的在于发现直接经验作用净效应分析时应该重点关注的控制变量。后文推导的三个研究假设分别与上述三个问题对应。

第二节　研究假设

如前文所述，消费伦理实证研究最初关注的即是消费伦理信念与人口统计学变量之间的关系。目前，在基于"消费伦理信念"开展的实证研究中，得到较多关注的人口统计学变量包括年龄、性别、学历和婚姻四个。

按照科尔伯格（1969，1976）的道德发展理论，随着年龄的增长，个体行为逐渐体现出社会一致性和公正性，伦理水平不断提高。在此理论指导下，Rawwas 和 Singhapakdi（1998）、Vitell，Lumpkin 和 Rawwas（1991）、Serwinek（1992）、Ruegger 和 King（1992）等实证研究验证了消费伦理信念与年龄之间的正相关关系。

性别是消费伦理实证研究中得到验证较多的人口统计学变量。针对消费伦理信念的众多研究发现，女性比男性更关注伦理问题（Ferrell and Skinner，1988；Jones and Gautschi，1988；Ruegger and King，1992；Whipple and Swords，1992；Ford and Richardson，1994；Swaidan，Vitell and Rawwas，2003）。

就学历而言，虽有研究发现，教育程度与伦理判断之间的关系不显著（Kidwell，Stevens and Bethke，1987；Serwinek，1992；Laczniak and Inderrieden，1987），但也有一些研究发现，教育程度越高的消费者，消费伦理水平越高（Goolsby and Hunt，1992；Kelley，Ferrell and Skinner，1990）。Swaidan、Vitell 和 Rawwas（2003）认为，教育程度越高的消费者，越能面对复杂的道德情景，进而做出正确的伦理判断。

婚姻状况通常不被认为是影响伦理决策的重要变量（Lund，2000）。虽然有少数研究发现，已婚的消费者比单身的消费者更愿意接受值得怀疑的获利行为（Erffmeyer，Keillor and LeClair，1999），但也有研究结论支持已婚消费者具有更高伦理水平的论断

（Swaidan, Vitell and Rawwas, 2003），且后一观点比前一观点更能被接受。

综合上述分析可以发现，年龄、性别、学历和婚姻状态都能显著影响消费伦理信念。由于消费伦理信念所反映的本质信息是伦理判断，而从消费伦理决策的心理过程看，伦理判断是影响后续行为意愿的关键变量。因此，可以推断，年龄、性别、学历和婚姻状态等人口统计学变量都能显著影响非伦理消费行为意愿。由此提出如下研究假设：

H3－1：消费者从事非伦理消费行为的意愿与其年龄、性别、学历和婚姻状态显著相关。

正如第二章理论模型构建中所述，消费伦理决策滋生于特定的伦理情景，但不同伦理情景包含不同程度的伦理成分，这种差异注定要反映到伦理决策的各个环节，包括行为意愿这个决策结果变量。由此，提出如下研究假设：

H3－2：伦理情景显著影响非伦理消费行为意愿。也就是说，在不同伦理情景下消费者的非伦理行为意愿具有显著差异。

有研究发现，直接经验的多少直接决定了消费者自主决策信息的丰富程度。Chi、Feltovich 和 Glaser（1981）证实，经验丰富的老手比新手更具备有利于问题解决的知识建构；还有研究证实，以记忆方式储存的自主信息在消费者决策过程中被激活的敏感性也与自身经验的丰富程度密切相关。一般而言，经验越多，记忆越容易被激活（Berger and Mitchell, 1989；Fazio, Powell and Williams, 1989；Nisbett and Ross, 1980；Park, Mothersbaugh and Feick, 1994）；此外，经验的频度属性还被发现与消费者的决策强度相关（Rodgers, Negash and Suk, 2005）。例如，自身经验越多，所形成的偏好越稳定（Hoeffler and Ariely, 1999）。

知识建构、储存记忆激活敏感性及决策强度等方面的研究成果均暗示，经验越多，越有利于决策者行为意愿的形成。产品消费领域的大量实证研究已证实了行为意愿与直接经验之间的正相关关系

（Cacioppo and Petty，1985；Miniard，Bhatla，Lord，Dickson and Unnava，1991；Rodgers，Negash and Suk，2005）。

综合上述分析，有理由相信，在非伦理消费行为决策情景下，直接经验也有利于促进非伦理消费行为意愿的形成。由此，提出如下研究假设：

H3 - 3：直接经验越丰富的消费者从事非伦理消费行为的意愿越强烈。即非伦理消费行为意愿与消费者直接经验程度显著正相关。

第三节　研究方法

一　情景设计

为规避单一伦理情景研究的局限性，本书借鉴前人做法（Vitell，Singhapakdi and Thomas，2001），充分利用 M—V 消费伦理量表所提供的理论框架，分别从"非法获益""被动获益""主动获益"和"没有伤害"四类非伦理消费决策情景中选出一项典型的非伦理消费行为用于跨伦理情景的宏观层面的研究。其中，伦理情景 1 为"更换价格标签"，伦理情景 2 为"使用过期优惠券"，伦理情景 3 为"服务员找错钱"，伦理情景 4 为"购买使用盗版软件"。

单因方差分析结果显示，决策者在四类伦理情景下的消费伦理信念水平有显著差异（F - v = 4.891，Sig. < 0.050）。这说明，上述四类行为具有不同程度的伦理成分，四类伦理情景能很好地被区分开来，作为控制变量用于后续的数据分析，以揭示直接经验影响非伦理消费行为意愿的作用净效应。

同其他类似研究一样（Hunt and Vasquez - Parraga，1993；Hunt and Vitell，1986；Vitell，Singhapakdi and Thomas，2001），本书将虚拟情景引入问卷中，并在虚拟情景之后采用间接提问方法，突破调查对象的防范心理，以获得更多的真实信息（Fukukawa，2002）。

决策情景包含一个虚拟的决策者，测量直接经验、非伦理消费行为意愿等变量的题项均针对虚拟情景提出，调查对象被要求以类比方式回答问题。问卷内容不需明确身份信息，且调查实施中向调查对象着重强调不涉及个人隐私，调查结果无任何商业目的，仅限于学术研究，以打消调查对象的顾虑。

在虚拟情景设计中，分别针对"更换价格标签""使用过期优惠券""服务员找错钱"和"购买使用盗版软件"四种具体的行为情景虚构故事情节。通过这些虚拟的故事情节引导被访对象置身其中，并为其完成后续决策行为提供必要的信息铺垫。虚拟决策情景具体内容如表 3 - 1 所示。

表 3 - 1　　　　　　　　　　　　虚拟决策情景

情景类型	情景内容
更换价格标签	A 在步行街某商店购买 T 恤，发现中意的一款 T 恤价格比前面逛过的几个店都高，但返回要走很远，A 感觉不划算，因此继续在此挑选。挑选过程中，A 忽然发现，不同商品价格标签可随意更换，且不留丝毫痕迹，由于购买者太多，商店里人手不够，为了节省时间收银员只按价格标签收钱，难以发现价格标签的变动，因此可将标价较低的价格标签更换到自己中意的 T 恤上。即便这样，新的标价仍比其他店的同类 T 恤高。A 拿更换过价格标签的 T 恤买单获得了成功
使用过期优惠券	A 经过一个水果店时决定购买一些水果，挑选水果时想起自己好像有张该店的优惠券，随后果真在钱包的细小夹层中找到了一张优惠券，优惠券上面的有效日期字体非常小，仔细看了好半天才发现优惠券已过期了，不免有些失落。但 A 发现，很多顾客手里都拿着外观与自己的一模一样的优惠券。也就是说，过期优惠券也有可能被使用，由于有效时间字体非常小很难发现；再说 A 经常在这里买水果，是这里的老顾客，本就应该享受优惠。最后 A 成功地使用了过期优惠券

情景类型	情景内容
服务员找错钱	在 A 每天上班的必经路口有对夫妇卖早点，因为独此一家且离车站较近，生意非常好。A 挤进人群选了一些食品后（共计 3.5 元）递给老板 10 元并请老板帮忙打包，老板将打好包的食品和找零的钱递给 A，A 抓起就向车站跑去，因为此时恰好有辆班车进站。汽车离站后，A 清理零钱时发现老板多找了 10 元钱，可能是因为当时人太多，老板以为 A 给的是 20 元。此后，A 从此经过，并未将多找的钱还给老板
购买使用盗版软件	一款新上市的软件得到了消费者的广泛好评，但由于正版价格太贵，致使许多消费者无力购买。A 需要这款软件，但同很多消费者是买不起正版的。此时，市面上已出现盗版，且价格便宜，A 有能力支付盗版的价格，因此购买盗版可能是个不错的选择。思来想去，A 最终决定购买盗版软件

二　测量工具

本书研究需要测量的核心变量包括直接经验和非伦理消费行为意愿两个定比变量以及人口统计学变量和伦理情景等定类变量。

按照现有的通行做法，直接经验的测量通过评估决策者过去的行为频率予以实现（Teichmann，2011），共包含两个题项，两个题项分别为"您曾有过这样的行为吗？"和"您经常有这样的行为吗？"两个题项采用 Likert 7 级计分法测量，得分越高，表示被访对象直接经验越丰富。该量表 Cronbach α 系数为 0.873。

非伦理消费行为意愿则基于计划行为理论（Ajzen，1991）的设计原则通过"如果是您，您愿意这样做吗？""如果是您，您有多想这样做？"两个项目予以测量，也采用 Likert 7 级计分法测量，得分越高，表示调查对象从事该项非伦理消费行为的意愿越强烈。该量表 Cronbach α 系数为 0.882。

婚姻、学历、年龄和性别等人口统计学变量按照常态的分类维度予以测量（见表 3 - 2），消费伦理情景也是分类变量，只是针对每一种伦理决策情景增加了测量消费伦理信念的题项，以获取决策者的消费伦理信念状态，用于单因方差分析，以鉴别伦理情景彼此之间是否存在显著差异。

三 样本特征

本章研究采取便利采样法，在商场、商业步行街等消费者集中区域做拦截访问。① 共发放400份问卷，收回后剔除57份回答不全等无效问卷，最后获得301份有效问卷用于正式分析。样本特征如表3－2所示。

表3－2　　　　　　　　　　　样本人口统计学特征

人口统计学变量	百分比（%）
婚姻	
已婚	30.600（27.400；31.600；34.200；28.800）
单身	66.800（72.600；67.100；57.900；69.900）
其他	2.700（0.000；1.300；7.900；1.400）
学历	
高中及以下	27.900（17.800；26.600；38.200；28.800）
大专和大学	68.400（79.500；64.600；60.500；69.900）
研究生	3.700（2.700；8.900；1.300；1.400）
年龄	
≤17岁	7.600（1.400；7.600；11.800；9.600）
18—22岁	51.800（65.800；49.400；36.800；56.200）
23—30岁	19.900（21.900；19.000；21.100；17.800）
31—40岁	10.300（5.500；11.400；14.500；9.600）
41—50岁	9.000（4.100；11.400；14.500；5.500）
≥51岁	1.300（1.400；1.300；1.300；1.400）
性别	
男	55.800（61.600；49.400；50.000；63.000）
女	44.200（38.400；50.600；50.000；37.000）

注：括号中数据分别对应于四种伦理情景。

————————————

① 此后的实证研究均采用同样的抽样方式和操作程序。

四　数据检验

本章研究包含的直接经验和非伦理消费行为意愿两个潜变量对应的观察变量因子负荷均大于 0.500 的标准（见表 3 - 3）。在此基础上进一步做组合信度（CR）和平均变异萃取值（AVE）分析。

表 3 - 3　　　　　　　　　潜变量、观察变量及检验指标

潜变量	检验指标	测量题项	因子负荷
直接经验	CR = 0.935	您曾有过这样的行为吗？	0.948
	AVE = 0.877	您经常有这样的行为吗？	0.925
行为意愿①	CR = 0.928	如果是您，您愿意这样做吗？	0.942
	AVE = 0.866	如果是您，您有多想这样做？	0.919

结果显示，直接经验量表 CR 值为 0.935，AVE 值为 0.877；非伦理消费行为意愿量表 CR 值为 0.928，AVE 值为 0.866。两个核心变量测量量表的 CR 值均大于 0.700 的标准，AVE 值均大于 0.500 标准。这些指标综合表明，两个核心变量测量工具有良好的信度和效度。

第四节　数据分析

本章数据分析包含以下主要方法：一是单因方差分析，主要用于判别直接经验和非伦理消费行为意愿这两个目标变量与性别、年龄、学历和婚姻状态等人口统计学变量以及伦理情景之间的关系，检验研究假设 H3 - 1，以回答研究问题 1，并初步检验研究假设 H3 - 2；二是相关性分析，主要为后续的回归分析提供铺垫；三是多元回归

---

① 此表包含的"行为意愿"实质是"非伦理消费行为意愿"，限于表格空间篇幅，此处使用简称，后文所有表格中的"行为意愿"均指"非伦理消费行为意愿"。

分析，主要用于直接经验影响非伦理消费行为意愿的作用总效应和净效应分析，并检验研究假设 H3 - 2 和假设 H3 - 3，以回答研究问题 2 和问题 3。在多元回归分析之前，所有定类变量均做哑变量转换，并随同其他定比变量做标准化处理。

一　单因方差分析

单因方差分析结果显示，非伦理消费行为意愿与婚姻、学历、年龄以及性别四个人口统计学变量均无显著关系（见表 3 - 4），因此研究假设 H3 - 1 没有得到验证。此外，直接经验与上述四个人口统计学变量也没有显著相关性。

表 3 - 4　　　　　　基于人口统计学变量的单因方差分析

人口统计学变量	直接经验	行为意愿
婚姻		
已婚	3.125	3.674
单身	3.346	3.821
其他	2.938	2.625
学历		
高中及以下	3.292	3.810
大专和大学	3.277	3.752
研究生	2.909	3.091
年龄		
≤17 岁	3.478	4.130
18—22 岁	3.327	3.683
23—30 岁	3.125	3.758
31—40 岁	3.032	3.629
41—50 岁	3.482	3.926
≥51 岁	2.250	3.375
性别		
男	3.348	3.649
女	3.165	3.865

注：* 表示 $p < 0.050$；此表中心区域的数据表示对应维度的均值。

但是，单因方差分析结果还显示，非伦理消费行为意愿与伦理情景有显著关系（见表 3 - 5）。在四种伦理情景下，非伦理消费行为意愿均值分别为 2.856、3.203、4.408 和 4.527，从事非伦理消费行为的意愿依次增强，且彼此之间存在显著差异（Sig. < 0.050）。因此研究假设 H3 - 2 得到了完全验证。

表 3 - 5   基于伦理情景的单因方差分析

伦理情景	直接经验	行为意愿
1	(2.459)*	(2.856)*
2	(2.804)*	(3.203)*
3	(3.401)*	(4.408)*
4	(4.438)*	(4.527)*

注：* 表示 p < 0.050。

此外，表 3 - 5 的结果还显示，消费者的直接经验程度也与伦理情景显著相关。在四种伦理情景下，消费者直接经验均值依次为 2.459、2.804、3.401 和 4.438，直接经验程度逐渐增大，且彼此之间有显著差异。

综合上述结果可以发现，伦理情景可以显著影响消费者从事非伦理行为的意愿，且消费者从事非伦理消费行为的直接经验程度也与此变量密切相关。因此，后续的数据分析有必要将伦理情景作为控制变量引入，以便更真实地揭示直接经验影响非伦理消费行为意愿的作用效应。

二 多元回归分析

相关分析结果显示，非伦理消费行为意愿、直接经验及四个伦理情景之间的绝大部分两两相关性有显著意义，尤其是非伦理消费行为意愿同直接经验（r = 0.361，Sig. < 0.050）和伦理情景（r = -0.277，-0.181，0.216，Sig. < 0.050）之间，以及直接经验同伦理情景之间存在显著相关性（r = -0.266，-0.164，Sig. <

0.050）。其中，非伦理消费行为意愿同直接经验显著正相关（见表
3 – 6）。

表 3 – 6   相关分析结果

	1	2	3	4	5
1. 行为意愿	1				
2. 直接经验	0.361 *	1			
3. 伦理情景 1	− 0.277 *	− 0.266 *	1		
4. 伦理情景 2	− 0.181 *	− 0.164 *	− 0.334 *	1	
5. 伦理情景 3	0.216 *	0.046	− 0.326 *	− 0.347 *	1

注： * 表示 p < 0.050。

　　为深入分析直接经验影响非伦理消费行为意愿作用总效应和净
效应，本章研究依次构建两个回归模型。其中，模型 1 用于揭示在
没有控制伦理情景作用效应条件下直接经验影响非伦理消费行为意
愿的总效应；而模型 2 则用于揭示控制伦理情景作用效应后直接经
验影响非伦理消费行为意愿的总效应，在本书研究中称为净效应。[1]

　　多元回归分析均采用逐步剔除法。结果显示，两个回归模型均
成立（ $R_1^2 = 0.130$ ，F – v = 44.778，Sig. < 0.050； $R_2^2 = 0.212$ ，F –
v = 26.609，Sig. < 0.050）（见表 3 – 7）。

　　在模型 1 中，以非伦理消费行为意愿为因变量，以直接经验为
自变量，以四个人口统计学变量为控制变量。由于人口统计学变量
都为分类变量，按照多元回归分析的要求，先做哑变量处理，婚
姻、学历、年龄以及性别都以各自在表 3 – 2 中显示的最后一种类别

---

　　[1]　严格意义上的"净效应"应该是在控制所有可能影响直接经验作用发挥的变量
的条件下获得的。但这种思路在实证研究实践中无法实现，且从研究意义看，这种方式
也无必要。本书研究基于文献梳理发现，伦理情景在个体伦理决策中具有与众不同的价
值，因此，为尽可能逼近事实地揭示直接经验的作用规律，伦理情景就成了本书首要考
虑的对象。

为转换对照基准，最后同直接经验一起做标准化处理。① 结果显示，直接经验的标准回归系数为 0.361，有显著的统计意义（Sig. < 0.050）。这说明，非伦理消费行为意愿与直接经验显著正相关。这一结果与表 3-6 完全一致。

表 3-7　　直接经验影响非伦理消费行为意愿的作用效应

自变量	模型1	模型2
直接经验	0.361*	0.244*
婚姻1	0.002	-0.019
婚姻2	0.037	0.071
学历1	0.028	-0.020
学历2	0.004	0.036
年龄1	0.056	0.017
年龄2	-0.049	-0.008
年龄3	0.019	0.020
年龄4	-0.005	-0.031
年龄5	0.018	0.007
性别1	-0.080	-0.075
伦理情景1	—	-0.291*
伦理情景2	—	-0.238*
伦理情景3	—	0.038
R^2	0.130	0.212
F-v	44.778*	26.609*
自由度	1	3
ΔR^2		0.082
F（2297）		15.453*

注：*表示 $p < 0.050$；"—"表示该方程不包含此自变量；R^2 为非调整值，本书后续含义相同；由于数据分析使用逐步剔除法，该表中的多元回归系数显著的为标准值，不显著的均为非标准值，本书后续各表包含的回归系数类型均与此相同。

① 后续所有研究凡以伦理情景为控制变量的多元回归分析中，伦理情景均做哑变量处理。同时，与其他自变量一起做去中心化的标准处理。

在模型 2 中，以非伦理消费行为意愿为因变量，以直接经验为自变量，以四个人口统计学变量和伦理情景为控制变量。伦理情景虚拟变量转换以"伦理情景 4"为对照基准。结果显示，直接经验对应的标准回归系数为 0.244，有显著的统计学意义（Sig. < 0.050），而伦理情景 1、伦理情景 2 和伦理情景 3 的标准回归系数分别为 - 0.291、 - 0.238 和 0.038，其中前两项有显著的统计意义（Sig. < 0.050）。这表明，在控制伦理情景条件下，非伦理消费行为意愿与直接经验依然显著正相关。

上述两个回归模型分析结果显示，无论是否考虑伦理情景这个变量，非伦理消费行为意愿始终与直接经验显著正相关。即直接经验越丰富的消费者从事非伦理消费行为的意愿越强烈。因此，研究假设 H3 - 3 得到了完全验证。

此外，将上述两个回归模型结合起来进行比对发现，当将伦理情景作为控制变量加入回归模型中时（即模型 2），复相关系数 R^2 增加了 0.082。进一步做 F 检验发现[①]，ΔR^2 显著有效（F - v = 15.453，Sig. < 0.050）。随着伦理情景的加入，自变量对非伦理消费行为意愿方差解释率显著提高了 63.077%，而与此对应的是，直接经验的标准回归系数下降了 32.410%。

这一结果表明，伦理情景对非伦理消费行为意愿的影响非常显著，也再一次验证了研究假设 H3 - 2。换一个角度讲，这一结果显示，直接经验对非伦理消费行为意愿的影响受到伦理情景的干扰，因此，后续研究需要考虑伦理情景可能产生的影响。

---

① F 检验值由 Jaccard 和 Turrisi（2012，p. 15）提供的公式手工计算而得，本书后文与此相关的计算均使用这一公式计算。公式如下：

$$F = \frac{(R_2^2 - R_1^2)/(k_2 - k_1)}{(1 - R_2^2)/(N - k_2 - 1)}$$

第五节 结果讨论

通常情况下，人口统计学变量是实证研究揭示潜在规律首要关注的目标变量。在消费伦理实证研究中，大量成果已经较为深入地揭示了性别、年龄、学历和婚姻等人口统计学变量在消费伦理决策中的价值（Rawwas and Singhapakdi，1998；Swaidan，Vitell and Rawwas，2003；Erffmeyer，Keillor and LeClair，1999）。但是，从研究的具体执行过程看，这些研究都是基于"消费伦理信念"这个目标变量开展的。也就是说，这些研究常常以消费伦理信念为研究对象，之后分析该变量与人口统计学变量之间的关系，但还没有实证研究将人口统计学变量同非伦理消费行为意愿结合起来。

本章研究为此做了尝试，将性别、年龄、学历和婚姻四个人口统计学变量同非伦理消费行为意愿以及消费者过去从事非伦理消费行为的直接经验结合起来，探索性地检验这些人口统计学变量同非伦理消费行为意愿及直接经验之间的关系。结果显示，具有不同人口统计学特征（性别、年龄、学历和婚姻）的消费者在非伦理消费行为意愿和直接经验等方面并未发现有明显的差异。

消费伦理信念反映的是决策者对某种行为"对"或"错"的评价，体现的是决策者针对特定决策情景的认知特征。而直接经验反映的是决策者在过去某段时间内的行为实践状态，非伦理消费行为意愿反映的则是决策者对自己未来从事某种行为可能性的评估和预测。

尽管大量实证研究发现，具有不同人口统计学特征的个体在针对某项行为对错的认知上存在显著区别，但本章研究发现，在过去的行为实践和对未来的行为预期上，他们却并无太大的差异。这在一定程度上表明，在消费伦理决策中，"感知"与"行为"之间不是完备的因果关系。也就是说，对消费伦理决策而言，"行为"与

"感知"并非完全——对应。因此,过去西方学界一直流行于通过评估决策者的消费伦理信念状态来预测其后续伦理行为倾向的惯用做法需要改进。

如前文所述,经典的伦理情景分类与消费伦理信念这个变量密切相关。几乎所有基于消费伦理信念这个变量的实证研究都暗示了伦理情景在消费伦理决策中的重要意义(Rawwas,1996;Vitell,Lumpkin and Rawwas,1991;曾伏娥、甘碧群,2007)。但这些研究的核心目标在于检验不同决策者在消费伦理信念方面所表现出来的差异,或试图发现影响消费伦理信念状态的原因变量。只是在此过程中学者们发现,根据决策者在消费伦理信念方面所表现出来的特征,伦理决策情景可被进一步细分为"非法获益""被动获益""主动获益"和"没有伤害"四种类型。由于任何决策都发生于特定的决策环境中,伦理情景对个体决策的影响是全方位的,决策过程的各个环节都与伦理情景本身的道德属性相关。因此,在非伦理消费行为决策中,伦理情景的影响非常独特。

但是,在消费伦理实证研究的现有成果中,伦理情景并未被作为一个独立的自变量对待。通常情况下,这个变量只是隐含于测量消费伦理信念的M—V消费伦理量表之中,而没有作为影响消费伦理决策的目标变量予以重视,甚至根本就没有被当作是个独立的变量。所有的研究都离不开伦理情景,但却没有研究将之视为一个独立的变量予以关注。更为重要的是,发现和检验消费伦理决策影响因子的研究,以及揭示这些因子影响消费伦理决策作用机制的研究,都没有考虑伦理情景可能产生的干扰。伦理情景这个重要的消费伦理影响因子究竟在多大程度上干扰其他影响因子作用效应的正常发挥?还没有实证研究系统探讨这个问题。因此,在商业伦理实证研究领域,现有研究已经发现的影响因子在影响消费伦理决策中的真实效应仍需要进一步鉴别。

而本章将伦理情景视为一个独立的变量引入,在将其作为控制变量对待的条件下分析直接经验影响非伦理消费行为意愿的作用效应，确实发现了伦理情景在消费伦理决策中的突出意义，首次定量评估了伦理情景在非伦理消费行为意愿形成中的贡献。这在消费伦理实证研究中是个全新的尝试，对后续研究有重要的示范意义。鉴于此，本书后续的六个实证研究的数据分析均将伦理情景同人口统计学变量一道作为独立变量控制起来，以尽可能真实地揭示直接经验的作用规律。

如前文所述，前期行为经验对消费者的决策过程及与之对应的决策结果的影响已得到产品消费领域实证研究的支持。比较之下，消费伦理决策情景下的研究则非常欠缺。尽管早期的 H—V 伦理模型已经注意到了决策者经验属性的重要性（Hunt and Vitell，1986），但实证研究领域却并未为此提供足够的支撑证据。仅有的少量研究也只是针对仿冒产品消费（马志鹏，2008；褚小荣，2011；郭俊辉、袁云峰、徐小青，2012）等特定伦理问题而展开。这些研究都没有从一般意义上揭示直接经验在非伦理消费行为意愿形成中的重要价值。

本章将直接经验同非伦理消费行为意愿结合起来，跨越伦理决策情景检验了直接经验影响非伦理消费行为意愿的作用效应。结果证实了直接经验在非伦理消费行为意愿形成中的重要价值。这不仅为基于经验的消费者行为研究补充了来自伦理决策情景下的重要证据，这一结论还表明，要做好非伦理消费行为治理工作，深入揭示直接经验在非伦理消费行为再犯中的作用机制非常必要。

本章小结

本章共提出三个研究假设，除研究假设 H3 – 1 外，其他两个研究假设均已得到验证。本章提出的三个研究问题也已得到解答。

本章研究发现，非伦理消费行为意愿以及过去从事非伦理消费行为的经验（直接经验）都没有因为消费者性别、年龄、学历和婚姻状态等人口统计学变量的不同而表现出明显的差异。也就是说，非伦理消费行为意愿和从事非伦理消费行为的直接经验程度与这四个人口统计学变量没有显著相关性。但非伦理消费行为意愿和直接经验同伦理情景之间的显著相关性得到了验证。

本章研究还发现，消费者未来从事非伦理消费行为的意愿与其自身积累的非伦理消费行为经验程度息息相关。具体而言，前期积累的直接经验越丰富，未来从事非伦理消费行为的意愿就越强烈。即便剔除伦理情景所产生的干扰后，两者之间这种显著的正向关联性依然较为强烈。这些发现表明，直接经验在消费者的非伦理行为意愿形成中具有较为突出的价值。

概括而言，本章发现，非伦理消费行为意愿和直接经验受伦理情景影响，不受性别、年龄、学历和婚姻状态四个人口统计学变量影响；非伦理消费行为意愿与直接经验显著正相关；直接经验对非伦理消费行为意愿的影响受伦理情景干扰较大，后续研究有必要将伦理情景当作控制变量对待。

上述结论将为非伦理消费行为问题治理提供重要启示。既然直接经验对促使非伦理消费行为意愿的形成具有非常突出的意义。那么非伦理消费行为问题治理就应重视从直接经验的角度寻找突破口。其中，有效阻止非伦理消费行为经验获取或再次使用非常必要，这样可以从根本上减少非伦理消费行为意愿形成中的诱发因素，从而有效降低非伦理消费行为发生的可能性。

本章研究显示，直接经验是影响非伦理消费行为意愿这个决策结果变量的重要个体属性变量。在非伦理消费行为决策过程中，直接经验是否也能影响伦理判断等重要的决策中间变量及"伦理判断→非伦理消费行为意愿"等核心决策环节呢？这些问题还有待进一步解答。

第四章 直接经验对决策核心环节的
影响：基于伦理判断视角*

本章将实现如下研究目的：在非伦理消费行为决策情景下揭示直接经验影响伦理判断的作用效应；揭示直接经验在伦理判断影响非伦理消费行为意愿（"伦理判断→非伦理消费行为意愿"）中的促进或抑制作用效应（调节作用）；在评估直接经验和伦理判断影响非伦理消费行为意愿作用效应相对大小的基础上揭示直接经验在非伦理消费行为意愿形成中的突出作用价值；评估直接经验影响伦理判断以及调节伦理判断影响非伦理消费行为意愿的作用效应时与伦理情景之间的关联性。

第一节 研究问题

鉴于行为意愿在预测决策主体未来行为趋势中的突出作用，发现和检验影响行为意愿形成过程的前置变量是商业伦理决策机制研究的重要主题。在此类研究中，伦理判断的突出作用得到了广泛认同。

西方主流的商业伦理理论模型不约而同地显示，在伦理决策情景下，伦理判断是预测行为意愿最重要的前置变量（Hunt and Vi-

---

　　* 本章研究假设 H4 - 3 的论证过程原载《软科学》2016 年第 10 期，但相应的回归模型对伦理情景的处理稍有不同。

tell, 1986, 2006)。在伦理决策心理流程中，伦理判断处于核心地位，是揭示伦理行为意愿形成规律的首选决策中间变量，而利用伦理判断揭示伦理行为意愿形成规律也是商业伦理实证研究的主导思路。

因此，系统揭示直接经验在非伦理消费行为决策中的作用机制，需要关注直接经验这个个体属性变量对伦理判断这个重要的决策中间变量所产生的影响以及直接经验对伦理判断影响非伦理消费行为意愿形成过程中作用效应发挥的调节作用。

为此，本章将系统检验直接经验影响伦理判断的作用效应（作用效应分析），并在考虑伦理情景和不考虑伦理情景条件下比较分析直接经验作用效应的差异（作用效应差异分析）；在此基础上进一步研究直接经验在伦理判断影响非伦理消费行为意愿中可能发挥的调节作用（调节作用分析），同时也考虑伦理情景可能产生的干扰（调节作用差异分析）。

本章从综合理论模型中节选部分模块构建如图 4 - 1 所示的假设模型。其中虚线箭头表明的即是本章的主体研究内容。本章将重点回答以下几个问题：

（1）在非伦理消费决策情景下，直接经验如何影响伦理判断（如图 4 - 1 中的虚线箭头①所示）？（问题 1）

（2）直接经验对伦理判断的影响是否与伦理情景有关？（问题 2）

（3）在非伦理消费决策情景下，直接经验是否可以调节伦理判断对非伦理消费行为意愿的影响？（如图 4 - 1 中的虚线箭头②所示）（问题 3）

（4）直接经验在伦理判断影响非伦理消费行为意愿中的调节作用是否与伦理情景有关？（问题 4）

本章将针对上述四个问题提出研究假设。其中，前两个问题是针对直接经验影响伦理判断的作用效应，目的在于揭示直接经验影响伦理判断的作用效应以及伦理情景可能发挥的作用；后两个问题是针对直接经验的调节效应，目的在于揭示直接经验在伦理判断影响非伦理消费行为意愿中的调节效应以及伦理情景可能发挥的作用。四个研究假设分别与上述问题一一对应。

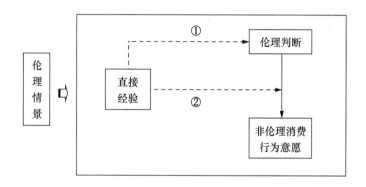

图 4 - 1　本章研究假设模型

第二节　研究假设

直接经验是伴随行为主体参与而获得的知识积累（赵宝春，2012）。这即意味着，直接经验越丰富，行为主体参与同类行为的经历越多。有研究发现，重复的经历越多，在伦理信念上消费者越倾向于认同该行为，即不再把该行为等同于非伦理行为，结果在行为上越有可能再犯（曾伏娥，2010）。如前文所述，消费伦理信念反映的是决策者评估 20 余项非伦理消费行为伦理性的总体状态（Vitell，2003），本质就是伦理判断，有的研究甚至将其等同于伦理判断（Rawwas，2001；Chan，Wong and Leung，1998）。由此可见，随着消费者前期直接经验的增加，其认为相应行为情景是伦理的可能性更高，因而伦理判断水平会更低。因此，提出如下研究假设：

H4 - 1：直接经验越丰富，伦理判断水平越低。即伦理判断水平与直接经验显著负相关。

现有针对消费伦理信念的研究高度一致地将消费伦理情景细分为"非法获益""被动获益""主动获益"和"没有伤害"四种类型。基于中国样本的研究进一步将之浓缩为界定清晰和界定模糊两类（Zhao and Tian，2009）。由于不同伦理情景具有不同的道德属性（Huang，Lu，You and Yen，2012），因而决策者在不同伦理情景下做出的伦理判断水平有不同，从事该行为的前期经验也有不同，进一步地，在不同伦理情景下，决策者做出伦理判断时对自身经验的依赖程度也会有所不同。因此，有理由相信，在非伦理消费行为决策情景下，直接经验对伦理判断的影响与伦理情景的种类有关。由此提出如下研究假设：

H4－2：直接经验对伦理判断的影响受伦理情景调节。

西方主流的商业伦理理论模型显示，在非伦理消费行为决策中，伦理判断是影响行为意愿的核心环节（Rest，1986；Jones，1991；Tan，2002；Hunt and Vitell，1986；Ferrell，Gresham and Fraedrich，1989）。有研究证实，较低的伦理判断标准是滋生非伦理行为的关键变量（Dubinsky and Loken，1989）。这意味着，较高的非伦理消费行为意愿与较低的伦理判断水平相对应。也就是说，伦理判断水平越低，从事该非伦理消费行为的意愿越强烈。

如前所述，在现实生活中却常常出现"明知不对，依然想做"的现象，也就是伦理判断水平较高的同时非伦理消费行为意愿也较强。亨特和维特尔（1986）就此指出，在特定条件下，消费者基于本体评估标准（行为对错）做出了正确的伦理判断，但在实际选择中却仅仅出于对行为结果的渴求而做出选择。在这种情况下，只有目的评估（结果好坏）被用于行为意愿的构建中，从而导致了行为意愿与伦理判断间的冲突（Vitell，2003）。这种现象表明，在某些特定条件下，伦理判断水平对非伦理消费行为意愿的抑制作用可能被削弱、掩盖，甚至出现了反转的倾向。

其中包含两点重要信息：其一，伦理判断对非伦理消费行为意愿的影响是可以被其他变量干扰的，也就是被其他变量调节；其二，之所以能够产生有效的干扰，其根本原因在于决策者对行为结果的追求，即决策者有逐利的行为目标，且与道德目标相比，这一目标更受重视。这就意味着，可以影响消费者逐利目标及其决策过程的变量都可能调节伦理判断对非伦理消费行为意愿的影响。

从当前中国市场实践看，通过打破伦理规则获利且不受社会奖惩体系制裁的非伦理消费行为机会大量存在。在伦理标准日益多元化的今天，社会奖惩机制还不够完善（Zhao and Tian，2009），大量包含伦理成分的消费情景还缺乏有力的规范约束。因此，尽管以获利为目的的非伦理消费行为还是面临一定的风险，但可乘之机依然很大。这就为消费者在消费过程中丢弃伦理判断标准做出非伦理的行为选择提供了重要的环境条件。

作为决策者的个体属性变量，直接经验越丰富，意味着决策者对决策情景的熟悉程度、解决问题的熟练程度以及对行为结果预测的准确性程度更高，进而面临的未知风险更小。因此，经验丰富的个体更容易判断逐利目标实现的可能性，从而在决策过程中更容易出于对行为结果的渴望而舍弃本体评估标准，进而做出非伦理的行为选择；而经验欠缺的个体出于对未知风险的畏惧，更愿意基于通行的行为"对错"标准做出符合规范预期的选择，以避免招致社会制裁。

因此可以说，伦理判断对非伦理消费行为意愿的抑制作用会因决策者直接经验丰富程度的不同而有所不同。具体而言，与经验欠缺的消费者相比，经验丰富的消费者更可能抛弃伦理标准而做出非伦理的行为选择。因此，有理由相信，直接经验可以在伦理判断影响非伦理消费行为意愿中发挥调节作用。

综合上述分析，本章提出如下研究假设：

H4 - 3：直接经验可以调节伦理判断对非伦理消费行为意愿的影响。且与直接经验程度低的消费者相比，直接经验程度高的消费者从事非伦理消费行为的意愿受伦理判断抑制的程度更低。

此外，伦理情景在伦理决策中的特殊性主要表现在其影响的全域性上。从决策过程看，由于任何伦理决策均发生在特定的伦理情景之中，只要道德问题被决策主体意识到，伦理情景就已开始发挥作用，随后的所有决策环节都将受到决策情景的影响。另外，本书前一章研究证实，消费者从事非伦理消费行为的经验程度也与伦理情景密切相关。因此，综合上述信息可以推断，直接经验在伦理判断影响非伦理消费行为意愿中的调节作用与伦理情景种类有关。

H4-4：直接经验对伦理判断影响非伦理消费行为意愿的调节作用在不同伦理情景下有不同程度的表现。

第三节　研究方法

一　情景设计

本章研究的基本思路和情景设计完全同于前一章研究（第三章），依然选择"更换价格标签""使用过期优惠券""服务员找错钱"和"购买使用盗版软件"四种典型的非伦理消费行为决策情景用于跨伦理情景研究。①

单因方差分析结果显示，被访对象在四类伦理情景下的消费伦理信念水平有显著差异（$F-v=6.287$，$Sig. <0.050$）。这说明，上述四类行为具有不同程度的伦理成分，可被很好地区分，因此能够用于跨伦理情景的研究。

二　测量工具

本章研究主要关注直接经验、非伦理消费行为意愿和伦理判断三个目标变量。其中，直接经验和非伦理消费行为意愿的测量工具同于第三章，两个量表的 Cronbach α 系数分别为 0.837 和 0.845。

---

① 本书第五章到第九章五个实证研究的基本思路和所使用的虚拟情景均同于第三章，此后不再赘述。

本章研究新增了伦理判断测量量表。尽管目前测量伦理判断的工具很多，但本书并不沿用现有工具，而是基于维特尔（2003）的观点开发测量题项。

维特尔（2003）总结前人研究后指出，消费者在具有伦理含义的决策情景下做出伦理判断时综合了三大基本原则：一是"是否主动获利"；二是"是否违法"；三是"是否有损他人"。这一观点系统回答了"是否有错？""为何有错？"等关键伦理问题，从本质上系统折射出了伦理判断的三个具体标准，即获利行为的主动性、违法性和伤害性。与其他伦理判断测量工具所体现的判断原则相比，维特尔（2003）的观点能更好地揭示伦理判断的基础特征。

本章研究基于上述三条原则开发伦理判断的测量题项（见表4-1）。每条原则分别对应两个测量题项。这些题项均采用 Likert 7级计分法测量，得分越高，表示调查对象伦理判断相应维度的程度越高。在本章研究中，该量表 Cronbach α 系数为 0.753。

表 4-1　　　　　　　　　　潜变量及观察变量

潜变量	观察变量	因子负荷
行为意愿	如果是您，您愿意这样做吗？	0.918
	如果是您，您有多想这样做？	0.918
直接经验	您曾有过这样的行为吗？	0.916
	您经常有这样的行为吗？	0.914
伦理判断	这种行为消费者是主动的吗？	0.946
	只要主动就可达到自己的目的吗？	0.942
	这种行为违法吗？	0.908
	有与此类行为相关的法律规范吗？	0.862
	这种行为会对他人带来损害吗？	0.854
	这种行为给他人带来损害的程度有多大？	0.544

三 样本特征

本章研究共发放问卷 400 份，回收后剔除不合格问卷，获得有效问卷 270 份。样本特征如表 4-2 所示。

表 4-2　　　　　　　　　　样本人口统计学特征

人口统计学变量	百分比（%）
婚姻	
已婚	24.100 (14.500, 23.800, 42.600, 19.400)
单身	73.300 (84.100, 73.800, 57.400, 74.600)
其他	2.600 (1.400, 2.500, 0.000, 6.000)
学历	
高中及以下	24.100 (18.800, 18.800, 35.200, 26.900)
大专和大学	71.100 (78.300, 73.800, 64.800, 65.700)
研究生	4.800 (2.900, 2.500, 0.000, 7.500)
年龄	
≤17 岁	10.400 (4.300, 7.500, 22.200, 10.400)
18—22 岁	54.400 (75.400, 50.000, 35.200, 53.700)
23—30 岁	21.100 (17.400, 26.300, 18.500, 20.900)
31—40 岁	8.500 (1.400, 12.500, 14.800, 6.000)
41—50 岁	5.200 (1.400, 3.800, 9.300, 7.500)
≥51 岁	0.400 (0.000, 0.000, 0.000, 1.500)
性别	
男	51.900 (42.000, 65.000, 48.100, 49.300)
女	48.100 (58.000, 35.000, 51.900, 50.700)

四 数据检验

表 4-1 显示，所有观察变量因子负荷均高于 0.500 的标准，在此基础上继续做 CR 和 AVE 检验。结果发现，全部 CR 均高于 0.700 的标准，全部 AVE 均高于 0.500 的标准；且 AVE 平方根都高于各变量与其他变量的相关系数（见表 4-3）。上述指标综合表明，本章研究测量工具有良好的信效度，符合研究要求。

表4 - 3 潜变量信效度检验及相关系数

潜变量	CR	AVE	1	2	3
行为意愿1	0.915	0.843	(0.918)		
直接经验2	0.911	0.837	0.321*	(0.915)	
伦理判断3	0.940	0.729	−0.249*	−0.183*	(0.854)

注：＊表示 p < 0.050；括号中数据为 AVE 平方根。

第四节 数据分析

本章正式分析中，主要使用多元回归分析，该方法用于直接经验影响伦理判断的作用效应分析及调节作用分析。数据分析结果从作用效应和调节效应两个方面予以展示，其中，作用效应部分包括直接经验作用效应分析和直接经验作用效应与伦理情景的关联分析等内容；调节效应则包括直接经验对伦理判断影响非伦理消费行为意愿的调节作用分析以及直接经验调节作用与伦理情景的关联分析等方面。具体而言，直接经验作用效应分析主要包括不区分伦理情景和区分伦理情景两种情况下直接经验影响伦理判断的作用效应分析；直接经验的调节作用分析则包括直接经验和伦理判断同步影响非伦理消费行为意愿的主效应分析以及直接经验与伦理判断在影响非伦理消费行为意愿中的交互作用分析，随后在此基础上进一步做调节作用分析，最后分析伦理情景对直接经验调节作用的影响。

一 直接经验影响伦理判断的作用效应分析

首先分析直接经验影响伦理判断的作用效应，在不区分伦理情景条件下构建回归模型。该模型以伦理判断为因变量，以直接经验为自变量，以人口统计学变量和伦理情景为控制变量（见表4 - 4）。结果显示，该模型成立（$R^2 = 0.070$；$F - v = 10.069$；Sig. < 0.050）。

表 4 - 4　直接经验影响伦理判断的作用效应（不区分伦理情景）

自变量	回归系数	R^2	F - v
直接经验	- 0. 208 *	0. 070	10. 069 *
婚姻 1	- 0. 030		
婚姻 2	0. 055		
学历 1	- 0. 043		
学历 2	0. 010		
年龄 1	- 0. 057		
年龄 2	0. 060		
年龄 3	0. 029		
年龄 4	- 0. 053		
年龄 5	- 0. 043		
性别 1	0. 064		
情景 1	- 0. 066		
情景 2	- 0. 194 *		
情景 3	0. 015		

注：* 表示 $p < 0.050$。

该模型结果显示，当不区分伦理情景时，直接经验多元回归系数标准值为 -0. 208，有显著性（Sig. < 0. 050）。这表明，伦理判断与直接经验显著负相关。也就是说，消费者直接经验程度越高，伦理判断水平越低。因此，研究假设 H4 - 1 得到了完全验证。

为了分析直接经验影响伦理判断的作用发挥与伦理情景的关联，本研究分别在四种伦理情景下构建独立的回归模型。这些模型均以伦理判断为因变量，以直接经验为自变量，以人口统计学变量为控制变量（见表 4 - 5）。结果发现，情景 2 和情景 3 对应的回归模型在逐步回归中无自变量纳入，只有情景 1 和情景 4 对应的回归模型成立（R^2 = 0. 286, 0. 134；F - v = 26. 867, 4. 955；Sig. < 0. 050）。

表 4 - 5 直接经验影响伦理判断的作用效应（区分伦理情景）

自变量	情景 1	情景 2	情景 3	情景 4
直接经验	- 0.535 *	0.000	0.000	- 0.272 *
婚姻 1	0.049	0.000	0.000	0.066
婚姻 2	- 0.083	0.000	0.000	0.290 *
学历 1	0.036	0.000	0.000	- 0.016
学历 2	- 0.054	0.000	0.000	0.053
年龄 1	- .006	0.000	0.000	- 0.109
年龄 2	0.000	0.000	0.000	0.139
年龄 3	0.063	0.000	0.000	- 0.073
年龄 4	- 0.093	0.000	0.000	- 0.166
年龄 5	- 0.093	0.000	0.000	0.159
性别 1	- 0.040	0.000	0.000	0.068
R^2	0.286	0.000	0.000	0.134
F - v	26.867 *	0.000	0.000	4.955 *

注：* 表示 p < 0.050。

表 4 - 5 显示，当考虑伦理情景影响时可以发现，直接经验对伦理判断的影响发生了分化。只有在情景 1 和情景 4 中直接经验回归系数有统计意义（β = - 0.535， - 0.272；Sig. < 0.050）。这表明，在第一种伦理情景和最后一个伦理情景下直接经验的影响较为突出，且在这两种伦理情景下伦理判断与直接经验显著负相关，此时的结果与表 4 - 4 中的结果一致。

尽管在不区分伦理情景条件下发现了直接经验对伦理判断的显著影响，但针对四种细分伦理情景的进一步深入分析可以发现，在四种伦理情景下直接经验对伦理判断的影响并不都具有统计学意义，在本章研究中其有效作用仅仅表现在第一种伦理情景和第四种伦理情景之下，因此，直接经验对伦理判断的影响与伦理情景类型有关，研究假设 H4 - 2 得到了验证。

二 直接经验对伦理判断的调节作用分析

为清晰揭示直接经验在伦理判断影响非伦理消费行为意愿中的调节作用，本章研究遵循如下分析思路。

第一步，分析直接经验和伦理判断同步影响非伦理消费行为意愿的主效应；

第二步，分析直接经验和伦理判断影响非伦理消费行为意愿的交互效应；

第三步，分析直接经验对伦理判断影响非伦理消费行为意愿的调节效应。

在上述三步中都先做不区分伦理情景条件的分析，随后做区分伦理情景条件下的分析。

在直接经验和伦理判断主效应分析中，构建一个回归模型，该模型以非伦理消费行为意愿为因变量，以直接经验和伦理判断为自变量，以婚姻、学历、年龄和性别等人口统计学变量以及伦理情景为控制变量（见表 4 – 6）。结果显示，该回归模型成立（$R^2 = 0.298$；$F – v = 22.436$；Sig. < 0.050）。

表 4 – 6 还显示，伦理判断影响非伦理消费行为意愿的标准回归系数为 – 0.216，有显著性（Sig. < 0.050）；直接经验影响非伦理消费行为意愿的标准回归系数为 0.223，也有显著性（Sig. < 0.050）。这表明，直接经验和伦理判断影响非伦理消费行为意愿的主效应显著，可继续做交互效应分析。

同时，表 4 – 6 还显示，非伦理消费行为意愿与伦理判断显著负相关，与直接经验显著正相关。也就是说，伦理判断水平越高，从事非伦理消费行为的意愿越弱，直接经验越丰富，从事非伦理消费行为的意愿越强烈。

从伦理判断和直接经验的横向比较看，直接经验的标准回归系数绝对值大于伦理判断。这表明，在非伦理消费行为意愿形成中，直接经验发挥的作用效应大于伦理判断。

表 4 - 6　　　　　　直接经验与伦理判断影响非伦理消费
行为意愿的主效应（不区分伦理情景）

自变量	回归系数	R^2	$F - v$
伦理判断	- 0.216 *	0.298	22.436 *
直接经验	0.223 *		
婚姻 1	- 0.054		
婚姻 2	0.039		
学历 1	0.029		
学历 2	0.012		
年龄 1	0.060		
年龄 2	0.005		
年龄 3	- 0.091		
年龄 4	- 0.171 *		
年龄 5	0.073		
性别 1	- 0.072		
情景 1	- 0.294 *		
情景 2	- 0.049		
情景 3	0.188 *		

注：* 表示 $p < 0.050$。

　　在表 4 - 6 分析的基础上继续做直接经验和伦理判断影响非伦理消费行为意愿的交互效应分析。以非伦理消费行为意愿为因变量，以直接经验、伦理判断及二者的交互项为自变量，以四个人口统计学变量和伦理情景为控制变量，构建多元回归模型（见表 4 - 7）。结果显示，该模型成立（$R^2 = 0.329$；$F - v = 21.538$；Sig. < 0.050）。

　　表 4 - 7 还显示，直接经验和伦理判断在影响非伦理消费行为意愿时的交互项对应的标准回归系数为 0.657，且有统计显著性（Sig. < 0.050）。这表明，在不区分伦理情景条件下，伦理判断和直接经验影响非伦理消费行为意愿的交互效应有效，可以进一步做调节效应分析。

表4-7 直接经验与伦理判断影响非伦理消费行为意愿的
交互效应（不区分伦理情景）

自变量	回归系数	R²	F-v
伦理判断	-0.450*	0.329	21.538*
直接经验	-0.396*		
交互项	0.657*		
婚姻1	0.045		
婚姻2	-0.075		
学历1	0.013		
学历2	-0.009		
年龄1	0.178		
年龄2	-0.037		
年龄3	-0.033		
年龄4	0.162*		
年龄5	-0.021		
性别1	0.009		
情景1	-0.242*		
情景2	0.038		
情景3	0.184*		

注：*表示 p<0.050。

从回归系数的角度看，直接经验与伦理判断影响非伦理消费行为意愿的交互项所对应的标准回归系数表现出了与直接经验同样的方向[①]，即都为正数，而在主效应分析中伦理判断的回归系数为负数。因此，交互项的方向表现出了与直接经验的一致性，而与伦理判断相反，表明直接经验对交互项作用力的贡献更大。这再次证明，在影响非伦理消费行为意愿时直接经验的作用力大于伦理判断。

————————————

① 直接经验影响非伦理消费行为意愿的作用效应以主效应分析结果来判断，而不用考虑交互效应分析中所对应的回归系数。此处所说的直接经验的作用方向是指表4-6中的回归系数。

　　基于表4-7的结果针对直接经验在伦理判断影响非伦理消费行为意愿中的调节作用绘制示意图（见图4-2）。结果显示，直接经验程度低和直接经验程度高分别对应的直线有明显交叉倾向。这说明，伦理判断对非伦理消费行为意愿的影响受直接经验显著调节。

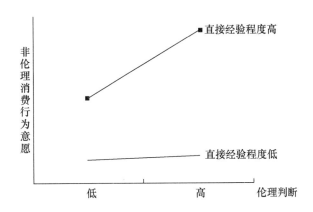

图4-2　直接经验对伦理判断作用的调节（不区分伦理情景）

　　图4-2还显示，无论直接经验程度高低，两条直线均向右上方抬起。这表明，当直接经验参与影响时，非伦理消费行为意愿与伦理判断之间的负相关关系发生了逆转。也就是说，伦理判断水平越高，从事非伦理消费行为的意愿越强烈。伦理判断对非伦理消费行为意愿的常态抑制作用（见表4-6）不仅完全消失了，反而还出现了正向促进作用，并且经验越丰富，这种促进作用越明显。综合上述结果可以发现，研究假设H4-3得到了验证。
　　进一步地，在区分伦理情景条件下，分析直接经验与伦理判断影响非伦理消费行为意愿的主效应。以非伦理消费行为意愿为因变量，以直接经验和伦理判断为自变量，以人口统计学变量为控制变量，在四种伦理情景下分别构建回归模型（见表4-8）。结果显示，四种伦理情景下的主效应回归模型均成立（R^2 = 0.417，0.213，0.122，0.394；F-v = 15.486，10.396，7.255，20.835；Sig. <

0.050）（见表 4 - 8）。

表 4 - 8   直接经验与伦理判断影响非伦理
                         消费行为意愿的主效应（区分伦理情景）

自变量	情景 1	情景 2	情景 3	情景 4
直接经验	0. 276 *	0. 125	- 0. 350 *	0. 540 *
伦理判断	- 0. 366 *	- 0. 417 *	0. 124	0. 061
婚姻 1	- 0. 188	- 0. 090	- 0. 161	0. 044
婚姻 2	0. 141	0. 035	0. 161	0. 013
学历 1	- 0. 077	- 0. 036	0. 059	0. 122
学历 2	0. 100	0. 207 *	- 0. 059	- 0. 101
年龄 1	0. 080	0. 140	0. 047	0. 105
年龄 2	0. 077	- 0. 095	0. 050	- 0. 047
年龄 3	- 0. 091	0. 039	0. 028	- 0. 053
年龄 4	- 0. 112	- 0. 029	- 0. 201	0. 247 *
年龄 5	0. 323 *	0. 030	- 0. 064	0. 019
性别 1	- 0. 057	- 0. 151	- 0. 189	0. 177
R^2	0. 417	0. 213	0. 122	0. 394
F - v	15. 486 *	10. 396 *	7. 255 *	20. 835 *

注：＊表示 p < 0. 050。

表 4 - 8 还显示，在情景 1 中，伦理判断影响非伦理消费行为意愿的标准回归系数为 - 0. 366，有显著性（Sig. < 0. 050），直接经验对应的标准回归系数为 0. 276，也有显著性（Sig. < 0. 050）；而在情景 3 和情景 4 中，只有直接经验有显著的统计意义（β = - 0. 350，0. 540；Sig. < 0. 050），伦理判断并无显著意义；在情景 2 中，只有伦理判断有显著意义（β = - 0. 417；Sig. < 0. 050）。因此，在四种伦理情景中，只有第一种伦理情景直接经验和伦理判断影响非伦理消费行为意愿的主效应显著，可继续关注在此情景下的交互效应。

以非伦理消费行为意愿为因变量，以直接经验、伦理判断以及二者的交互项为自变量，以人口统计学变量为控制变量在四种伦理情景下构建回归模型（见表4-9）。结果表明，四种伦理情景下的交互模型都成立（$R^2 = 0.468$，0.213，0.122，0.394；$F-v =$ 19.054，10.396，7.255，20.835；Sig. <0.050）（见表4-9）。

表4-9　　　　直接经验与伦理判断影响非伦理消费
行为意愿的交互效应（区分伦理情景）

自变量	情景1	情景2	情景3	情景4
直接经验	-0.550	0.125	-0.350*	0.540*
伦理判断	-0.469*	-0.417*	0.124	0.046
交互项	0.329*	0.170	0.582	0.036
婚姻1	-0.162	-0.090	-0.161	0.044
婚姻2	0.113	0.035	0.161	0.013
学历1	-0.054	-0.036	0.059	0.122
学历2	0.082	0.207*	-0.059	-0.101
年龄1	0.084	0.140	0.047	0.105
年龄2	0.072	-0.095	0.050	-0.047
年龄3	-0.091	0.039	0.028	-0.053
年龄4	-0.105	-0.029	-0.201	-0.247*
年龄5	0.329*	0.030	0.064	0.019
性别1	-0.064	-0.151	-0.189	0.177
R^2	0.468	0.213	0.122	0.394
F-v	19.054*	10.396*	7.255*	20.835*

注：*表示 p<0.050。

表4-9结果还显示，在四种伦理情景中，只有在第一种伦理情景中直接经验和伦理判断影响非伦理消费行为意愿的交互项有显著意义（$\beta = 0.329$；Sig. <0.050），而在其他三种伦理情景中交互项均无显著统计意义。这一结果与表4-8的结果有一定的对应性。这

一发现表明，在第一种伦理情景下，伦理判断和直接经验影响非伦理消费行为意愿的交互效应有效，因此，可以进一步在此情景下继续做调节效应分析。

基于表 4-9 的结果针对直接经验在伦理判断影响非伦理消费行为意愿中的调节作用效应绘制示意图（见图 4-3）。结果显示，在情景 1 中，直接经验程度低和直接经验程度高分别对应的直线有明显交叉倾向。这说明，在此情景下，伦理判断对非伦理消费行为意愿的影响受直接经验显著调节。

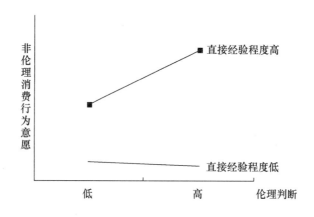

图 4-3　直接经验对伦理判断作用的调节（情景 1）

图 4-3 还显示，在第一种伦理情景下，非伦理消费行为意愿与伦理判断之间出现了常态负相关关系的反转。也就是说，当直接经验参与影响时，伦理判断对非伦理消费行为意愿的常态抑制作用不仅有所减弱了，对于直接经验程度高的消费者而言，反而还出现了正向促进作用。不过，对于直接经验程度低的消费者而言，伦理判断还保留了对非伦理消费行为意愿的微弱抑制。

综合上述结果可以发现，直接经验对伦理判断影响非伦理消费行为意愿的调节作用在不同伦理情景下有不同程度的表现。因此，研究假设 H4-4 得到了验证。

第五节　结果讨论

在消费伦理研究领域，伦理判断被公认为是影响行为意愿的重要核心变量。因此，评估直接经验影响伦理判断的作用效应是揭示直接经验影响非伦理消费行为决策作用机制的重要内容。前一章已经证实，直接经验在非伦理消费行为意愿形成中具有重要的促进作用。本章研究进一步发现，直接经验还能显著影响伦理判断这个在非伦理消费行为意愿形成中发挥重要作用的中间变量，且消费者的伦理判断水平与其直接经验程度显著负相关。

前一章研究证实了伦理情景在非伦理消费行为决策中的重要价值，为了深入揭示直接经验对伦理判断的影响规律，本章在不同伦理决策情景下进一步分析直接经验影响伦理判断的特征及不同情景下的差异。结果发现，在第一种和第四种伦理情景下，伦理判断与直接经验间的负相关关系非常明显，而在其他伦理情景下，二者之间的显著相关性并未被发现。

过去基于 M—V 消费伦理量表的研究都坚持一个基本的假设前提：伦理判断是决定随后行为发生的最有价值的因素（Fukukawa，2003）。但伦理判断并不等同于行为意愿，更不等同于实际的行为状态，长期以来，除少量研究外（Kenhove，Wulf and Steeenhaut，2003；Liu，Zeng and Su，2009；曾伏娥、甘碧群，2007），以伦理判断为目标变量发现和检验消费伦理影响因子的主流研究忽视了这些影响因子在伦理判断与行为意愿以及行为感知与行为表现之间可能发挥的调节作用。

本章研究首次发现了直接经验在伦理判断影响非伦理消费行为意愿中的调节作用，且直接经验越丰富，伦理判断在非伦理消费行为意愿形成中越难发挥抑制作用。不仅如此，直接经验还促使伦理判断对非伦理消费行为意愿抑制作用发生了反转，即随着直接经验的增加，伦理判断反而有利于促进非伦理消费行为意愿的形成，这种现象在第一种伦理情景下表现得尤为突出。

西方主流的商业伦理理论模型认为，在某些条件下可能会出现行为意愿与伦理判断不完全一致的现象（Hunt and Vitell, 1986, 2006）。过去没有考虑决策者经验积累状态的大量研究均发现，非伦理消费行为意愿与伦理判断显著负相关，也就是伦理判断可以抑制非伦理消费行为意愿的形成（Barnett and Valentine, 2004; Bass, Barnett and Brown, 1999; Kwong et al., 2003; Dubinsky and Loken, 1989），这是非伦理消费行为意愿与伦理判断之间的常态关系。

而本章研究发现，当直接经验参与影响时，非伦理消费行为意愿与伦理判断出现了正相关关系。在此条件下，伦理判断对非伦理消费行为意愿的抑制作用有所减弱，甚至有时还出现了作用方向的反转，即反而能够促使当事人提高从事非伦理消费行为的意愿，直接经验程度越高，这种促进作用越明显。这表明，在非伦理消费行为决策情景下，直接经验积累也是导致伦理判断与行为意愿不一致的重要原因。这为 H—V 伦理模型等主流的商业伦理理论提供了有力的成果支撑。

目前，在中国市场，非伦理消费行为随处可见，并且这种泛滥局面正在日益加重。特别是在"德"文化环境下，道德实践与道德追求之间出现了明显的落差。面对大量理应受到制裁却又逃脱了制裁的非伦理消费行为案例天天在身边发生，消费者很容易丢掉本有的伦理标准，反而出现了放任性、跟随性、报复性等主动或恶意的非伦理消费行为倾向。而且，消费者追求的伦理标准越高，认知与现实的心理落差越大，所导致的恶意行为反应也会愈加强烈。故此，出现非伦理消费行为意愿因伦理判断水平的提升而提升的反常现象就不难理解。

正如宋启林（2003）所言，当非伦理行为没有受到应有的惩罚并被反复强化时，出于自我保存意识和趋利避害的本能，从众和模仿就会最终导致道德规范因"跟风"而失效。尤其对于经验丰富的消费者而言，这种充分主动的"同流合污"式的反应更为坚定，因为他们对行为真实结果的预计更加准确，而经验欠缺的消费者可能迫于结果的无把握性而游移不定，抑或是老老实实地按照公认的规矩办事。

特别是在第一种伦理情景等界定清晰的伦理情景下，群体规则非常明确，且为大家所公认和共享。在此情景下，消费者不会出现如同第四种伦理情景等界定模糊的伦理情景下因为规范标准欠缺而出现的无所适从的现象，决策者知道自己的行为规则，也知道他人应该遵守的行为规则。在此条件下，当发现他人都不遵从行为规则也不会因此受到制裁时，内心的道德矜持将会有所削弱，在物质利益诱惑下很可能就放弃了伦理标准，反而出现了叛逆性报复行为，尤其对于具有丰富经验的消费者而言，这种可能性更大。

鉴于伦理判断在行为意愿形成中的重要性，检验消费伦理影响因子在促成非伦理消费行为意愿中的作用效应时，若能与伦理判断的作用效应进行比较，有利于横向评价影响因子作用效应的相对大小，但目前还没有研究采用这样的视角。本章研究结果为此提供了一些有用的信息，横向比较结果显示，直接经验在促成非伦理消费行为意愿中的作用效应大于伦理判断。一方面，在影响非伦理消费行为意愿时，直接经验对应的标准回归系数绝对值大于伦理判断；另一方面，当考虑直接经验与伦理判断的交互效应时，交互项标准回归系数在方向上都表现出了与直接经验的一致性。这些结果都说明，在影响非伦理消费行为意愿时，直接经验的作用效应比伦理判断更大，这也进一步证明了直接经验在非伦理消费行为再犯中的突出价值。

不过，本章进一步发现，直接经验的作用发挥与伦理情景有密切联系。无论是直接经验对伦理判断这个重要的决策中间变量的影响，还是直接经验在伦理判断影响非伦理消费行为意愿中的调节作用的发挥，都与伦理情景有关。这些发现也进一步证实了伦理情景在非伦理消费行为决策中的重要意义。

本章小结

   本章共提出四个研究假设，均已得到验证，四个研究问题也已得到解答。本章研究发现，直接经验显著影响伦理判断，消费者的伦理判断水平与其直接经验程度显著负相关。且这种负相关关系在第一种和第四种伦理情景下更为突出。这说明，直接经验对伦理判断的影响受伦理情景显著调节。

   本章有关直接经验和伦理判断影响非伦理消费行为意愿的主效应分析结果显示，直接经验显著影响非伦理消费行为意愿的形成，且直接经验越丰富，从事非伦理消费行为的意愿越强烈。这再次强有力地支持了前一章的研究结论。

   就影响非伦理消费行为意愿作用效应的横向比较而言，尽管伦理判断在非伦理消费行为意愿形成中的重要作用得到了学术界的一致认可，但本章研究发现，直接经验在非伦理消费行为意愿形成中的作用效应比伦理判断更为突出。这是消费伦理实证研究中的全新发现。这一发现表明，在揭示非伦理消费行为决策机制时还应关注直接经验这个重要的影响因子所扮演的角色。

   更为重要的是，本章研究还发现，直接经验能够显著调节伦理判断对非伦理消费行为意愿的影响，尤其在第一种伦理情景下，这种调节效应更为明显。有了直接经验的参与，伦理判断对非伦理消费行为意愿的抑制作用不仅没有消失，而且还出现了作用方向的反转。也就是说，随着伦理判断水平的提升，消费者从事非伦理消费行为的意愿更加强烈。尤其对于直接经验积累程度较高的消费者而言，更是如此。

   这些结论不仅是对消费伦理理论的重要丰富和补充，还将为非伦理消费行为问题治理提供重要的理论指导。

   过去，针对伦理判断的研究常常强调基于传统文化的道德教育的重要意义。本章研究发现，有经验的消费者，尤其是经验较为丰富的消费者从事非伦理消费行为的意愿随其伦理判断水平的提高而提高。这说明，对于经验丰富的消费者而言，简单的道德说教不仅无效，反而起到了相反的作用。之所以出现这样的问题，其根本原因在于决策者所处的现实环境，即非伦理消费行为没有受到应有制裁的现象不断在重复，甚至愈演愈烈。因此，基于传统价值标准的消费者道德教育得到加强的同时，还应重视对现实发生的非伦理消费行为的处置。

换一个角度讲，正是因为直接经验参与影响，才导致了伦理判断作用的反转，这从一个全新的角度再次证明了直接经验在促进非伦理消费行为意愿形成中的突出作用。因此，非伦理消费行为问题治理依然要高度重视杜绝消费者直接经验的获取和再次使用。尤其对于前期经验丰富的消费者来说，一定要让其"在阴沟里翻船"，并承担非伦理消费行为失败所带来的后果，以达到"一朝被蛇咬，十年怕井绳"的效果。

本章研究显示，直接经验是影响伦理判断这个重要决策中间变量和"伦理判断→非伦理消费行为意愿"这个重要决策核心环节的变量。但是，从感知风险理论的角度看，感知风险也是个体决策心理过程中的重要中间变量，在非伦理消费行为决策情景下，直接经验是否可以影响感知风险这个决策中间变量以及"感知风险→非伦理消费行为意愿"这个重要的决策核心环节呢？这就是下一章要予以解答的核心问题。

第五章 直接经验对决策核心环节的影响：基于感知风险视角*

本章将实现如下研究目的：在非伦理消费行为决策情景下揭示直接经验影响感知风险的作用效应；揭示直接经验在感知风险影响非伦理消费行为意愿中的促进或抑制作用（调节效应）；在评估直接经验和感知风险影响非伦理消费行为意愿作用效应相对大小的基础上揭示直接经验在非伦理消费行为意愿形成中的突出意义；评估伦理情景在直接经验影响感知风险和直接经验调节感知风险影响非伦理消费行为意愿作用效应发挥中所扮演的角色。

第一节 研究问题

在消费者行为理论领域，感知风险就是对消费行为损失及其类型不确定性的感知状态（Murray and Schlater，1990）。感知风险是个人评估、决策和行为的中心，隐含于决策的所有环节，因此是揭示个体行为决策规律的重要工具（Mitchell，1999）。作为关键影响因子（Boshoff，Schlechter and Ward，2011），感知风险已成为揭示产品购买决策规律的重要目标（Zhao and Li，2012；Shim and Lee，2011），在伦理情景下感知风险的重要性也已被一些实证研究所证

---

* 本章所用数据以及研究假设 H5－3 的论证和检验原载于《管理评论》2016 年第 2 期。

实（Fraedrich and Ferrell, 1992；Chen and Chang, 2013；Chen, Teng, Liu and Zhu, 2015）。

　　不过，从成果分布看，目前有关感知风险的研究主要集中在产品购买决策领域，针对伦理决策的研究明显不足。在伦理决策情景下，这些为数不多的研究也只限于盗版软件消费等单一的伦理情景（Liao, Lin and Liu, 2010），研究结论一般化意义较为有限；更重要的是，正如前文所述，基于单一伦理情景的研究无法剔除伦理情景本身的干扰。在非伦理消费情景下，揭示感知风险真实作用效应还需采用多伦理情景研究，以控制和辨别伦理情景的潜在干扰。

　　感知风险理论认为，只要处于产出和结果不确定的情景，风险就会产生（Fraedrich and Ferrell, 1992），而决策者面对风险的首要反应即是规避，这种反应势必要折射到后续的决策过程和结果中。因此，在有道德风险的非伦理消费情景下，作为决策结果变量，行为意愿必然与决策者的风险感知水平有关。比较而言，基于伦理决策情景的研究规模较小，但仅有的研究足以证明，在伦理决策情景下，感知风险也是揭示行为意愿形成规律的重要心理变量。在预测行为意愿时，感知风险扮演了类似于伦理判断的决策中间变量的角色。

　　但由于伦理判断是预测伦理行为意愿的首选变量，以伦理判断状态推断决策者未来行为趋势是实证研究的基本前提（Fukukawa, 2003），因此，从伦理判断角度揭示行为意愿形成规律也是消费伦理实证研究的主导思路，而感知风险的潜在价值并未得到很好的检验。

　　直接经验是决定决策信息收集行为的一个基本前提（Hsu and Walter, 2015）。而感知风险与消费者知识渊博性和信息可获得性有关（Bostrom, Fischhoff and Morgan, 1992），当决策信息遗漏时，风险评估就不完全。这意味着，因经验差异，不同决策者面对同一情景所感知到的风险水平也会不同。

　　还有研究显示，感知风险影响个体决策的最终效果不仅与风险感知水平有关，还与风险偏好等决策者个性因素有关（程培堁、殷志扬，2012）。例如，风险厌恶型个体更愿意按伦理规则办事而不愿冒险（Riquelme and Román，2014）；风险偏好型个体更愿意面对高风险的交易（Westland，2002）。这就意味着，在伦理决策情景下风险偏好可以调节感知风险作用的发挥。而风险偏好又与直接经验有密切关联，因为经验积累可改善特定情景下的决策能力（Rodgers，Negash and Suk，2005），进而提升决策者面对风险的信心。因此，在非伦理消费决策情景下，感知风险对行为意愿的影响还可能受直接经验调节。

为此，本章首先以感知风险为因变量，以直接经验为自变量，分析直接经验影响感知风险的作用效应；随后以感知风险为自变量，以非伦理消费行为意愿为因变量，以直接经验为调节变量，分析直接经验在感知风险影响非伦理消费行为意愿中的调节作用；上述分析都将考虑伦理情景可能产生的影响。

本章从综合理论模型（见图2-9）中节选部分模块构建如图5-1所示的假设模型。其中虚线箭头表明的是本章的主体研究内容。即在考虑伦理情景条件下研究直接经验影响感知风险的作用效应以及直接经验在感知风险影响非伦理消费行为意愿中的调节作用。本章将重点回答以下几个问题：

（1）在非伦理消费决策情景下，直接经验影响感知风险的作用效应如何？（如图5-1中的虚线箭头①所示）（问题1）

（2）在不同伦理情景下，直接经验影响感知风险的作用效应有何区别？（问题2）

（3）直接经验如何调节感知风险对非伦理消费行为意愿的影响？（如图5-1中的虚线箭头②所示）（问题3）

（4）直接经验对感知风险影响非伦理消费行为意愿的调节作用与伦理情景有怎样的关联？（问题4）

本章将分别针对上述四个问题提出研究假设。其中前两个问题属于直接经验影响感知风险的作用效应研究，后两个问题是直接经验的调节效应研究。后文的四个研究假设分别与四个问题对应。

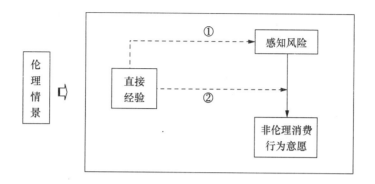

图 5 – 1　本章研究假设模型

第二节　研究假设

　　未来是不可知的，因此绝大部分决策都是在信息不充分的条件下进行的（Yeung and Morris，2006）。在决策情景下，消费者感知风险存在的根本原因即是决策信息的不充分（Slovic，1987；Wandel，1994；Dowling and Staelin，1994）。Bostrom、Fischhoff 和 Morgan（1992）指出，感知风险受消费者的知识渊博性和信息可获得性程度影响。当决策信息遗漏时，风险评估就不完全（Slovic，1987）。这就意味着，因相关经验程度不同，不同决策者面对同样的决策情景所感知到的风险程度也会不同。

　　大量研究已经证实了前期经验与消费者感知风险之间的关系（Murray and Schlacter，1990；Lee and Tan，2003；Corbitt，2003；Lofstedt and Renn，1997）。更明确地讲，决策者所拥有的行为经验对降低风险感知水平有重要意义（Lofstedt and Renn，1997）。因此，有理由相信，在非伦理消费行为决策情景下，感知风险与直接经验之间也有同样的关联。由此提出如下研究假设：

H5-1：直接经验越丰富的消费者所能感知到的风险水平越低。即感知风险与直接经验显著负相关。

不同伦理情景之间的本质差异在于所蕴含的不同程度的伦理成分上，最终都将反映到社会群体对行为标准的共享程度和个体对共享标准的遵从程度上。如前文所述，与第一种伦理情景等界定清晰的伦理情景相比，在第四种伦理情景等界定模糊伦理情景下消费者缺乏统一的行为标准，不确定性更为突出。比较而言，后者的感知风险更为突出，因而更需要依赖自身经验对未知风险做出评估。再者，与界定清晰的伦理情景相比（"非法获益""被动获益"），在界定模糊伦理情景下（"主动获益""没有伤害"）消费者从事非伦理行为的经验程度也更高，这一点在本书第三章中已经得到验证。综合上述信息可以断定，直接经验对感知风险的影响与伦理情景有关，由此提出如下研究假设：

H5-2：直接经验对感知风险的影响受伦理情景调节。

大量研究证明，感知风险可以约束消费者的行为决策（Chaudhuri，1997；Aaker，1996）。消费者感觉到自身目的无法得到满足的程度就是对特定情形下消费者感知风险水平的度量（Atkinson，1964）。当目的无法实现，损失就会产生，损失概率越大，风险出现的概率也就越大（Mitchell，1999）。但消费者具有根深蒂固的规避风险的倾向（Dowling，1986；Conchar，Zinkhan，Peters and Olavarrieta，2004；Mitchell，1999），降低期望目标，甚至放弃原先的预定方案，都是降低感知风险的重要措施（Cox，1967）。

一旦感知到风险的存在，决策者的行为意愿就会受到抑制，而调整行为意愿本身也是决策者降低感知风险的自我保护措施。有研究发现，当感知风险超出承受水平时，就会促使决策者采取保护行动（Dowling and Staelin，1994；Roselius，1971；Greatorex and Mitchell，1993）。而不同决策者所承受的风险底线有所不同，因此在同等感知水平下，风险影响不同个体行为意愿的效果也会有所不同。

此外，与被动强加风险相比，决策者更愿意主动承受风险
（Starr，1969），这种主动性主要是基于回报考虑的。因为只要能够
获得较高的收益回报，消费者常常愿意接受较高的感知风险（Ye-
ung and Morris，2006）。在消费伦理理论中也有类似的观点。例如，
在一些决策情形下，尽管做出了正确的伦理判断，但出于对行为回
报（结果效用）的渴求，决策者最终做出了非伦理的行为选择
（Hunt and Vitell，1986，2006），甚至不惜冒着承担一定的道德成本
的风险。这种抉择体现了决策信息、自由意志和感知收益等不同要
素的组合（Braus，1994）。

上述证据表明，感知风险影响行为意愿的实际效果还受决策者
的风险承受能力和风险承担主动性的影响。作为依赖过去实践获得
并保留在记忆中的知识替代品，直接经验越丰富，意味着决策者对
决策情景的熟悉程度和在此情景下处理相关问题的熟练程度越高，
进而在此情景下的决策能力也越高。因此，承担风险的底线水平也
随之提升，主动承担风险以获得较高收益的信心也会增强。由此可
以发现，伴随直接经验程度的提升，消费者感知风险影响其行为意
愿的作用效果更容易因风险承担水平和风险承担主动性的提升而被
减弱，因而感知风险在影响其行为意愿形成中所占的分量就会减
小。由此可见，直接经验可以降低感知风险对非伦理消费行为意愿
的负向影响。

综合上述分析，本章提出如下研究假设：

H5 - 3：直接经验可以调节感知风险对非伦理消费行为意愿的
影响。与直接经验程度低的消费者相比，直接经验程度高的消费者
从事非伦理消费行为的意愿受感知风险抑制的程度更低。

基于本书第四章研究假设 H4 - 4 同样的推理思路推断，直接经
验在感知风险影响非伦理消费行为意愿中的调节作用也与伦理情景
种类有关。由此提出如下研究假设：

H5 - 4：直接经验对感知风险影响非伦理消费行为意愿的调节

作用与伦理情景有关。

第三节　研究方法

一　情景设计

情景设计及研究操作同前面各章，本书单因方差分析结果显示，调查对象在四类情景下的伦理信念水平有显著差异（F – v = 4.374，Sig. < 0.05）。这说明在本章研究中，四类非伦理消费行为情景伦理程度也有显著区别，可被很好地区分，因此能用于跨伦理情景研究。

二　测量工具

本章研究直接经验和非伦理消费行为意愿使用同第三章和第四章一样的测量工具，两个量表的 Cronbachα 系数分别为 0.876 和 0.888。

而本章的感知风险则基于雅各比和卡普兰（1972）的理论体系通过财务风险（Financial Risk）、绩效风险（Performance Risk）、物理风险（Physical Risk）①、心理风险（Psychological Risk）、社会风险（Social Risk）和总体风险（Total Risk）等维度予以测量。每个维度对应两个题项（见表 5 – 1）。该量表采用 Likert 7 级计分法测量，得分越高，表示调查对象感知到的风险程度越高。该量表 Cronbach α 系数为 0.798。

---

① 在六个风险细分维度中，绩效风险是指产品质量问题可能导致的风险，而物理风险实质是指产品可能造成的身体伤害。但中文表达中难以找到较为简洁的语言与之对应，此处只好将二者分别直译为 "绩效风险" 和 "物理风险"。但在展示给被访对象的书面问卷中并不会出现这些结构维度，因此，这种直译的名称并未在调查过程中对被访对象认知产生不利影响。

表 5 - 1   潜变量及观察变量

潜变量	观察变量	因子负荷
行为意愿	如果是您，您愿意这样做吗？	0.803
	如果是您，您有多想这样做？	0.789
感知风险	通过这种方式购买的商品在经济上划算吗？	0.779
	这种行为带来经济损失的概率有多大？	0.745
	这种方式获得的商品存在质量问题的概率有多大？	0.534
	这种方式获得的商品质量不如正常购买商品的概率有多大？	0.514
	这种方式获得的商品会对身体造成伤害吗？	0.545
	与正常方式相比，此方式获得的商品更会造成身体伤害吗？	0.666
	这种行为方式与自己的形象匹配吗？	0.749
	这种行为有损自己的形象吗？	0.875
	这种行为可能改变他人对您的看法吗？	0.692
	这种行为可能有损他人对您的评价吗？	0.766
	对您而言，这种行为是否存在风险？	0.759
	这种行为给您带来风险的概率有多大？	0.727
直接经验	您曾有过这样的行为吗？	0.840
	您经常有这样的行为吗？	0.814

三　样本特征

本研究共发放 350 份问卷，回收后剔除无效问卷，最后 224 份有效问卷用于正式分析。样本特征如表 5 - 2 所示。

表 5 - 2   样本人口统计学特征

人口统计学变量	百分比（%）
婚姻	
已婚	33.900（21.600，36.500，44.700，31.200）
单身	64.300（78.400，60.300，53.200，67.500）
其他	1.800（0.000，3.200，2.100，1.300）
学历	
高中及以下	27.200（8.100，25.400，44.700，27.300）

续表

人口统计学变量	百分比（%）
大专和大学	66.500（83.800, 68.300, 53.200, 64.900）
研究生	6.300（8.100, 6.300, 2.100, 7.800）
年龄	
≤17 岁	4.900（2.700, 3.200, 4.300, 7.800）
18—22 岁	47.300（67.600, 44.400, 38.300, 45.500）
23—30 岁	21.400（10.800, 19.000, 10.600, 35.100）
31—40 岁	14.300（10.800, 15.900, 23.400, 9.100）
41—50 岁	9.400（5.400, 12.700, 19.100, 2.600）
≥51 岁	2.700（2.700, 4.800, 4.300, 0.000）
性别	
男	54.900（59.500, 55.600, 36.200, 63.600）
女	45.100（40.500, 44.400, 63.800, 36.400）

四　数据检验

本章研究信度测量中，CR 值均高于 0.700 的标准，AVE 值也都达到了 0.500 的标准（见表 5-3），这表明量表测量具有较好的内部一致性；且潜变量各观察项因子负荷均大于 0.500 标准（见表 5-1），说明量表测量有较好的聚合效度；此外，各潜变量之间均显著相关，且 AVE 值的平方根大于相应的相关系数，这说明各变量之间有较好的区分效度。这些结果综合表明，本研究量表有良好的信度、聚合效度和区分效度。

表 5-3　　　　潜变量信效度及相关系数

潜变量	CR	AVE	1	2	3
行为意愿1	0.776	0.634	(0.796)		
感知风险2	0.812	0.684	-0.385*	(0.827)	
直接经验3	0.920	0.500	0.601*	-0.311*	(0.707)

注：*表示 $p < 0.050$；括号中数据为 AVE 的平方根。

第四节　数据分析

本章研究正式数据分析中主要使用多元回归分析方法。该方法用于直接经验影响感知风险作用效应分析及调节作用分析。数据分析结果从作用效应分析和调节作用分析两个方面予以展示，其中，作用效应分析除了包括直接经验影响感知风险的作用效应外，还要考虑伦理情景对直接经验影响感知风险的调节作用；调节作用分析则包括直接经验和感知风险同步影响非伦理消费行为意愿的主效应分析以及直接经验与感知风险在影响非伦理消费行为意愿中的交互效应分析，随后在此基础上做调节作用分析，最后分析直接经验的调节作用与伦理情景之间的关系。

一　直接经验影响感知风险的作用效应分析

首先分析直接经验影响感知风险的作用效应。在不区分伦理情景条件下构建回归模型。该模型以感知风险为因变量，以直接经验为自变量，以人口统计学变量和伦理情景为控制变量（见表 5 - 4）。结果显示，该模型成立（$R^2 = 0.097$；$F - v = 23.835$；Sig. < 0.050）。

表 5 - 4　直接经验影响感知风险的作用效应（不区分伦理情景）

自变量	回归系数	R^2	$F - v$
直接经验	- 0.311 *	0.097	23.835 *
婚姻 1	0.036		
婚姻 2	- 0.061		
学历 1	0.023		
学历 2	0.023		
年龄 1	- 0.042		
年龄 2	- 0.013		

自变量	回归系数	R^2	$F-v$
年龄 3	-0.007		
年龄 4	-0.033		
年龄 5	0.090		
性别 1	-0.031		
情景 1	-0.005		
情景 2	-0.084		
情景 3	-0.029		

注：* 表示 $p < 0.050$。

该模型结果显示，当不区分伦理情景时，直接经验多元回归系数标准值为 -0.311，有统计显著性（Sig. < 0.050）。这表明，感知风险与直接经验显著负相关。也就是说，消费者直接经验程度越高，其感知风险水平越低。因此，研究假设 H5 - 1 得到了完全验证。

为分析伦理情景对直接经验影响感知风险所发挥的调节作用，分别在四种伦理情景下构建回归模型。这些模型均以感知风险为因变量，以直接经验为自变量，以人口统计学变量为控制变量（见表 5 - 5）。结果发现，在四种伦理情景中，只有在情景 1、情景 3 和情景 4 三种情况下回归模型成立（R^2 = 0.141, 0.094, 0.169；$F-v$ = 5.764, 4.655, 15.263；Sig. < 0.050），在情景 2 的逐步多元回归分析中，没有自变量和控制变量被纳入模型，因此回归模型无法建立。

表 5 - 5　　直接经验影响感知风险的作用效应（区分伦理情景）

自变量	情景 1	情景 2	情景 3	情景 4
直接经验	-0.376 *	0.000[a]	-0.263	-0.411 *
婚姻 1	0.001	0.000	-0.133	-0.133

续表

自变量	情景 1	情景 2	情景 3	情景 4
婚姻 2	− 0.001	0.000	− 0.306 *	0.128
学历 1	− 0.249	0.000	− 0.014	0.084
学历 2	0.165	0.000	0.131	− 0.004
年龄 1	0.026	0.000	− 0.217	0.043
年龄 2	− 0.084	0.000	0.026	0.086
年龄 3	0.116	0.000	0.035	− 0.040
年龄 4	0.046	0.000	− 0.095	− 0.080
年龄 5	− 0.034	0.000	0.191	− 0.078
性别 1	− 0.084	0.000	− 0.213	− 0.086
R^2	0.141	0.000	0.094	0.169
F − v	5.764 *	0.000	4.655 *	15.263 *

注：* 表示 $p < 0.050$；a 逐步回归分析中无显著项被纳入模型，因此各自变量回归系数均用 0.000 表示，后续分析同类情况均用此种方式表达。

表 5 − 5 结果显示，在模型成立的三种情景下，也只有情景 1 和情景 4 所对应的模型直接经验多元回归系数标准值有显著的统计学意义（β = − 0.376， − 0.411；Sig. < 0.050），且均为负数，而在情景 3 中，直接经验的回归系数不显著。这说明，在情景 1 和情景 4 中，感知风险都与直接经验显著负相关。即在这两种伦理情景下，直接经验越丰富的消费者，风险感知水平越低。也就是说，在情景 1 和情景 4 两种情况下所得到的结果与表 5 − 4 中的结果完全一致。

感知风险水平之所以在第一伦理情景（"非法获益"）和第四伦理情景（"没有伤害"）表现出与直接经验之间的关联，可能与这两种伦理情景的显著特点有关。基于中国样本的研究进一步将"非法获益""被动获益""主动获益"和"没有伤害"四种伦理情景归并为界定清晰伦理情景和界定模糊伦理情景（Zhao and Tian，2009）。在界定清晰伦理情景下（"非法获益"和"被动获益"），社会群体广泛知晓并认同行为"对错"标准，绝大多数人能正确运用这些标准并做出合适的行为选择；而在界定模糊的伦理情景下（"主动获益"和"没有伤害"），"是非"标准不明或不被广泛接受，尤其针对盗版软件消费等"没有伤害"的行为，并非所有成员都能认识到道德问题的存在，在此类复杂的伦理情景下，决策者常常感到困惑，难以决断。

更进一步地，在界定清晰伦理情景下，由于伦理判断标准明确，社会成员都很清楚行为的对错标准，因而对应的行为后果也非常清晰。这将导致两种结果：一是因为标准明确，行为后果发生的不确定性较低；二是因为有明确的标准，行为后果的严重性可以清楚地予以判断。而在界定模糊的伦理情景下正好出现相反的结果，即因为伦理标准不清晰，所以，行为后果的不确定性有所提高，但正是因为没有明确的标准，行为后果也不会有多严重。因为在伦理决策情景下，行为后果是社会奖惩机制基于行为标准派生而出的，行为标准本身不明确，社会奖惩机制的惩罚作用难以发挥，行为后果当然难以确定。

不过，感知风险理论显示，感知风险包含了行为结果发生的可能性和严重性两个维度（Cox, 1967）。因此，在两种伦理情景下风险感知重点有所不同。在第一类伦理情景下，风险感知水平主要表现在后果的严重性上，后一种类型的风险感知水平主要表现在结果的不确定性上。而本研究中的情景1就是界定清晰伦理情景最重要的代表，情景4则是界定模糊伦理情景最重要的代表。在行为后果不确定性和重要性为端点的直线上，第一伦理情景和第四伦理情景分别处于两个端点上，特点突出，而第二伦理情景和第三伦理情景则处于中间，特点并不突出。比较而言，在特点突出的两种伦理情景下，消费者更需要利用自身经验对潜在风险做出评估。

基于上述分析可以发现，直接经验对感知风险的影响只在部分伦理情景下发生。这说明，直接经验影响感知风险的作用效应与伦理情景相关，因此，研究假设H5-2得到了验证。

二　直接经验对感知风险的调节作用分析

为深入分析直接经验在感知风险影响非伦理消费行为意愿中的调节效应，本章首先分析直接经验和感知风险同步影响非伦理消费行为意愿的主效应，接着分析直接经验和感知风险影响非伦理消费行为意愿的交互效应，随后分析直接经验对感知风险影响非伦理消费行为意愿的调节效应，最后分析直接经验调节作用与伦理情景的关联。

在直接经验和感知风险主效应分析中，构建一个回归模型，该模型以非伦理消费行为意愿为因变量，以直接经验和感知风险为自变量，以婚姻、学历、年龄和性别等人口统计学变量以及伦理情景为控制变量（见表4－6）。结果显示，该回归模型成立（R^2 = 0.470；$F - v$ = 38.699；Sig. < 0.050）。

表5－6结果还显示，感知风险影响非伦理消费行为意愿的标准回归系数为 －0.220，有统计显著性（Sig. < 0.050）；直接经验影响非伦理消费行为意愿的标准回归系数为0.555，也有统计显著性（Sig. < 0.050）。这表明，直接经验和感知风险影响非伦理消费行为意愿的主效应显著，可继续做交互效应分析。

表5－6　　　　　　直接经验与感知风险影响非伦理
消费行为意愿的主效应（不区分伦理情景）

自变量	回归系数	R^2	$F - v$
感知风险	－0.220*	0.470	38.699*
直接经验	0.555*		
婚姻1	0.014		
婚姻2	－0.007		
学历1	0.077		
学历2	0.109*		
年龄1	0.069		
年龄2	－0.093		
年龄3	0.081		

自变量	回归系数	R^2	F - v
年龄4	-0.136*		
年龄5	0.000		
性别1	-0.082		
情景1	-0.039		
情景2	0.004		
情景3	0.213*		

注：＊表示 $p < 0.050$。

同时，表5－6还显示，非伦理消费行为意愿与感知风险显著负相关，与直接经验显著正相关。也就是说，在不区分伦理情景条件下，感知风险水平越高，从事非伦理消费行为的意愿越弱，这种表现非常类似于上一章研究的伦理判断；而直接经验越丰富，从事非伦理消费行为的意愿越强，这与上一章研究发现也完全一致。

从横向比较看，感知风险和直接经验标准回归系数绝对值有较大差异，后者明显大于前者。这说明，在同步影响非伦理消费行为意愿时，直接经验的作用力大于感知风险。

在表5－6分析的基础上继续做直接经验和感知风险影响非伦理消费行为意愿交互效应分析。以非伦理消费行为意愿为因变量，以直接经验、感知风险及二者的交互项为自变量，以四个人口统计学变量和伦理情景为控制变量构建多元回归模型（见表5－7）。结果显示，该模型成立（ $R^2 = 0.484$ ； F - v = 33.978 ； Sig. < 0.050 ）。

表5－7　　直接经验与感知风险影响非伦理消费行为意愿的
交互效应（不区分伦理情景）

自变量	回归系数	R^2	F - v
感知风险	-0.223*	0.484	33.978*
直接经验	0.560*		
交互项	0.120*		

续表

自变量	回归系数	R^2	F – v
婚姻1	0.011		
婚姻2	– 0.002		
学历1	0.037		
学历2	0.116*		
年龄1	0.061		
年龄2	– 0.090		
年龄3	0.086		
年龄4	– 0.135*		
年龄5	– 0.001		
性别1	– 0.080		
情景1	– 0.030		
情景2	– 0.004		
情景3	0.209*		

注：* 表示 $p < 0.050$。

表 5 – 7 还显示，直接经验和感知风险在影响非伦理消费行为意愿中的交互项对应的标准回归系数为 0.120，且有统计显著性（Sig. < 0.050）。这表明，在不区分伦理情景条件下，感知风险和直接经验影响非伦理消费行为意愿的交互效应有效。因此，可以在此基础上进一步做调节效应分析。

另外，从表 5 – 7 中还可以发现，直接经验与感知风险影响非伦理消费行为意愿的交互项对应的标准回归系数为正数，表现出了与直接经验同样的方向性。由此也可以说明，在同步影响非伦理消费行为意愿时，直接经验的作用力大于感知风险。

基于表 5 – 7 针对直接经验在感知风险影响非伦理消费行为意愿中的调节作用效应绘制示意图（见图 5 – 2）。结果显示，直接经验程度高和直接经验程度低所对应的直线明显交叉。这说明，直接经验可以显著调节感知风险对非伦理消费行为意愿的影响。因此，研究假设 H5 – 3 得到验证。

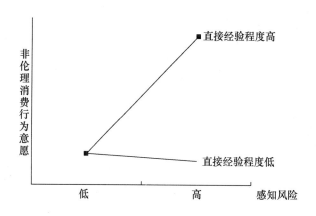

图 5 – 2　直接经验对感知风险作用的调节（不区分伦理情景）

图 5 – 2 还显示，直接经验程度低对应的直线稍向右下方倾斜，而直接经验程度高对应的直线明显向右上方抬起。这表明，对于具有不同经验程度的消费者而言，感知风险对非伦理消费行为意愿的影响出现了分化。

具体而言，对经验程度低的消费者来说，非伦理消费行为意愿与感知风险负相关关系还稍许存在。也就是说，对这种消费者而言，风险感知水平对其从事非伦理消费行为的意愿还有一定的抑制作用；而对于经验程度高的消费者而言，非伦理消费行为意愿却与感知风险出现了明显的正相关关系。风险感知水平越高，其从事非伦理消费行为的意愿越强。也就是说，风险感知水平对从事非伦理消费行为的意愿有明显的激励作用。这可能是因为，专业能力越强的消费者越倾向于复杂的决策情景（孙瑾，2014），经验越丰富的消费者越愿意冒险（Wallace，2013）。

为揭示伦理情景对直接经验调节感知风险作用效应可能产生的影响，进一步在不同伦理情景下分析直接经验与感知风险影响非伦理消费行为意愿的主效应。以非伦理消费行为意愿为因变量，以直接经验和感知风险为自变量，以人口统计学变量为控制变量构建回归模型（见表 5 - 8）。结果显示，四种伦理情景对应的回归模型都成立（R^2 = 0.559，0.405，0.094，0.585；F - v = 13.916，20.452，4.692，105.886；Sig. < 0.050）（见表 5 - 8）。

表 5 - 8 　　　　直接经验与感知风险影响非伦理消费行为
意愿的主效应（区分伦理情景）

自变量	情景 1	情景 2	情景 3	情景 4
直接经验	0.752*	0.421*	0.093	0.765*
感知风险	- 0.006	- 0.392*	- 0.206	- 0.105
婚姻 1	- 0.151	- 0.126	- 0.165	- 0.002
婚姻 2	0.151	0.096	0.203	0.004
学历 1	0.397*	- 0.114	- 0.084	- 0.130
学历 2	- 0.027	0.165	0.050	0.122
年龄 1	- 0.062	0.153	0.200	- 0.067
年龄 2	0.286*	0.050	- 0.029	0.024
年龄 3	0.149	0.180	0.011	0.079
年龄 4	- 0.205	- 0.165	- 0.307*	- 0.112
年龄 5	0.064	- 0.158	0.100	0.002
性别 1	- 0.095	- 0.015	- 0.153	0.049
R^2	0.559	0.405	0.094	0.585
F - v	13.916*	20.452*	4.692*	105.886*

注：* 表示 p < 0.050。

表 5 - 8 还显示，直接经验对非伦理消费行为意愿的影响只在情景 1、情景 2 和情景 4 三种情况下有显著意义（β = 0.752，0.421，0.765；Sig. < 0.050），而感知风险对非伦理消费行为意愿的影响只在情景 2 中有显著意义（β = - 0.392；Sig. < 0.050）。这表明，直接经验和感知风险影响非伦理消费行为意愿的主效应只在情景 2 中有显著意义，因此，后续的交互效应分析只需要在情景 2 中展开。

以非伦理消费行为意愿为因变量，以直接经验、感知风险及其交互项为自变量，以人口统计学变量为控制变量构建回归模型（见表 5 - 9）。结果显示，直接经验与感知风险影响非伦理消费行为意愿的交互效应模型只在情景 2 中成立（$R^2 = 0.445$；$F - v = 15.784$；Sig. < 0.050）。这一结果与表 5 - 8 也有一定的对应性。

表 5 - 9 还显示，在情景 2 中，直接经验和感知风险在影响非伦理消费行为意愿中的交互项对应的标准回归系数为 0.241，且有统计显著性（Sig. < 0.050）。这表明，在此条件下直接经验和感知风险影响非伦理消费行为意愿的交互效应有效，可进一步在此情景下做调节效应分析。

表 5 - 9　　　　直接经验与感知风险影响非伦理消费
行为意愿的交互效应（区分伦理情景）

自变量	情景 1	情景 2	情景 3	情景 4
直接经验	0.752 *	0.393 *	0.093	0.765 *
感知风险	- 0.006	- 0.266 *	- 0.165	- 0.105
交互项	0.094	0.241 *	0.203	- 0.032
婚姻 1	- 0.151	- 0.156	- 0.084	- 0.002
婚姻 2	0.151	0.144	0.050	0.004
学历 1	0.397 *	- 0.120	- 0.084	- 0.130
学历 2	- 0.027	0.172	0.050	0.122
年龄 1	- 0.062	0.157	0.200	- 0.067
年龄 2	0.286 *	0.061	- 0.029	0.024
年龄 3	0.149	0.186	0.011	0.079
年龄 4	- 0.205	- 0.176	- 0.307 *	- 0.112
年龄 5	0.064	- 0.158	0.100	0.002
性别 1	- 0.095	- 0.017	- 0.153	0.049
R^2	0.559	0.445	0.094	0.585
F - v	13.916 *	15.784 *	4.692 *	105.886 *

注：* 表示 p < 0.050。

基于表 5 - 9 针对直接经验在感知风险影响非伦理消费行为意愿
中的调节作用效应绘制示意图（见图 5 - 3）。结果显示，直接经验
程度低和直接经验程度高分别对应的两条直线有明显交叉倾向。这
说明，在情景 2 中，感知风险对非伦理消费行为意愿的影响受直接
经验显著调节。

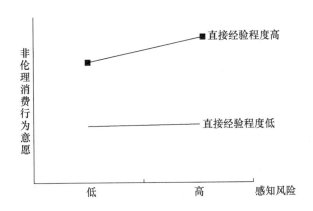

图 5 - 3　直接经验对感知风险作用的调节（情景 2）

图 5 - 3 还显示，直接经验程度高和直接经验程度低所对应的两
条直线均向右上方抬起，说明在此情景下，无论经验丰富程度如
何，消费者都有冒险倾向。只是与直接经验程度低的消费者相比，
直接经验程度高的消费者冒险倾向更大。与不分伦理情景时的结果
（见图 5 - 2）比较可发现，二者之间最大的区别在于经验程度较低
的消费者。在不分伦理情景条件下，对直接经验程度低的消费者而
言，感知风险对其非伦理消费行为意愿的产生还有稍许抑制作用，
但在第二种伦理情景下，这种抑制作用消失殆尽，反而出现了轻微
的促进作用。

基于上述分析结果可以发现，直接经验对感知风险影响非伦理
消费行为意愿的调节作用并不是在所有伦理情景下都会发生。这说
明，直接经验的调节作用与伦理情景种类有关，因此研究假设 H5 -

4 也得到了验证。

第五节　结果讨论

　　本章研究依然发现，直接经验在非伦理消费行为意愿形成中具有突出的促进作用。即在非伦理消费行为决策情景下，本章研究再次证实了行为意愿与直接经验之间的显著正相关关系。这与前面两个实证研究的结论完全一致，也与其他相关研究完全一致（Park and Yang, 2006; Langdon, Lewis and Clarkson, 2007; Glöckner and Hochmán, 2011; Teichmann, 2011）。

　　自鲍尔（1960）首次提出感知风险概念后，这一变量常被用于揭示产品购买决策规律的研究，其在消费者购买决策中的重要性已得到大量实证研究的证实。因此，评估直接经验影响感知风险的作用效应也是揭示直接经验影响非伦理消费行为决策作用机制的重要视角。本章研究在非伦理消费行为决策情景下发现，直接经验显著影响感知风险，且消费者的风险感知水平与其直接经验程度显著负相关。这一发现与产品购买决策情景下的研究完全一致（Ueltschy, Krampf and Yannopoulos, 2004; Murray and Schlacter, 1990; Lee and Tan, 2003; Corbitt, 2003; Samadi and Yaghoob – Nejadi, 2009）。

　　总体来看，在消费伦理决策情景下，感知风险所扮演的角色不太受到重视，虽然也有少量的研究将这一构念引入，但这类研究也仅聚焦于盗版软件消费等特定的单一决策情景（Tan, 2002），因而限制了研究结论的一般化。本章研究利用消费伦理领域的主流理论体系，将M—V消费伦理量表中的典型伦理情景引入，在控制伦理情景条件下揭示了感知风险对非伦理消费行为意愿的抑制作用，这种横跨伦理情景的研究进一步证实了感知风险在抑制行为意愿中的重要意义，这一发现也与基于产品购买决策的研究完全一致（Liao, Lin and Liu, 2010; Samadi and Yaghoob – Nejadi, 2009; Donthu,

1999；Arslan1 et al.，2013；Mitchell，1999；Wood and Scheer，1996；Murphy and Enis，1986；Lin，2008；Yeung，Yee and Morris，2010）。

在非伦理消费行为决策情景下，将直接经验影响非伦理消费行为意愿的作用效应同感知风险结合起来横向比较，更有利于全面评估直接经验在促进非伦理消费行为意愿形成中的相对价值，这也是理论研究的全新视角。本章研究发现，在非伦理消费行为意愿预测中，直接经验的作用远远大于感知风险。这一结果也进一步体现了直接经验在非伦理消费行为决策中的突出影响力。这一点不仅在直接经验影响感知风险的作用效应分析中得到了验证，在直接经验的调节作用分析中也得到了验证。

由于具有更高可信度和可验证性的信息有利于提高决策者对风险信息的接受程度，进而更容易对风险做到心里有数（Jungermann，Schutz and Thuring，1988），而决策者的自身经验（直接经验）所包含的信息具有这样的特点，因此直接经验有利于提升决策者的风险承受底线以及为获得回报而采取冒险行为的主动性，进而调节感知风险影响个体决策的最终效果。但过去的研究主要聚焦于揭示经验在降低风险感知水平中的作用价值，并未将经验同感知风险协同起来系统考虑二者在影响个体决策中的作用效果。本章研究将直接经验同感知风险结合起来，发现了直接经验在感知风险影响非伦理消费行为意愿中的显著调节作用，这一结论是对现有研究成果的重要补充。

特别重要的是，在非伦理消费行为决策情景下，随着直接经验的参与，感知风险对行为意愿的抑制作用削弱，尤其对于直接经验丰富的消费者而言，感知风险不仅不能发挥抑制作用，反而有利于非伦理消费行为意愿的形成。也就是说，考虑直接经验影响后，对于直接经验不太丰富的消费者而言，感知风险对非伦理消费行为意愿有微弱的抑制作用，而对于经验丰富的消费者而言，这种抑制作用不仅完全消失，甚至还发生了作用方向的根本性逆转。而在第二种伦理情景下，这种反转作用同样表现在直接经验程度低的消费者身上，只是对于经验丰富的消费者而言，反转作用更加明显。

本章小结

本章共提出四个研究假设，均已得到验证，本章提出的四个研究问题也已得到解答。本章研究深入探讨了直接经验影响感知风险这个重要决策中间变量的作用效应，以及直接经验在感知风险影响非伦理消费行为意愿中的调节作用。结果发现，直接经验可以显著降低风险感知水平，还可以显著调节感知风险对非伦理消费行为意愿的影响。更重要的是，直接经验可在一定程度上削弱感知风险对非伦理消费行为意愿的抑制作用，甚至可能促使感知风险作用方向的反转。

这些发现不仅是对消费伦理理论、行为经验理论和感知风险理论的重要拓展，还将为非伦理消费行为问题治理提供重要的启示。

过去的研究证实了感知风险对行为意愿的抑制作用，由此运用到商业实践中，往往需要从提高消费者风险感知水平的角度采取措施以实现对非伦理消费行为问题的有效治理。

本章研究发现，当考虑到决策者直接经验积累状态时，感知风险对非伦理消费行为意愿的抑制作用效果发生了一些变化。总体来看，对于直接经验不太丰富的消费者而言，感知风险仍可保持对非伦理消费行为意愿的微弱抑制，但对于直接经验程度较高的消费者而言，感知风险的抑制作用不仅消失殆尽，而且还出现了作用方向的反转，即有利于非伦理消费行为意愿的形成。这就意味着，从感知风险角度采取治理措施要做到因人而异。

而在第二种伦理情景下，即使经验程度不太高的消费者也会出现反转，即感知风险水平也能促使非伦理消费行为意愿的形成，这说明感知风险对非伦理消费行为意愿的影响不仅与决策者的经验状态有关，还与伦理决策情景相关。

本章结论还显示，非伦理消费行为问题治理不能仅局限于从感知风险的视角采取行动，有效治理的重点依然要回到减少和消除直接经验获取和使用机会的思路上。这是因为，在非伦理消费行为意愿形成中，直接经验的作用效应远远大于感知风险，况且，感知风险在非伦理消费行为意愿形成中理应具备的抑制作用也因直接经验的加入而被削弱，甚至出现了作用方向的反转。这些结果都证实了直接经验在非伦理消费行为决策中作用效应的突出性。

第四章和第五章研究分别证实了直接经验对伦理判断和感知风险等决策中间变量以及"伦理判断→非伦理消费行为意愿""感知风险→非伦理消费行为意愿"等决策核心环节的显著影响。结果发现，感知风险受直接经验影响所表现出来的特征与伦理判断有很大的相似性，尤其是两个变量影响非伦理消费行为意愿的作用效应受直接经验调节时都不同程度地表现出了方向上的反转。那么，在伦理判断和感知风险同步存在条件下，直接经验对这两个变量以及与之相关的两个决策核心环节的影响是否还能表现出同样的特征呢？下一章将就此问题开展研究。

第六章 直接经验对决策核心环节的影响：基于综合比较视角

本章将实现如下研究目的：在伦理判断和感知风险同步存在的条件下，揭示直接经验影响伦理判断和感知风险的作用效应；在伦理判断和感知风险同步存在的条件下，揭示直接经验在伦理判断影响非伦理消费行为意愿以及感知风险影响非伦理消费行为意愿中的调节作用；横向比较伦理情景、直接经验、伦理判断和感知风险影响非伦理消费行为意愿作用效应大小，以全新的综合比较视角进一步揭示直接经验在非伦理消费行为意愿形成中的突出意义。

第一节 研究问题

商业伦理理论研究证实，伦理判断是预测行为意愿的重要变量，而感知风险理论研究证实，感知风险也是行为意愿的重要预测变量。本书前两章研究从伦理判断视角和感知风险视角分别证实了伦理判断和感知风险对非伦理消费行为意愿的显著影响，并分别揭示了直接经验对伦理判断和感知风险的影响以及直接经验分别在伦理判断影响非伦理消费行为意愿和感知风险影响非伦理消费行为意愿中的调节作用。

但站在决策者角度看，伦理判断和感知风险等重要的决策中间变量不可能完全被割裂，二者必将同步影响行为意愿的形成，并为最终的决策结果服务。那么，在伦理判断和感知风险同步存在的条件下，直接经验又是如何影响这些决策中间变量并调节与这两个变量相关的决策核心环节呢？

为此，本章以综合比较视角开展研究，在分析直接经验同步影响伦理判断和感知风险的作用效应以及在"伦理判断→非伦理消费行为意愿"和"感知风险→非伦理消费行为意愿"等决策核心环节中的调节作用后，将在伦理判断与感知风险之间以及伦理判断和感知风险双变量同步存在和单变量独立存在时的结果（第四章和第五章研究）之间做比较分析。

本章从综合理论模型（见图 2-9）中节选部分模块构建如图 6-1 所示的假设模型。其中虚线箭头表明的即是本章的主体研究内容。即在伦理判断和感知风险同步存在的条件下，研究直接经验影响伦理判断和感知风险的作用效应及在伦理判断影响非伦理消费行为意愿和感知风险影响非伦理消费行为意愿中的调节作用。本章将重点回答以下八个重要的学术问题：

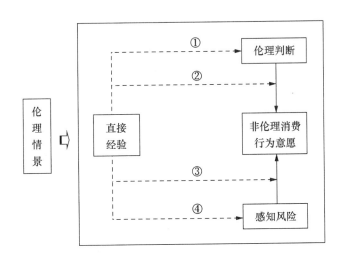

图 6-1　本章研究假设模型

（1）在伦理判断和感知风险并存的条件下，直接经验是否能够继续影响伦理判断并调节伦理判断对非伦理消费行为意愿的影响？

（如图 6 - 1 中的虚线箭头①②所示）（问题 1）

（2）在不同伦理情景下，直接经验影响伦理判断和调节伦理判断影响非伦理消费行为意愿的作用效应表现出怎样的变化规律？（问题 2）

（3）与伦理判断单一视角下的研究相比，包含伦理判断和感知风险在内的综合比较研究所发现的直接经验影响效应及调节作用是否有明显改变？（问题 3）

（4）在伦理判断和感知风险并存的条件下，直接经验是否能够继续影响感知风险并调节感知风险对非伦理消费行为意愿的影响？（如图 6 - 1 中的虚线箭头③④所示）（问题 4）

（5）在不同伦理情景下，直接经验影响感知风险和调节感知风险影响非伦理消费行为意愿的作用效应表现出怎样的变化规律？（问题 5）

（6）与感知风险单一视角下的研究相比，包含伦理判断和感知风险在内的综合比较研究所发现的直接经验影响效应及调节作用是否有明显改变？（问题 6）

（7）在伦理判断和感知风险并存的条件下，直接经验影响伦理判断和影响感知风险之间，以及在调节伦理判断影响非伦理消费行为意愿和调节感知风险影响非伦理消费行为意愿之间有何区别？（问题 7）

（8）横向比较看，伦理情景、直接经验、伦理判断和感知风险在影响非伦理消费行为意愿时的相对作用力大小如何？（问题 8）

为便于比较分析的开展，本章遵循前两章同样的内容布局，分别针对伦理判断和感知风险提出有关作用效应和调节作用的研究假设。

第二节　研究假设

第四章研究结果显示，伦理判断与直接经验显著负相关，直接经验还可降低伦理判断对非伦理消费行为意愿的抑制作用；第五章研究也证实，感知风险与直接经验显著负相关，且直接经验也可降低感知风险对非伦理消费行为意愿的抑制作用。从概念内涵和本质看，伦理判断和感知风险源于不同的理论体系，具有不同的理论基础，两个变量彼此独立。但将这两个决策中间变量融合在同一模型下的实证研究证实了二者并存的可能性（Tan，2002）。

基于上述分析以及第四章和第五章推导研究假设的文献基础，本章提出如下 8 个研究假设：

H6 - 1：在伦理判断和感知风险并存的状态下，伦理判断依然与直接经验显著负相关；

H6 - 2：在伦理判断和感知风险并存的状态下，直接经验对伦理判断的影响与伦理情景的种类密切相关；

H6 - 3：在伦理判断和感知风险并存的状态下，感知风险依然与直接经验显著负相关；

H6 - 4：在伦理判断和感知风险并存的状态下，直接经验对感知风险的影响与伦理情景的种类密切相关；

H6 - 5：在伦理判断和感知风险并存的状态下，直接经验依然可以调节伦理判断对非伦理消费行为意愿的影响；

H6 - 6：在伦理判断和感知风险并存的状态下，直接经验对伦理判断影响非伦理消费行为意愿的调节作用与伦理情景有关；

H6 - 7：在伦理判断和感知风险并存的状态下，直接经验依然可以调节感知风险对非伦理消费行为意愿的影响；

H6 - 8：在伦理判断和感知风险并存的状态下，直接经验对感知风险影响非伦理消费行为意愿的调节作用与伦理情景有关。

第三节　研究方法

一　情景设计

本章研究单因方差分析结果显示，决策者在四类情景下的伦理信念水平有显著差异（$F-v=3.821$，$Sig. < 0.050$）。这说明在本章研究中，四类非伦理消费行为情景伦理程度也有显著区别，可被很好地区分，因此能用于跨伦理情景研究。

二　测量工具

本章研究使用的直接经验、非伦理消费行为意愿、伦理判断和感知风险测量工具与前文相同。四个量表的 Cronbach α 系数分别为 0.834、0.834、0.787 和 0.899。四个潜变量对应观察变量因子负荷如表 6-1 所示。

表 6-1　　　　　　　　　　潜变量及观察变量

潜变量	观察变量	因子负荷
行为意愿	如果是您，您愿意这样做吗？	0.905
	如果是您，您有多想这样做？	0.910
感知风险	通过这种方式购买的商品在经济上划算吗？	0.883
	这种行为带来经济损失的概率有多大？	0.864
	这种方式获得的商品存在质量问题的概率有多大？	0.826
	这种方式获得的商品质量不如正常购买商品的概率有多大？	0.919
	这种方式获得的商品会对身体造成伤害吗？	0.855
	与正常方式相比，此方式获得的商品更会造成身体伤害吗？	0.862
	这种行为方式与自己的形象匹配吗？	0.854
	这种行为有损自己的形象吗？	0.868
	这种行为可能改变他人对您的看法吗？	0.850
	这种行为可能有损他人对您的评价吗？	0.893
直接经验	您曾有过这样的行为吗？	0.914
	您经常有这样的行为吗？	0.902

续表

潜变量	观察变量	因子负荷
伦理判断	这种行为消费者是主动的吗？	0.943
	只要主动就可达到自己的目的吗？	0.935
	这种行为违法吗？	0.905
	这种行为会对他人带来损害吗？	0.850
	这种行为给他人带来损害的程度有多大？	0.863

注：信度检验中感知风险测量项目两项被剔除，伦理判断测量项目一项被剔除。

三　样本特征

本章研究共发放 500 份问卷，回收后剔除无效问卷，最后 339 份有效问卷用于正式分析。样本特征如表 6 - 2 所示。

表 6 - 2　　　　　　　　　样本人口统计学特征

人口统计学变量	百分比（%）
婚姻	
已婚	22.400（12.500，24.100，36.000，19.100）
单身	76.400（87.500，73.500，64.000，78.700）
其他	1.200（0.000，2.400，0.000，2.200）
学历	
高中及以下	26.600（21.600，21.700，34.700，29.200）
大专和大学	69.300（75.000，72.300，65.300，64.000）
研究生	4.200（3.400，6.000，0.000，6.700）
年龄	
≤17 岁	10.100（8.000，6.000，18.700，9.000）
18—22 岁	53.400（75.000，48.200，40.000，48.300）
23—30 岁	22.400（14.800，27.700，16.000，30.300）
31—40 岁	6.300（1.100，8.400，12.000，4.500）
41—50 岁	7.200（1.100，8.400，13.300，6.700）
≥51 岁	0.600（0.000，1.200，0.000，1.100）
性别	
男	55.200（44.300，66.300，54.700，56.200）
女	44.800（55.700，33.700，45.300，43.800）

四 数据检验

本章研究信度测量中，CR 值均高于 0.700 的标准，AVE 值也都达到了 0.500 的标准（见表 6 - 3），这表明量表测量具有较好的内部一致性；且潜变量各观察项因子负荷均大于 0.500 标准（见表 6 - 1），说明量表测量有较好的聚合效度；此外，各潜变量之间均显著相关，且 AVE 值的平方根大于相应的相关系数（见表 6 - 3），这说明各变量之间有较好的区分效度。这些结果综合表明，本章研究量表有良好的信度、聚合效度和区分效度。

表 6 - 3　　　　　　　潜变量信效度及相关系数

潜变量	CR	AVE	1	2	3	4
行为意愿 1	0.903	0.824	(0.908)			
感知风险 2	0.968	0.753	- 0.325 *	(0.868)		
直接经验 3	0.904	0.825	0.385 *	- 0.283 *	(0.908)	
伦理判断 4	0.955	0.810	- 0.269 *	0.334 *	- 0.226 *	(0.900)

注：＊表示 $p < 0.050$；括号中数据为 AVE 平方根。

第四节　数据分析

本章正式数据分析中主要使用多元回归分析方法。该方法用于直接经验影响伦理判断和感知风险的作用效应分析，直接经验对伦理判断影响非伦理消费行为意愿和感知风险影响非伦理消费行为意愿的调节作用分析，伦理情景对上述作用的影响，以及伦理情景、直接经验、伦理判断和感知风险影响非伦理消费行为意愿作用力大小的横向比较分析。数据分析结果从直接经验影响伦理判断的作用效应、直接经验影响感知风险的作用效应、直接经验的调节作用以及四个变量作用力横向比较四个方面予以展示。其中，直接经验的

作用效应分析除包括直接经验影响伦理判断和感知风险的作用效应
外，还要考虑这种作用效应与伦理情景之间的关联；调节作用分析
则包括直接经验、伦理判断和感知风险同步影响非伦理消费行为意
愿的主效应分析以及直接经验与伦理判断和感知风险在影响非伦理
消费行为意愿中的交互效应，在此基础上做调节作用分析，随后分
析直接经验调节作用与伦理情景之间的关系；横向作用力比较分析
则先建立基准模型，随后分别针对伦理情景等四个变量开展对比
分析。

一 直接经验影响伦理判断的作用效应分析

首先在不区分伦理情景条件下构建分析直接经验影响伦理判断
作用效应的回归模型。该模型以伦理判断为因变量，以直接经验和
感知风险为自变量，以人口统计学变量和伦理情景为控制变量（见
表 6 – 4）。结果显示，该模型成立（$R^2 = 0.156$；$F – v = 15.299$；
Sig. < 0.050）。

表 6 – 4 直接经验影响伦理判断的作用效应（不区分伦理情景）

自变量	回归系数	R^2	$F – v$
直接经验	– 0.174 *	0.156	15.299 *
感知风险	0.270 *		
婚姻 1	0.002		
婚姻 2	0.006		
学历 1	– 0.037		
学历 2	0.011		
年龄 1	– 0.111 *		
年龄 2	– 0.051		
年龄 3	0.024		
年龄 4	0.089		
年龄 5	– 0.027		
性别 1	– 0.033		
情景 1	– 0.112		
情景 2	– 0.130 *		
情景 3	– 0.034		

注：* 表示 p < 0.050。

该模型分析结果显示,当不区分伦理情景时,直接经验多元回归系数标准值为 -0.174,有统计显著性 (Sig. <0.050)。这表明,伦理判断与直接经验显著负相关。也就是说,直接经验可以显著影响伦理判断,且消费者直接经验程度越高,其伦理判断水平越低。因此,研究假设 H6 -1 得到了完全验证。

与第四章结果比较可以发现,尽管本章研究考虑了感知风险这个决策中间变量的同步存在,但在这种条件下,直接经验依然可以显著影响伦理判断,且二者之间的显著负相关关系没有发生根本性改变。

为了分析直接经验影响伦理判断的作用发挥与伦理情景的关联,本章研究分别在四种伦理情景下构建独立的回归模型。这些模型均以伦理判断为因变量,以直接经验和感知风险为自变量,以人口统计学变量为控制变量 (见表 6 -5)。结果发现,四个伦理情景下的回归模型都成立 (R^2 = 0.448, 0.153, 0.052, 0.175;F - v = 22.730, 7.214, 3.994, 9.130;Sig. <0.050)。

表 6 -5 显示,当考虑到伦理情景的作用时,直接经验对伦理判断的影响发生了分化。在情景 1 和情景 4 中,直接经验对伦理判断的影响有显著的统计学意义 (β = -0.355, -0.344;Sig. < 0.050),而在情景 2 和情景 3 中这种显著性未被发现。这表明,在第一种伦理情景和第四种伦理情景下直接经验的影响较为突出,且在这两种伦理情景下伦理判断与直接经验显著负相关,在这两种情景中发现的这一结果与表 6 -4 中的结果完全一致。

上述结果说明,在四种伦理情景下直接经验对伦理判断的影响并不都有显著的统计学意义,其有效作用仅仅表现在第一种伦理情景和第四种伦理情景之中。因此,在感知风险和伦理判断并存条件下,直接经验对伦理判断的影响依然与伦理情景类型有关,研究假设 H6 -2 得到了验证。

在第四章研究中,当伦理判断这个决策中间变量单一存在时,直接经验对伦理判断的负向影响主要表现在第一种伦理情景和第四种伦理情景下，与本章发现相同。这说明，当伦理判断和感知风险这两个重要的决策中间变量同步存在时，伦理判断与直接经验之间的负相关关系受伦理情景的调节并未发生显著变化。

表6－5　　直接经验影响伦理判断的作用效应（区分伦理情景）

自变量	情景1	情景2	情景3	情景4
直接经验	－ 0.355 *	－ 0.091	0.122	－ 0.344 *
感知风险	0.433 *	0.301 *	0.097	0.100
婚姻1	0.122	－ 0.101	0.000	－ 0.133
婚姻2	－ 0.122	0.223 *	－ 0.228 *	0.097
学历1	－ 0.038	－ 0.067	－ 0.048	－ 0.207 *
学历2	－ 0.019	0.054	0.047	0.111
年龄1	－ 0.149	－ 0.172	－ 0.074	－ 0.112
年龄2	－ 0.027	0.025	0.022	0.166
年龄3	0.146	－ 0.014	－ 0.055	－ 0.087
年龄4	0.214 *	0.171	0.082	－ 0.055
年龄5	－ 0.003	－ 0.023	0.066	0.007
性别1	0.027	－ 0.037	－ 0.059	0.042
R^2	0.448	0.153	0.052	0.175
F － v	22.730 *	7.214 *	3.994 *	9.130 *

注：＊表示 $p < 0.050$。

二　直接经验影响感知风险的作用效应分析

在不区分伦理情景条件下构建回归模型。该模型以感知风险为因变量，以直接经验和伦理判断为自变量，以人口统计学变量和伦理情景为控制变量（见表6－6）。结果显示，该模型成立（$R^2 = 0.170$；F － v ＝ 22.566；Sig. ＜ 0.050）。

该模型分析结果显示，当不区分伦理情景时，直接经验多元回归系数标准值为 － 0.186，有显著的统计学意义（Sig. ＜ 0.050）。这表明，在伦理判断和感知风险这两个重要的决策中间变量同步存在

时，感知风险依然与直接经验显著负相关。也就是说，消费者直接
经验程度越高，其风险感知水平越低。因此，研究假设 H6-3 得到
了完全验证。

表6-6　直接经验影响感知风险的作用效应（不区分伦理情景）

自变量	回归系数	R^2	F-v
直接经验	-0.186*	0.170	22.566*
伦理判断	0.285*		
婚姻1	0.017		
婚姻2	-0.022		
学历1	-0.057		
学历2	0.012		
年龄1	-0.064		
年龄2	0.066		
年龄3	-0.003		
年龄4	-0.091		
年龄5	0.044		
性别1	0.026		
情景1	0.117*		
情景2	0.002		
情景3	-0.059		

注：*表示 $p < 0.050$。

为分析伦理情景对直接经验影响感知风险所发挥的调节作用，
分别在四种伦理情景下构建回归模型。这些模型均以感知风险为因
变量，以直接经验和伦理判断为自变量，以人口统计学变量为控制
变量（见表6-7）。结果发现，在情景1、情景2和情景4三种伦理
情景下回归模型成立（R^2 = 0.460，0.104，0.209；F-v = 13.943，
9.364，11.384；Sig. < 0.050），而情景3中没有自变量被纳入回归
模型之中。

表6-7显示，在四种伦理情景中，只有在情景4中直接经验对

感知风险的影响才有显著的统计学意义（β = - 0.406；Sig. < 0.050），而其他三种情景直接经验的作用均无显著意义。也就是说，在感知风险和伦理判断这两个重要的决策中间变量同步存在时，直接经验对感知风险的影响主要表现在第四种伦理情景中。这也说明，当感知风险同伦理判断并存时，直接经验对感知风险的负向影响也与伦理情景相关。因此，研究假设 H6 - 4 得到了验证。

表 6 - 7　　直接经验影响感知风险的作用效应（区分伦理情景）

自变量	情景 1	情景 2	情景 3	情景 4
直接经验	- 0.163	- 0.030	0.000	- 0.406 *
伦理判断	0.592 *	0.322 *	0.000	0.136
婚姻 1	- 0.070	- 0.040	0.000	0.218 *
婚姻 2	0.070	0.012	0.000	0.008
学历 1	0.001	- 0.067	0.000	- 0.011
学历 2	- 0.025	- 0.005	0.000	- 0.038
年龄 1	0.300 *	- 0.114	0.000	- 0.179
年龄 2	0.237 *	0.082	0.000	0.161
年龄 3	0.271	0.094	0.000	- 0.028
年龄 4	- 0.265 *	- 0.133	0.000	- 0.088
年龄 5	- 0.081	- 0.062	0.000	0.095
性别 1	- 0.194 *	0.046	0.000	0.098
R^2	0.460	0.104	0.000	0.209
F - v	13.943 *	9.364 *	0.000	11.384 *

注：* 表示 $p < 0.050$。

在第五章中，当感知风险独立存在时，直接经验对感知风险的负向影响主要表现在第一种伦理情景和第四种伦理情景中，而在本章研究中直接经验对感知风险的负向影响主要表现在第四种伦理情景中。这说明，在伦理判断和感知风险并存的条件下，伦理情景对感知风险与直接经验之间的负相关关系的影响发生了一些变化。

三 直接经验对伦理判断和感知风险的调节作用

调节效应研究首先要分析直接经验、伦理判断和感知风险同步影响非伦理消费行为意愿的主效应，接着分析直接经验与伦理判断以及直接经验与感知风险影响非伦理消费行为意愿时的交互效应，随后分析直接经验对伦理判断和感知风险影响非伦理消费行为意愿的调节效应，最后分析直接经验调节作用与伦理情景的关联。

在主效应分析中，构建一个回归模型，该模型以非伦理消费行为意愿为因变量，以直接经验、伦理判断和感知风险为自变量，以婚姻、学历、年龄和性别等人口统计学变量以及伦理情景为控制变量（见表 6 - 8）。结果显示，该回归模型成立（$R^2 = 0.334$；$F - v = 27.474$；$Sig. < 0.050$）。

表 6 - 8   直接经验、伦理判断和感知风险
作用主效应分析（不区分伦理情景）

自变量	回归系数	R^2	$F - v$
直接经验	0.207*	0.334	27.474*
伦理判断	- 0.143*		
感知风险	- 0.160*		
婚姻 1	0.088		
婚姻 2	0.135*		
学历 1	0.040		
学历 2	- 0.008		
年龄 1	0.046		
年龄 2	0.008		
年龄 3	- 0.042		
年龄 4	- 0.015		
年龄 5	0.185*		
性别 1	- 0.074		
情景 1	- 0.316*		
情景 2	- 0.022		
情景 3	0.077		

注：* 表示 $p < 0.050$。

表 6 - 8 还显示，直接经验影响非伦理消费行为意愿的标准回归系数为 0.207，有显著的统计意义（Sig. < 0.050）；伦理判断标准回归系数为 - 0.143（Sig. < 0.050），感知风险的标准回归系数为 - 0.160（Sig. < 0.050），也都有显著的统计意义。这表明，在不区分伦理情景条件下，直接经验、伦理判断和感知风险影响非伦理消费行为意愿主效应显著，可继续做交互效应分析。

同时，表 6 - 8 还显示，非伦理消费行为意愿与伦理判断和感知风险显著负相关，与直接经验显著正相关。也就是说，在不区分伦理情景条件下，感知风险水平越高，从事非伦理消费行为的意愿越弱；伦理判断水平越高，从事非伦理消费行为的意愿也越弱；而直接经验越丰富，从事非伦理消费行为的意愿越强。这些发现与前面几章研究完全一致。

从横向比较看，伦理判断、感知风险和直接经验的标准回归系数绝对值大小有别，其中，直接经验最大，其次为感知风险，最后为伦理判断。这说明，在同步影响非伦理消费行为意愿时，直接经验的作用力大于感知风险，而感知风险作用力大于伦理判断。

在表 6 - 8 分析的基础上继续做直接经验与伦理判断和直接经验与感知风险影响非伦理消费行为意愿的交互效应分析。以非伦理消费行为意愿为因变量，以直接经验、伦理判断和感知风险以及直接经验与伦理判断的交互项和直接经验与感知风险的交互项为自变量，以四个人口统计学变量和伦理情景为控制变量构建多元回归模型（见表 6 - 9）。结果显示，该模型成立（$R^2 = 0.382$；F - v = 25.215；Sig. < 0.050）。

表 6 - 9 还显示，直接经验与伦理判断和直接经验与感知风险在影响非伦理消费行为意愿中的交互项所对应的标准回归系数分别为 0.588 和 0.441，且都有统计显著性（Sig. < 0.050）。这表明，在不区分伦理情景条件下，直接经验与伦理判断以及直接经验与感知风险影响非伦理消费行为意愿的交互效应有效。因此，可以在此基础上进一步做调节效应分析。

另外，从表6-9中还可以发现，直接经验与伦理判断以及直接经验与感知风险影响非伦理消费行为意愿的交互项对应的标准回归系数都为正数，表现出了与主效应分析中直接经验同样的方向性。由此也可以说明，在直接经验、伦理判断和感知风险同步影响非伦理消费行为意愿时，直接经验的作用力大于伦理判断和感知风险。

表6-9　　　　　　直接经验、伦理判断和感知风险
交互相应分析（不区分伦理情景）

自变量	回归系数	R^2	F-v
直接经验	-0.748*	0.382	25.215*
伦理判断	-0.379*		
感知风险	-0.355*		
经验判断交互	0.588*		
经验风险交互	0.441*		
婚姻1	-0.032		
婚姻2	0.036		
学历1	0.034		
学历2	-0.011		
年龄1	0.024		
年龄2	0.000		
年龄3	-0.063		
年龄4	-0.100*		
年龄5	0.071		
性别1	-0.100*		
情景1	-0.286*		
情景2	-0.014		
情景3	0.050		

注：*表示 $p < 0.050$。

基于表6-9针对直接经验在伦理判断和感知风险影响非伦理消费行为意愿中的调节作用绘制示意图（见图6-2和图6-3）。

在图 6 - 2 中，直接经验程度高和直接经验程度低所对应的直线有明显交叉趋势。这说明，在伦理判断和感知风险并存条件下，直接经验依然可以显著调节伦理判断对非伦理消费行为意愿的影响。因此，研究假设 H6 - 5 得到验证。

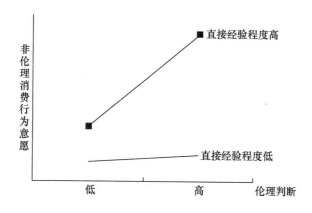

图 6 - 2　直接经验对伦理判断的调节作用（不区分伦理情景）

图 6 - 2 还显示，两条直线均向右上方抬起，只是直接经验程度低对应的直线抬起幅度小于直接经验程度高的直线。这表明，对于具有不同经验程度的消费者而言，伦理判断对非伦理消费行为意愿的影响出现了分化；在直接经验作用下，伦理判断对非伦理消费行为意愿的抑制作用完全消失，并产生了正向促进作用。对于直接经验丰富的消费者而言，这种促进作用更加强烈。

在图 6 - 3 中，直接经验程度高和直接经验程度低所对应的直线也有明显交叉趋势。这说明，在伦理判断和感知风险并存条件下，直接经验依然可以显著调节感知风险对非伦理消费行为意愿的影响。因此，研究假设 H6 - 7 得到验证。

图 6 - 3 还显示，直接经验程度低对应的直线向右上方稍有抬起，而直接经验程度高的直线向右上方抬起非常明显。这也表明，对于具有不同经验程度的消费者而言，感知风险对非伦理消费行为

意愿的影响出现了分化；对两种经验程度的消费者而言，在直接经验作用下，感知风险对非伦理消费行为意愿的抑制作用完全消失，并有了一定的正向促进作用，特别对于直接经验程度高的消费者而言，感知风险对非伦理消费行为意愿的促进作用更为明显。

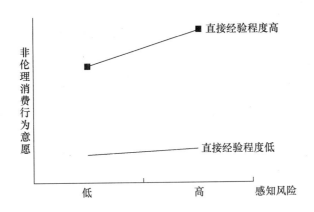

图 6 - 3　直接经验对感知风险的调节作用（不区分伦理情景）

结合图 6 - 2 和图 6 - 3 可以发现，当伦理判断和感知风险并存共同影响非伦理消费行为意愿时，由于直接经验的参与，伦理判断和感知风险对非伦理消费行为意愿的抑制作用都发生了逆转。但比较而言，伦理判断对应的两条直线向右上方抬起的角度更大。这说明，同感知风险相比，伦理判断受直接经验的影响而发生逆转的程度更大。

另外，还可发现，与图 6 - 2 相比，图 6 - 3 中的两条直线之间的斜率差更小。这说明，与伦理判断相比，感知风险对非伦理消费行为意愿的影响受直接经验调节的作用效应要小。也就是说，直接经验对感知风险影响非伦理消费行为意愿的调节作用要小于对伦理判断影响非伦理消费行为意愿的调节作用。

为进一步检验直接经验调节作用与伦理情景的关联，需要分四种伦理情景分别做直接经验、伦理判断和感知风险同步影响非伦理消费行为意愿的主效应分析。以非伦理消费行为意愿为因变量，以直接经验、伦理判断和感知风险为自变量，以四个人口统计学变量为控制变量，在四种伦理情景下构建四个主效应回归模型（见表6－10），结果显示，四种伦理情景对应的主效应回归模型都成立（R^2 = 0.463，0.109，0.142，0.429；F－v = 17.902，9.950，5.944，21.311；Sig. ＜0.050）。

表6－10　　　　　直接经验、伦理判断和感知
风险作用主效应分析（区分伦理情景）

自变量	情景1	情景2	情景3	情景4
直接经验	0.407*	0.097	－0.081	0.587*
伦理判断	－0.296*	－0.331*	0.102	－0.048
感知风险	－0.039	－0.068	－0.130	－0.083
婚姻1	－0.143	－0.133	0.027	0.060
婚姻2	0.143	0.109	－0.027	－0.023
学历1	－0.094	－0.139	0.135	0.080
学历2	0.126	0.187	－0.135	－0.083
年龄1	0.119	－0.083	0.039	0.063
年龄2	0.048	－0.100	－0.159	－0.112
年龄3	－0.147	0.168	－0.024	－0.225*
年龄4	0.166*	0.010	－0.243*	－0.169*
年龄5	0.307*	－0.039	0.196	0.028
性别1	－0.004	－0.162	－0.329*	0.142
R^2	0.463	0.109	0.142	0.429
F－v	17.902*	9.950*	5.944*	21.311*

注：*表示p＜0.050。

表6－10还显示，直接经验对非伦理消费行为意愿的影响只在情景1和情景4两种情况下显著（β = 0.407，0.587；Sig. ＜0.050），伦理判断对非伦理消费行为意愿的影响只在情景1和情景2两种情况下显著（β = －0.296，－0.331；Sig. ＜0.050），而感知风险的影响在四种伦理情景下都没有显著意义。将三个变量作用效应结合起来看，只有在情景1中直接经验同伦理判断影响非伦理消费行为意愿的主效应显著。因此，应该重点针对这一伦理情景继续

开展交互效应分析。

以非伦理消费行为意愿为因变量,以直接经验、伦理判断、感知风险以及直接经验与伦理判断的交互项和直接经验与感知风险的交互项为自变量,以人口统计学变量为控制变量构建交互效应模型(见表 6-11)。结果表明,四个模型均成立($R^2 = 0.618$,0.109,0.142,0.429;$F-v = 21.884$,9.950,5.944,21.311;$Sig. < 0.050$)。

表 6-11   直接经验、伦理判断和感知风险交互相应分析(区分伦理情景)

自变量	情景 1	情景 2	情景 3	情景 4
直接经验	-0.479*	0.097	-0.081	0.587*
伦理判断	-0.728*	-0.331*	0.102	-0.048
感知风险	-0.074	-0.068	-0.130	-0.083
经验判断交互	0.820*	-0.161	0.033	-0.029
经验风险交互	0.059	0.117	-0.135	-0.067
婚姻 1	-0.057	-0.133	0.027	0.060
婚姻 2	0.057	0.109	-0.027	-0.023
学历 1	-0.032	-0.139	0.135	0.080
学历 2	0.017	0.187	-0.135	-0.083
年龄 1	0.093	-0.083	0.039	0.063
年龄 2	-0.148	-0.100	-0.159	-0.112
年龄 3	-0.158*	0.168	-0.024	-0.225*
年龄 4	0.183*	0.010	-0.243*	-0.169*
年龄 5	0.292*	-0.039	0.196	0.028
性别 1	-0.023	-0.162	-0.329*	0.142
R^2	0.618	0.109	0.142	0.429
$F-v$	21.884*	9.950*	5.944*	21.311*

注:* 表示 $p < 0.050$。

表 6-11 还显示,在情景 1 中,直接经验与伦理判断交互项有显著的统计意义($\beta = 0.820$;$Sig. < 0.050$),其他情景下均无显著意义;直接经验与感知风险的交互项在四种伦理情景下均无显著统

计意义。

综合主效应分析（见表6－10）和交互效应分析（见表6－11）的结果可以发现，只在情景1中，直接经验对伦理判断影响非伦理消费行为意愿可能产生调节作用。因此，只针对此种情况绘制调节作用示意图（见图6－4）。

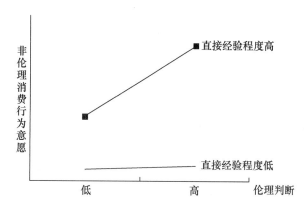

图6－4　直接经验对伦理判断的调节（伦理情景1）

结果显示，直接经验程度低和直接经验程度高所对应的直线有明显交叉趋势。由此判断，在情景1中，直接经验可以显著调节伦理判断对非伦理消费行为意愿的影响；结果还显示，两条直线都明显向右上方抬起，且直接经验程度高所对应的直线抬起角度更大。这说明，在第一种伦理情景下，在伦理判断和感知风险同步作用时，受直接经验影响，伦理判断对非伦理消费行为意愿的抑制作用完全消失，并反转成促进作用。也就是说，受直接经验影响，伦理判断水平越高，从事非伦理消费行为的意愿越强烈；且直接经验程度越高的消费者，这种反转作用越强。

综合上述分析可以发现，在伦理判断和感知风险并存的状态下，直接经验对伦理判断影响非伦理消费行为意愿的调节作用与伦理情景有关，因此，研究假设H6－6得到了验证；但在此条件下，未发现直接经验对感知风险影响非伦理消费行为意愿的调节作用与伦理情景有关，因此，研究假设H6－8没有得到验证。

四 作用力横向比较

伦理情景、直接经验、伦理判断和感知风险影响非伦理消费行为意愿的作用力大小比较研究首先需要构建基准模型。基准模型以非伦理消费行为意愿为因变量，以伦理情景、直接经验、伦理判断和感知风险为自变量，以人口统计学变量为控制变量（见表6－12）。为了保证最终结果的可比性，伦理情景、直接经验、伦理判断和感知风险作用效应大小的比较都以该模型为基准（见表6－13、表6－14和表6－15）。结果显示，基准模型成立（$R^2 = 0.334$；Sig. < 0.050）。

表6－12　　　　　　　　　伦理情景作用净效应分析

自变量	模型1	基准模型
直接经验	0.288*	0.207*
伦理判断	－0.132*	－0.143*
感知风险	－0.200*	－0.160*
婚姻1	－0.086	0.088
婚姻2	0.098	0.135*
学历1	0.038	0.040
学历2	－0.011	－0.008
年龄1	0.082	0.046
年龄2	－0.017	0.008
年龄3	－0.025	－0.042
年龄4	－0.035	－0.015
年龄5	0.156*	0.185*
性别1	－0.022	－0.074
情景1	—	－0.316*
情景2	—	－0.022
情景3	—	0.077
R^2	0.239*	0.334*
df	4	6
ΔR^2		0.095
F－v		23.393*

注：*表示$p < 0.050$；"—"表示该模型自变量中不包含该变量（下表相同）。

为了评价伦理情景影响非伦理消费行为意愿的作用净效应，还需构建另一个回归模型。该模型以非伦理消费行为意愿为因变量，以直接经验、伦理判断和感知风险为自变量，以人口统计学变量为控制变量（如表 6 - 12 中的模型 1 所示）。与基准模型相比，模型 1 只减少了伦理情景的三个自变量。结果显示，该模型也成立（R^2 = 0.239；Sig. < 0.050）。

对比模型 1 和基准模型可以发现，在模型 1 基础上增加伦理情景这个变量，ΔR^2 为 0.095，即意味着，增加伦理情景后自变量对因变量非伦理消费行为意愿方差改变量解释率提高了 39.749%。继续做 F 检验发现，确定系数增幅有显著意义（F - v = 23.393；Sig. < 0.050）。

评价直接经验影响非伦理消费行为意愿的作用净效应所需构建的另一个回归模型是在基准模型基础上剔除直接经验这个自变量而来（见表 6 - 13）。结果显示，该模型成立（R^2 = 0.298；Sig. < 0.050）。

表 6 - 13　　　　　　　　直接经验作用净效应分析

自变量	模型 1	基准模型
直接经验	—	0.207 *
伦理判断	- 0.173 *	- 0.143 *
感知风险	- 0.199 *	- 0.160 *
婚姻 1	0.090	0.088
婚姻 2	0.143 *	0.135 *
学历 1	0.018	0.040
学历 2	0.010	- 0.008
年龄 1	0.009	0.046
年龄 2	0.026	0.008
年龄 3	- 0.032	- 0.042
年龄 4	- 0.013	- 0.015
年龄 5	0.196 *	0.185 *

续表

自变量	模型1	基准模型
性别1	– 0.081	– 0.074
情景1	– 0.366*	– 0.316*
情景2	– 0.066	– 0.022
情景3	0.061	0.077
R^2	0.298*	0.334*
df	5	6
ΔR^2		0.036
F – v		17.730*

注：* 表示 $p < 0.050$。

对比模型1和基准模型可以发现，在模型1基础上增加直接经验这个变量，ΔR^2 为0.036。F检验发现，该确定系数增幅有显著意义（F – v = 17.730；Sig. < 0.050）。这意味着，增加直接经验后，自变量对因变量非伦理消费行为意愿方差改变量解释率提高了12.081%。

评价伦理判断影响非伦理消费行为意愿的作用净效应所需构建的另一个回归模型是在基准模型基础上剔除伦理判断这个自变量（见表6 – 14）。结果显示，该模型成立（R^2 = 0.317；Sig. < 0.050）。

表6 – 14　　　　　　　　伦理判断作用净效应分析

自变量	模型1	基准模型
直接经验	0.229*	0.207*
伦理判断	—	– 0.143*
感知风险	– 0.203*	– 0.160*
婚姻1	0.080	0.088
婚姻2	0.137*	0.135*
学历1	0.051	0.040

续表

自变量	模型1	基准模型
学历2	− 0.016	− 0.008
年龄1	0.060	0.046
年龄2	0.007	0.008
年龄3	− 0.045	− 0.042
年龄4	− 0.031	− 0.015
年龄5	0.189*	0.185*
性别1	− 0.066	− 0.074
情景1	− 0.311*	− 0.316*
情景2	0.001	− 0.022
情景3	0.069	0.077
R^2	0.317*	0.334*
自由度	5	6
ΔR^2		0.017
F − v		8.372*

注：*表示 $p < 0.050$。

对比模型1和基准模型可以发现，在模型1基础上增加伦理判断这个变量，ΔR^2 为0.017。F检验发现，该确定系数增幅有显著意义（F − v = 8.372；Sig. < 0.050）。这意味着，增加伦理判断后，自变量对因变量非伦理消费行为意愿方差改变量解释率提高了5.363%。

评价感知风险影响非伦理消费行为意愿的作用净效应所需构建的另一个回归模型是在基准模型基础上剔除感知风险这个自变量而来的（见表6−15）。结果显示，该模型成立（$R^2 = 0.313$；Sig. < 0.050）。

对比模型1和基准模型可以发现，在模型1基础上增加感知风险这个自变量，ΔR^2 为0.021。F检验发现，该确定系数增幅有显著意义（F − v = 10.342；Sig. < 0.050）。这意味着，增加感知风险

后，自变量对因变量非伦理消费行为意愿方差改变量解释率提高
了6.709%。

表6-15　　　　　　　　　　感知风险作用净效应分析

自变量	模型1	基准模型
直接经验	0.237*	0.207*
伦理判断	-0.188*	-0.143*
感知风险	—	-0.160*
婚姻1	0.091	0.088
婚姻2	0.135*	0.135*
学历1	0.050	0.040
学历2	-0.010	-0.008
年龄1	0.056	0.046
年龄2	-0.007	0.008
年龄3	-0.042	-0.042
年龄4	0.004	-0.015
年龄5	0.178*	0.185*
性别1	-0.079	-0.074
情景1	-0.336*	-0.316*
情景2	-0.022	-0.022
情景3	0.087	0.077
R^2	0.313*	0.334*
df	5	6
ΔR^2		0.021
F-v		10.342*

注：*表示p<0.050。

综合上述分析结果可以发现，在伦理情景、直接经验、伦理判
断和感知风险四个变量中，影响非伦理消费行为意愿作用最大的是
伦理情景，其对导致非伦理消费行为意愿发生改变所做的贡献率为
39.749%（$\Delta R^2 = 0.095$；F-v=23.393；Sig.<0.050）；其次是直

接经验，其对导致非伦理消费行为意愿改变的贡献率为 12.081%
（$\Delta R^2 = 0.036$；$F - v = 17.730$；$Sig. < 0.050$）；再次为感知风险，
其对导致非伦理消费行为意愿改变的贡献率为 6.709%（$\Delta R^2 = 0.021$；$F - v = 10.342$；$Sig. < 0.050$）；最后为伦理判断，其对导致
非伦理消费行为意愿改变的贡献率为 5.363%（$\Delta R^2 = 0.017$；$F - v = 8.372$；$Sig. < 0.050$）。

第五节　结果讨论

　　作为个体决策的重要中间环节，伦理判断和感知风险在个体决
策形成中的重要价值已经得到了实证研究的证实，但这些研究全部
集中于其中的某个单一变量。从决策个体的角度看，作为决策感知
变量，伦理判断和感知风险不可能在决策心理过程中被完整地分割
开来并独立地运行，二者必然共同存在于个体决策中。因此，将二
者同步纳入研究中是更接近决策实际的做法。Tan（2002）的研究
为此提供了很好的范例。遗憾的是，消费伦理实证研究中这样的成
果非常欠缺。本章研究为此做了很好的尝试。

　　本章研究发现，在非伦理消费行为意愿形成中，伦理判断和感
知风险可以同步发挥作用，且与单一变量存在时（第四章和第五章
研究）相比，伦理判断和感知风险各自对非伦理消费行为意愿的影
响没有发生本质性改变。即二者依然都能显著抑制非伦理消费行为
意愿的形成。这一结果是对 Tan（2002）研究的有力支持，也为揭
示伦理判断和感知风险影响消费伦理决策作用效应的研究贡献了新
的成果。

　　尽管 Tan（2002）的研究也将行为经验纳入分析中，但该研究
仅仅将行为经验当作控制变量用于分析伦理判断、感知风险等决策
中间变量影响行为意愿的作用效应，并未系统探讨行为经验影响伦
理判断和感知风险的作用效应，更未探讨行为经验在伦理判断和感

知风险影响行为意愿中的调节作用。本章在伦理判断和感知风险同步存在条件下系统检验了直接经验影响伦理判断和感知风险的作用效应，以及直接经验在伦理判断和感知风险影响非伦理消费行为意愿中的调节作用，这在原有研究基础上大大前进了一步，是对消费伦理实证研究的重要拓展。

本章研究结果显示，在伦理判断和感知风险同步存在的条件下，直接经验对伦理判断和感知风险的影响依然显著，且伦理判断和感知风险都与直接经验显著负相关。这一结果与第四章和第五章的研究结果没有本质性差异。这也从一个全新的视角进一步证明了直接经验对伦理判断和感知风险的重要影响。

而在伦理判断和感知风险同步存在的条件下，直接经验在伦理判断影响非伦理消费行为意愿和感知风险影响非伦理消费行为意愿中的调节作用也得到了验证。即直接经验显著削弱了伦理判断和感知风险在非伦理消费行为意愿形成中的抑制作用。不仅如此，还导致了伦理判断和感知风险作用方向的反转。就直接经验丰富的消费者而言，伦理判断和感知风险对非伦理消费行为意愿都有较强的促进作用；而对于直接经验不太丰富的消费者而言，伦理判断和感知风险的促进作用较弱。但从伦理判断和感知风险比较的角度看，直接经验促使伦理判断作用反转的程度高于感知风险的作用反转，同时，直接经验对伦理判断影响非伦理消费行为意愿的调节作用效应大于对感知风险影响非伦理消费行为意愿的调节作用效应。

在第四章中，无论直接经验程度如何，伦理判断都有利于非伦理消费行为意愿的形成，只是直接经验丰富的消费者比不太丰富的消费者反转效应更大；本章针对伦理判断的研究结果发现，在伦理判断和感知风险同步存在的条件下，受直接经验影响而导致的伦理判断影响非伦理消费行为意愿的反转效应表现出了同第四章同样的规律，没有发生大的改变。

就感知风险而言，在第五章研究中，对直接经验丰富的消费者而言，感知风险影响非伦理消费行为意愿的作用效应发生了明显反转，而对经验不太丰富的消费者而言，感知风险依然保持了对非伦理消费行为意愿的微弱抑制作用。在本章研究中，对经验不太丰富的消费者而言，感知风险对非伦理消费行为意愿的抑制作用也消失殆尽，并开始出现了促进作用。因此，与感知风险单一存在的条件相比，在感知风险和伦理判断同步存在时直接经验对感知风险的调节作用发生了一些改变，而这种改变主要表现在直接经验程度低的消费者身上。

从不同伦理情景的角度看，在第四章中，直接经验对伦理判断的负向影响主要表现在第一种伦理情景和第四种伦理情景之中，直接经验对伦理判断影响非伦理消费行为意愿的调节作用主要表现在第一种伦理情景中；在第五章中，直接经验对感知风险的负向影响也主要表现在第一种伦理情景和第四种伦理情景之中，而直接经验对感知风险影响非伦理消费行为意愿的调节作用主要表现在第二种伦理情景中。在本章研究中，直接经验对伦理判断的负向影响也主要表现在第一种伦理情景和第四种伦理情景中，而对感知风险的负向影响则主要表现在第四种伦理情景中；就调节效应而言，直接经验对伦理判断影响非伦理消费行为意愿的调节作用主要表现在第一种伦理情景中，而对感知风险作用发挥的调节在不同的细分伦理情景下并没有明显的发现。

就作用效应而言，在伦理判断和感知风险并存条件下，直接经验对伦理判断的影响同伦理情景之间的关系保持了伦理判断单一存在条件下所表现出来的规律（即第四章研究发现），而对感知风险的影响同伦理情景之间的关系则相较于感知风险单一存在条件下（第五章研究）有了一些改变，即直接经验的显著效应只表现在第四种伦理情景之下，而第五章研究发现的第一种伦理情景下的效应也失去了显著意义。

就调节作用而言，与伦理判断单独存在条件相比，伦理判断和感知风险并存条件下，直接经验对伦理判断影响非伦理消费行为意愿的调节作用同样发生在第一种伦理情景之中，没有发生明显改变，而就感知风险而言，在伦理判断和感知风险并存条件下，直接经验的调节作用则在四种细分伦理情景下都无显著意义，但在感知风险单独存在的条件下，这种调节作用主要表现在第二种伦理情景中。

因此，就不同伦理情景而言，与单一变量存在条件下相比，伦理判断和感知风险双变量并存时，直接经验对感知风险的影响及对其作用效应的调节都发生了明显的变化，而就伦理判断而言，两个方面都没有明显变化。这表明，从细分伦理情景角度看，当伦理判断和感知风险同步存在时，相较于伦理判断，感知风险及其在非伦理消费行为意愿形成中的作用效应受直接经验的影响更容易发生变化，因此其在非伦理消费行为意愿形成过程中的作用稳定性要弱于伦理判断。

从影响非伦理消费行为意愿作用效应的相对大小看，本书第四章在伦理判断单一变量存在的条件下证实，直接经验的作用效应大于伦理判断；本书第五章在感知风险单一变量存在的条件下证实，直接经验的作用效应也大于感知风险。但这些研究还没有同步比较伦理情景、直接经验、伦理判断和感知风险四个重要的消费伦理影响因子在影响非伦理消费行为意愿形成过程中的作用力大小。本章为此做了尝试，并发现，四个影响因子中作用力最大的伦理情景，其次是直接经验，随后是感知风险和伦理判断。这是一个非常重要的发现。

从商业伦理现有理论看，一直以来，伦理判断始终被认为是影响伦理行为意愿的最重要变量，理应成为揭示非伦理消费行为意愿形成规律的首选变量。但本章研究发现，从作用力大小看，四个变量中伦理情景这个决策环境属性变量，直接经验这个决策主体属性变量，感知风险这个决策中间变量的作用力都要大于伦理判断。当然，从变量的性质角度看，伦理情景和直接经验与伦理判断是不同种类的变量，但感知风险同伦理判断一样都是决策中间变量，而前者对非伦理消费行为意愿的影响力也要大于后者，这一发现具有重要的学术价值。

本章小结

　　本章共提出八个研究假设，除了研究假设 H6－8 外其他七个研究假设均已得到验证。本章提出的八个研究问题也已得到解答。

　　本章研究检验伦理判断和感知风险同步存在的情况下直接经验对伦理判断和感知风险及与之相关的决策核心环节的影响。就伦理判断或感知风险中的某个单一变量而言，数据分析中加入另一个变量其实就是控制另一个变量的干扰，因此与第四章和第五章研究相比，本章数据分析结果更进一步接近了事实。

　　不过，即使在双变量共存状态下，直接经验仍能显著负向影响伦理判断和感知风险，并显著调节伦理判断和感知风险对非伦理消费行为意愿的影响。尽管在不区分伦理情景条件下，直接经验对伦理判断和感知风险影响非伦理消费行为意愿的调节作用没有发生根本性改变，但从细分的伦理情景角度看，直接经验对感知风险影响非伦理消费行为意愿的调节作用有了一些改变。

　　尤其是在伦理判断和感知风险并存的条件下，针对伦理情景、直接经验、伦理判断和感知风险四个变量的横向比较研究发现，伦理判断在四个变量中影响非伦理消费行为意愿的作用力最小。特别重要的是，与同为决策中间变量的感知风险相比，伦理判断的作用力也较小。这一发现表明，西方经典的商业伦理理论模型高度一致地围绕伦理判断试图揭示伦理行为意愿形成规律的思路有很大的局限性。

　　尽管在包含伦理成分的非伦理消费行为决策情景下，首先从伦理判断的角度开展研究非常合理，但仅此还不够，因为在解释非伦理消费行为意愿形成规律中，感知风险的作用力大于伦理判断。感知风险也是解释消费者行为决策规律的重要决策中间变量，而在非伦理消费行为决策情景下，同样包含了大量的风险。因此，揭示非伦理消费行为决策规律可以将感知风险放到同伦理判断同样重要的位置予以探讨，有必要在伦理判断这个决策中间变量基础上进一步考虑感知风险在此之中可能发挥的作用。

上述结论不仅具有重要的学术创新意义，同时还为非伦理消费行为问题治理提供了重要的启示。除第四章和第五章结尾部分所阐述的启示外，本章研究结论还可补充新的启示。

直接经验、伦理判断和感知风险之间比较看，应该首选从抑制直接经验获得和使用的角度采取治理措施；其次是从感知风险的角度采取措施并提高决策情景的风险感知程度；最后是从伦理判断的角度采取治理措施，例如，加强传统道德教育以改善伦理判断水平，强化社会舆论引导以加强伦理道德标准建设，特别是在界定不够清晰的伦理决策情景下更应该强调社会舆论在道德标准建设中的导引作用。在采取上述措施的同时，还应该注意三种治理思路的配合和协调，同时还应该注意同细分伦理情景的衔接，做到在不同细分情景下突出不同的重点。

第四章、第五章和本章分别从不同视角系统评估和检验了直接经验在影响伦理判断、感知风险等决策中间变量以及"伦理判断→非伦理消费行为意愿"和"感知风险→非伦理消费行为意愿"等决策核心环节中的作用效应。那么，在直接经验影响非伦理消费行为意愿心理路径中，伦理判断和感知风险这两个重要的决策中间变量又能扮演什么角色呢？后续三个研究将从不同角度解答这一问题。

第七章　直接经验作用心理路径研究：
基于伦理判断视角 *

　　本章将实现如下研究目的：揭示伦理判断在直接经验影响非伦理消费行为意愿中的中介角色；通过同直接经验影响非伦理消费行为意愿直接路径的横向比较，评估伦理判断中介作用的相对大小，揭示伦理判断在传递直接经验作用效应中的价值；揭示伦理判断在直接经验影响非伦理消费行为意愿中的调节变量角色，评估直接经验对非伦理消费行为意愿的影响受伦理判断强化或削弱的程度；综合上述结果从一个崭新的视角揭示直接经验在非伦理消费行为决策中的突出价值。

第一节　研究问题

　　第三章、第四章、第五章和第六章四个实证研究从不同视角分别揭示了直接经验影响非伦理消费行为意愿这个决策结果变量，伦理判断和感知风险等决策中间变量以及"伦理判断→非伦理消费行为意愿"和"感知风险→非伦理消费行为意愿"等决策核心环节的作用效应。但仅仅揭示直接经验作用效应还不能完全揭示直接经验在非伦理消费行为决策中的作用机制，直接经验究竟通过怎样的心理路径实现对非伦理消费行为意愿的影响呢？这也是全面揭示直接

_____

＊本章数据分析结果原载于《管理学报》2016 年第 4 期。

经验作用机制需要解答的重要课题。

　　商业伦理现有研究反复强调了伦理判断在揭示个体伦理决策规律中的重要地位。这种传统的观点不仅认为伦理判断是预测伦理行为意愿的重要变量，同时还认为，伦理判断是其他影响因子向行为意愿传递作用效应的重要中间桥梁。即伦理判断在此之中发挥了中间变量的作用。为此，本章将从伦理判断的视角系统分析直接经验通过伦理判断这个重要的决策中间变量影响非伦理消费行为意愿的心理路径特征，以及伦理判断对直接经验影响非伦理消费行为意愿的调节作用。

　　本章从综合理论模型（见图 2 - 9）中节选部分模块构建如图 7 - 1 所示的假设模型。其中，虚线箭头表明的就是本章的主体研究内容。本章将重点回答如下四个问题：

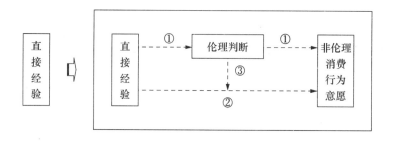

图 7 - 1　本章研究假设模型

　　（1）伦理判断在直接经验影响非伦理消费行为意愿中是否可以发挥中介作用？（如图 7 - 1 中的虚线箭头①所示）（问题 1）

　　（2）在伦理判断作为中间变量参与影响时，直接经验是否可以直接影响非伦理消费行为意愿？（如图 7 - 1 中的虚线箭头②所示）（问题 2）

　　（3）当直接经验影响非伦理消费行为意愿的直接路径和伦理判断间接路径同时存在时，通过直接路径传递的直接效应同通过伦理判断间接路径传递的间接效应相比，哪个更突出？（问题 3）

（4）在直接经验影响非伦理消费行为意愿的直接路径中，伦理判断是否可以发挥调节作用？（如图7-1中的虚线箭头③所示）（问题4）

本章将分别针对上述四个问题提出研究假设。其中，前三个问题与直接经验影响非伦理消费行为意愿心理路径有关，后一个问题与伦理判断在直接经验影响非伦理消费行为意愿中的调节作用有关。

第二节　研究假设

学者一致认为，在伦理决策情景下，行为意愿的形成离不开伦理判断。作为评价行为道德合理性的感知过程，伦理判断表明了决策者所考虑的特定行为的伦理接受程度，是决策者面对伦理困惑时的必然选择，也被认为是行为意愿最重要的预测变量。伦理判断水平越低，即意味着决策者面对非伦理行为做出"伦理的"评价程度越高，因此从事该行为的可能性也越大。基于伦理判断与行为意愿的这种关系，西方主流的商业伦理模型勾勒出了消费伦理影响因子影响行为意愿的潜在心理路径。一般而言，这些影响因子是通过伦理判断的中介作用而对行为意愿施加影响的（Rest，1986；Jones，1991；Hunt and Vitell，1986；Ferrell，Gresham and Fraedrich，1989）。

作为反映决策者个体属性特征的重要变量（赵宝春，2012），直接经验已被证实可对非伦理消费行为再犯产生重要影响（褚小荣，2011；郭俊辉、袁云峰、徐小青，2012），本书第三章、第四章、第五章和第六章四个独立的研究也跨越伦理情景从不同视角证实了直接经验在非伦理消费行为意愿形成中的重要促进作用。因此可以肯定的是，直接经验也是影响非伦理消费行为决策的重要因子。因此有理由相信，在消费伦理决策心理流程中，直接经验这个影响因子也可以通过伦理判断对非伦理消费行为意愿施加间接影响。由此提出如下研究假设：

H7－1：直接经验可通过伦理判断间接影响消费者从事非伦理行为的意愿。即直接经验影响非伦理消费行为意愿时可依赖伦理判断产生间接效应。

第二章模型构建中也曾提到，一般行为决策理论研究成果显示，行为经验影响行为意愿时可不依赖行为态度等中介变量（Bagozzi and Kimmel，1995；Godin，Valois and Lepage，1993；Norman and Smith，1995；赵宝春，2012）。还有研究证实，行为经验同行为态度等变量一样也是后续行为意愿的直接预测因子（Conner and Armitage，1998；Ouellette and Wood，1998）。

鉴于 H—V 伦理模型与计划行为理论的同源性（Fukukawa，2002），H—V 伦理模型中的伦理判断同计划行为理论中的行为态度等核心变量处于同样的逻辑层次。因此可以推断，在非伦理消费行为决策情景下，直接经验在影响非伦理消费行为意愿时也可以不需要伦理判断的中介作用而直接对其产生作用。由此提出如下研究假设：

H7－2：直接经验可直接影响消费者从事非伦理行为的意愿，即直接经验影响非伦理消费行为意愿有直接效应存在。

还有一些研究涉及了经验影响个体决策作用效应的相对程度。萨顿（Sutton，1994）认为，在不断重复的情景或行为中，行为经验比行为态度等计划行为理论的核心心理变量更能决定行为是否发生。康纳和麦克米兰（Conner and McMillan，1999）更详细地解释说，在这样的场合，行为在很大程度上是基于个体习惯等潜在线索做出的自动反应，而计划行为理论所主张的行为态度等核心中介变量的影响则相对较弱。这些研究结果暗示了在传递行为经验作用效应方面直接路径相较于间接路径的突出性。由此提出如下研究假设：

H7－3：直接经验影响非伦理消费行为意愿时直接路径传递的

作用效应大于伦理判断间接路径所传递的作用效应。

从定义上看，伦理判断仅仅是决策主体有关决策情景或行为是否为伦理的主观评估（Vitell，2003）。伦理判断水平高并不意味着决策者就一定没有非伦理行为。因为有大量研究证实，伦理感知状态并不与现实的伦理（或非伦理）行为完全一一对应（Liu，Zeng and Su，2009）。甚至有时具有很强道德观念的个体也会同流合污而参与到非伦理消费行为中（Logsdon，Thompson and Reid，1994）。正如前文所述，在行为结果的诱惑下，能做出正确伦理判断的消费者同样可能舍弃道德规则而做出非伦理的行为选择。这就是日常所说的"明知不对，依然要做"的现象。

由于对社会奖赏的期望、对惩罚的回避是激励人们选择社会行为的动机之一，没有遵从社会规范的个体可能招致群体成员的批评，或可见的失望表情，甚至直接的拒绝（Fisher and Ackerman，1998），这是违反伦理规范所需要面对的道德风险。但就伦理判断水平高的消费者而言，基于对群体共享道德规范的认知和接受程度更高，与伦理判断水平低的消费者相比，他们更能意识到非伦理消费行为道德风险的存在以及防范风险的重要性。

而利用经验做出决策本身就是风险规避的一种具体方式。因为经验为决策者提供了决策所需的信息（Cox，1967），有利于决策者对风险做出比较性评估（Lofstedt and Renn，1997）。因此，伦理判断水平高的消费者在做出非伦理行为选择时更强调对直接经验的倚重，以利于对潜在风险的把握。也就是说，直接经验对非伦理消费行为意愿的影响程度更高；而伦理判断水平低的消费者很可能根本就未意识到道德风险的存在，因而并不强调对经验信息的依赖。由此提出假设：

H7-4：伦理判断可以调节直接经验对非伦理消费行为意愿的影响。且伦理判断水平越高，消费者从事非伦理行为的意愿受直接经验的影响越大。

第三节 研究方法

一 测量工具

单因方差分析结果显示，调查对象在四类伦理情景下的伦理信念水平有显著差异（$F-v=28.821$，$Sig.<0.050$）。这说明，上述四类行为具有不同程度的伦理成分。也就是说，四类伦理情景可被很好地区分，因此可以作为控制变量用于多元回归分析中。

本章研究中的直接经验、非伦理消费行为意愿和伦理判断等测量工具与前面各章相同。三个量表的 Cronbach α 系数分别为 0.847、0.838 和 0.743。

二 样本特征

本研究共发放 400 份问卷，回收后剔除无效问卷，最后剩余 281 份有效问卷用于正式分析。样本特征如表 7 – 1 所示。

表 7 –1　　　　　　　　　样本人口统计学特征

人口统计学变量	百分比（%）
婚姻	
已婚	23.500（13.400，22.100，45.000，16.900）
单身	75.400（86.600，75.300，55.000，81.800）
其他	1.100（0.000，2.600，0.000，1.300）
学历	
高中及以下	26.000（17.900，19.500，36.700，31.200）
大专和大学	69.800（77.600，75.300，63.300，62.300）
研究生	4.300（4.500，5.200，0.000，6.500）
年龄	
≤17 岁	8.900（4.500，9.100，16.700，6.500）
18—22 岁	54.100（71.600，50.600，36.700，55.800）
23—30 岁	22.100（17.900，24.700，16.700，27.300）

续表

人口统计学变量	百分比（%）
31—40 岁	6.800（3.000, 7.800, 13.300, 3.900）
41—50 岁	7.500（3.000, 6.500, 16.700, 5.200）
≥51 岁	0.700（0.000, 1.300, 0.000, 1.300）
性别	
男	55.200（44.800, 62.300, 51.700, 59.700）
女	44.800（55.200, 37.700, 48.300, 40.300）

三　数据检验

表7-2显示了观察变量因子负荷及潜变量量表信度指标。全部CR值均高于0.700的标准，AVE值也都达到了0.500的标准，且测量题项因子负荷均高于0.500的临界标准。这表明量表测量具有较好的内部一致性和聚合效度。

表7-2　　　　　　　　　潜变量及观察变量

潜变量		测量题项	因子负荷
直接经验	CR = 0.902	您曾有过这样的行为吗？	0.909
	AVE = 0.822	您经常有这样的行为吗？	0.904
伦理判断	CR = 0.939	这种行为消费者是主动的吗？	0.947
		只要主动就叮达到自己的目的吗？	0.931
		这种行为违法吗？	0.903
	AVE = 0.724	有与此类行为相关的法律规范吗？	0.548
		这种行为会对他人带来损害吗？	0.846
		这种行为给他人带来损害的程度有多大？	0.867
行为意愿	CR = 0.888	如果是您，您愿意这样做吗？	0.904
	AVE = 0.799	如果是您，您有多想这样做？	0.883

表7-3显示的是各潜变量之间的相关系数，从中可以发现，本研究主要潜变量彼此间显著相关，且AVE值的平方根均高于相应的

相关系数，这说明各构念间的区分效度良好。上述结果综合显示，本章研究量表具有良好的信度、聚合效度和区分效度。

表 7 - 3　　　　　　　　　　潜变量相关系数

潜变量	M	SD	1	2	3
行为意愿1	4. 217	2. 021	(0. 894)		
直接经验2	3. 221	1. 997	0. 340 *	(0. 907)	
伦理判断3	4. 427	1. 252	- 0. 226 *	- 0. 155 *	(0. 851)

注：＊表示 p < 0.050；括号中数据为 AVE 平方根。

第四节　数据分析

本章正式数据分析主要包含多元回归分析方法。该方法主要用于伦理判断在直接经验影响非伦理消费行为意愿中的中介作用分析，以检验研究假设 H7 - 1，假设 H7 - 2 和假设 H7 - 3，并用于伦理判断在此之中所发挥的调节作用分析，以检验研究假设 H7 - 4。数据分析结果将从伦理判断的中介效应和调节效应两个方面予以展示。

一　伦理判断的中介作用分析

伦理判断中介作用分析需依次构建三个回归模型以分别实现如下目的：一是检验直接经验对非伦理消费行为意愿的影响；二是检验直接经验对伦理判断的影响；三是检验直接经验和伦理判断对非伦理消费行为意愿的共同影响。三个模型均以人口统计学变量和伦理情景为控制变量，分析前分类变量均做哑变量处理，所有解释变量都做标准化转换。

在直接经验对非伦理消费行为意愿的影响分析中，以非伦理消费行为意愿为因变量，以直接经验为自变量，以人口统计学变量和伦理情景为控制变量，构建回归模型（见表7－4）。结果显示，该模型成立（$R^2 = 0.239$；$F - v = 43.621$；Sig. ＜0.050）。

表7－4显示，直接经验能显著影响非伦理消费行为意愿，且直接经验越丰富的消费者，从事非伦理消费行为的意愿越强烈（β = 0.230；Sig. ＜0.050）。这与前几章的研究结果完全一致。这一结果再次表明，先前的经验积累有利于后续行为意愿的形成，即直接经验促使了非伦理消费行为的再犯。

表7－4　　　　　　直接经验对非伦理消费行为意愿的影响

自变量	回归系数	R^2	$F - v$
直接经验	0.230 *	0.239	43.621 *
婚姻1	－ 0.021		
婚姻2	0.017		
学历1	0.068		
学历2	－ 0.028		
年龄1	0.100		
年龄2	－ 0.031		
年龄3	－ 0.050		
年龄4	－ 0.073		
年龄5	0.096		
性别1	－ 0.048		
伦理情景1	－ 0.368 *		
伦理情景2	－ 0.068		
伦理情景3	0.099		

注：＊表示 $p < 0.050$。

在直接经验影响伦理判断作用效应分析中，以伦理判断为因变量，以直接经验为自变量，以人口统计学变量和伦理情景为控制变量，构建回归模型（见表7－5）。结果显示，该模型成立（$R^2 = 0.076$；$F - v = 7.595$；Sig. ＜0.050）。

表 7 – 5 结果显示，直接经验能显著影响伦理判断，且直接经验越丰富的消费者，伦理判断水平越低（β = – 0.188；Sig. < 0.050），这一结果也与第四章和第六章研究结果完全一致。

表 7 – 5　　　　　　　直接经验对伦理判断的影响

自变量	回归系数	R^2	F – v
直接经验	– 0.188*	0.076	7.595*
婚姻 1	– 0.049		
婚姻 2	0.052		
学历 1	– 0.027		
学历 2	0.002		
年龄 1	– 0.116*		
年龄 2	0.021		
年龄 3	0.038		
年龄 4	0.010		
年龄 5	– 0.091		
性别 1	– 0.031		
伦理情景 1	– 0.046		
伦理情景 2	– 0.198*		
伦理情景 3	– 0.048		

注：* 表示 $p < 0.050$。

在直接经验和伦理判断共同影响非伦理消费行为意愿的分析中，以非伦理消费行为意愿为因变量，以直接经验和伦理判断为自变量，以人口统计学变量和伦理情景为控制变量，构建回归模型（见表 7 – 6）。结果显示，该模型成立（$R^2 = 0.263$；F – v = 32.949；Sig. < 0.050）。

表 7 – 6 结果显示，直接经验越丰富的消费者，从事非伦理消费行为的意愿越强烈（β = 0.208；Sig. < 0.050），这一结果与表 7 – 4 的结果完全一致，而伦理判断水平越高的消费者从事非伦理消费行

为的意愿越弱（β = − 0.158；Sig. < 0.050），这一结果也与前面研究完全一致。就直接经验和伦理判断两个变量的横向比较而言，在影响非伦理消费行为意愿时前者的作用效应更大。

表 7 − 6　直接经验和伦理判断对非伦理消费行为意愿的共同影响

自变量	回归系数	R^2	F − v
直接经验	0.208 *	0.263	32.949 *
伦理判断	− 0.158 *		
婚姻 1	− 0.025		
婚姻 2	0.022		
学历 1	0.061		
学历 2	− 0.023		
年龄 1	0.084		
年龄 2	− 0.022		
年龄 3	− 0.043		
年龄 4	− 0.070		
年龄 5	0.085		
性别 1	− 0.056		
伦理情景 1	− 0.359 *		
伦理情景 2	− 0.104		
伦理情景 3	0.104		

注：* 表示 p < 0.050。

综合表 7 − 4、表 7 − 5 和表 7 − 6 的结果可以发现，直接经验影响非伦理消费行为意愿的直接效应为 0.208，而通过伦理判断施加影响的间接效应为 0.022。进一步做 Z 检验发现，间接效应对应的 Z 值为 2.160（Sig. < 0.050），大于 1.980 的临界标准，因而具有统计显著性。[1] 这一结果说明，直接经验可通过伦理判断对非伦理消

---

① Z 检验是按照 Dawn Iacobucci（2012）所提供的公式计算的。该公式为：

$$Z = \frac{a \times b}{\sqrt{b^2 \times s_a^2 + a^2 \times s_b^2}}$$

费行为意愿施加间接影响。结合伦理判断与直接经验之间以及行为意愿与伦理判断之间的负相关关系，可以发现，直接经验能通过降低伦理判断水平而进一步提升非伦理消费行为意愿。因此，研究假设 H7 - 1 得到了完全验证。

表 7 - 6 结果还显示，直接经验影响非伦理消费行为意愿的直接效应有显著意义（$\beta = 0.208$；Sig. < 0.050），因此研究假设 H7 - 2 也得到了完全验证。

比较而言，直接经验影响非伦理消费行为意愿的间接效应（0.022）只占总体效应（0.230）的 9.565%，而直接效应占总体效应的 90.435%。这说明，在直接经验影响非伦理消费行为意愿的路径中，直接路径占据绝对主导地位，而基于伦理判断的间接路径只是补充，因此研究假设 H7 - 3 也得到了完全验证。

二 伦理判断的调节作用分析

在本章研究中，调节作用分析包含三个主要步骤：一是判断自变量和调节变量影响因变量的主效应是否显著；二是判断自变量和调节变量的交互项影响因变量时是否显著；三是通过绘图方式判断调节变量是否能够调节自变量对因变量的影响。

表 7 - 6 结果显示，直接经验（自变量）和伦理判断（调节变量）都能显著地影响非伦理消费行为意愿（因变量）。这说明，直接经验和伦理判断影响非伦理消费行为意愿的主效应都是显著的。因此，随后可利用这两个变量的交互项继续做交互效应分析。

在交互效应分析中，以非伦理消费行为意愿为因变量，以直接经验、伦理判断以及二者的交互项为自变量，以人口统计学变量以及伦理情景为控制变量，构建回归方程（见表 7 - 7）。结果显示，该回归方程成立（$R^2 = 0.291$；F - v = 37.806；Sig. < 0.050）。

交互效应分析结果显示，直接经验和伦理判断的交互项影响非伦理消费行为意愿时对应的标准回归系数为 0.231，有显著的统计意义（Sig. < 0.050）。这一结果表明，直接经验和伦理判断在影响非伦理消费行为意愿时确实存在显著的交互效应。这就为调节作用

分析奠定了基础。

表 7 - 7　　　　　　伦理判断和直接经验的交互作用分析

自变量	回归系数	R^2	$F - v$
直接经验	0.246 *	0.291	37.806 *
伦理判断	− 0.102		
交互项	0.231 *		
婚姻 1	− 0.013		
婚姻 2	0.011		
学历 1	0.061		
学历 2	− 0.034		
年龄 1	0.080		
年龄 2	− 0.021		
年龄 3	− 0.042		
年龄 4	− 0.058		
年龄 5	0.074		
性别 1	− 0.060		
伦理情景 1	− 0.325 *		
伦理情景 2	− 0.068		
伦理情景 3	0.085		

注：＊表示 $p < 0.050$。

　　基于表 7 - 7 所示的交互效应模型绘制伦理判断调节作用示意图（见图 7 - 2）。结果显示，伦理判断水平高和伦理判断水平低所对应的两条直线明显有相交趋势，且在两种情况下，行为意愿均与直接经验呈正相关。其中，在伦理判断水平高时，行为意愿与直接经验正相关的程度更大。这表明，伦理判断可以显著调节直接经验对行为意愿的影响，且与伦理判断水平低的消费者相比，伦理判断水平高的消费者从事非伦理消费行为的意愿受直接经验影响程度更大，因而研究假设 H7 - 4 得到了完全验证。

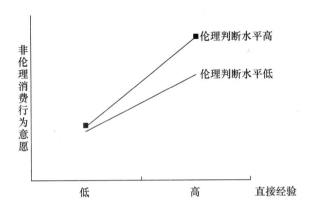

图 7 - 2 伦理判断对直接经验影响非伦理消费行为意愿的调节作用

第五节 结果讨论

本章研究再次证实了直接经验在非伦理消费行为意愿形成中的促进作用。不过,更有价值的是,就直接经验影响非伦理消费行为意愿的作用心理路径而言,本章研究另有一些新的重要发现。

前面已经提到,一直以来,消费伦理领域的研究成果非常一致地强调了伦理判断在个体伦理决策中的中心地位。以 H—V 伦理模型为代表的主流商业伦理模型认为,伦理决策影响因子一般都是通过伦理判断这个决策中间变量间接影响行为意愿的。本章研究发现,直接经验确实可以通过伦理判断的中介作用间接影响非伦理消费行为意愿,这一结果再次证实了伦理判断在消费伦理影响因子影响行为意愿中的中间桥梁作用,并为 H—V 伦理模型提供了有力的实证证据。

H—V 伦理理论还认为,在特定条件下,有的决策者基于对行为结果效用价值的渴求,舍弃了伦理判断标准而做出了非伦理的行为选择,从而导致了行为意愿和伦理判断之间的冲突(Vitell,

2003）。这就意味着，有一些消费伦理决策影响因子可以绕开伦理判断这个中间环节而直接作用于行为意愿。不过，实证研究中还未发现与此相关的证据。本章研究数据分析显示，直接经验这个个体属性变量在影响非伦理消费行为意愿时可以不需要伦理判断这个中间变量而直接实施影响。即在非伦理消费行为决策情景下，直接经验可以绕开伦理判断而直接作用于行为意愿。这一结论为 H—V 伦理模型提供了重要的支撑证据，这也是对消费伦理实证研究成果的重要发展和补充。

从现有研究成果看，与消费伦理实证研究相比，一般行为决策领域的实证研究为揭示直接经验影响个体决策的心理路径做出了更大的贡献。其中，最重要的一点在于，这些研究证实了行为经验影响行为意愿时具有同行为态度同等重要的决策中间变量一样的地位。也就是说，这些研究发现，直接经验也是行为意愿的直接预测变量。但这一结论仍然需要在伦理决策情境下继续予以检验。本章研究为此做出了贡献，并证实直接经验在影响非伦理消费行为意愿时的直接路径确实存在。

更为重要的是，本章研究还从伦理判断的视角将直接经验影响非伦理消费行为意愿的直接路径和间接路径结合起来做横向比较，结果发现，在非伦理消费行为决策情景下，与通过伦理判断间接路径传递的间接作用效应相比，直接经验影响行为意愿的直接路径所传递的直接效应占据了绝对的优势地位。这一结论从本质上进一步佐证了直接经验在促进非伦理消费行为意愿形成中的突出意义，更体现了直接经验在影响非伦理消费行为决策中的作用独特性，这也是消费伦理实证研究中的重要发现。

此外，消费伦理实证研究通常关注到了伦理判断对行为意愿的直接预测作用及其在其他影响因子影响行为意愿中的中介作用，而伦理判断在其他影响因子影响行为意愿中的调节效应没有受到重视，这个全新的角色有待揭示。本章研究填补了这一空缺，并发现，伦理判断可以显著调节直接经验对非伦理消费行为意愿的影响，且伦理判断水平越高，非伦理消费行为意愿受直接经验的正向影响越强烈。这意味着对于伦理判断水平越高的消费者来说，非伦理消费行为意愿的形成越离不开直接经验。

本章小结

本章共提出四个研究假设，均已得到验证。本章提出的四个研究问题也已得到解答。

概括而言，本章研究发现，随着直接经验积累程度的提升，消费者伦理判断水平有所降低，进而更有利于非伦理消费行为意愿的形成。也就是说，消费者所积累的直接经验可以通过降低其伦理判断水平而间接提升从事非伦理消费行为的意愿。

但与直接经验影响非伦理消费行为意愿的直接路径相比，这种间接路径所产生的实际效应非常微弱。直接经验影响非伦理消费行为意愿的作用效应绝大部分是通过直接路径传递的。与通过伦理判断实施影响的间接路径相比，直接路径始终占据了绝对主导的地位。

本章研究还发现，直接经验对非伦理消费行为意愿的影响还受伦理判断的显著调节，其中，与伦理判断水平低的消费者相比，伦理判断水平高的消费者在形成非伦理消费行为意愿时受直接经验影响的程度更大。

上述结论还可为企业营销实践和非伦理消费行为问题治理提供有益启示。尽管过去理论研究者和营销实践者不约而同地强调了基于传统价值标准的消费者道德教育以提高伦理判断水平的重要性，但本研究表明，在非伦理消费行为意愿的预测中，伦理判断的重要性不及直接经验，且直接经验对行为意愿的影响具有很大的独立性。因此比较而言，在非伦理消费行为治理中，营销者应将阻止消费者直接经验的获取作为首要任务予以考虑。

　　但这并不意味着道德教育失去了意义。第一，从中介效应角度看，道德教育有利于改善消费者的伦理判断水平，因而可从伦理判断这个中间环节切断直接经验通过降低伦理判断水平进而提升非伦理消费行为意愿的心理路径。第二，从调节效应角度看，伦理判断水平提高就意味着做出非伦理消费行为选择需要更为丰富的经验积累作为支撑，也就是提高了非伦理消费行为决策的门槛，因而可以将经验不太丰富的消费者拒之门外。因此，强化基于传统标准的道德教育仍非常必要。

　　此外，按照消费伦理理论的观点，消费者的经验积累之所以能绕开伦理判断对非伦理消费行为意愿产生直接影响，根本原因在于决策者对行为结果的渴求。这种行为其实是决策者在行为结果的强烈诱惑下放弃了道德矜持而做出的选择。也就是说，当得到的好处大于付出的成本时，就会放弃伦理道德（陆施予，2013）。因此，从降低行为结果诱惑性的角度采取措施也是非伦理消费行为治理的重要思路。例如，通过变换交易场景布局、改变常态业务范式、尝试新的营销手段等方法打破决策环境的稳定性，促使消费者更能意识到风险的存在和较高的机会成本，从而降低通过非伦理手段获利的欲望；同时还应为消费者提供更多理所当然的获利机会，让消费者渴求获得的行为结果通过正常渠道和方式也可以获得，从而避免"迫使"部分消费者为获利而犯错。

　　本章系统地剖析了伦理判断在直接经验影响非伦理消费行为意愿心理过程中所扮演的中介变量角色和调节变量角色，从伦理判断的视角揭示了直接经验影响非伦理消费行为决策的作用心理路径及其特征。那么，同样作为决策中间变量，感知风险又在直接经验影响非伦理消费行为意愿心理过程中扮演怎样的角色呢？这就是下一章将要剖析的主题。

第八章　直接经验作用心理路径研究：
基于感知风险视角

本章将实现如下研究目的：揭示感知风险在直接经验影响非伦理消费行为意愿中的中介作用；通过同直接经验影响非伦理消费行为意愿直接路径横向比较，评估感知风险中介作用的相对大小，揭示感知风险在传递直接经验作用效应中的价值；揭示感知风险在直接经验影响非伦理消费行为意愿中的调节作用，评估直接经验对非伦理消费行为意愿的影响受感知风险强化或削弱的程度；综合上述结果从一个崭新的视角揭示直接经验在非伦理消费行为决策中的突出影响力。

第一节　研究问题

由于具有根深蒂固的风险规避倾向（Dowling，1986），风险情景下的消费者特别需要利用已有的经验对潜在风险做出评估；而在社会奖惩调节机制作用下，违背了社会规范标准的非伦理消费行为必将面临结果的不确定性，即有被惩罚的风险。因此，揭示非伦理消费行为再犯决策中的直接经验作用心理路径应当考虑感知风险可能扮演的角色。况且，作为决策过程的重要一环，感知风险已被有效用于产品购买决策心理路径研究（Aghekyan‑Simonian，Forsythe，Kwon and Chattaraman，2012；Lowe，2010）。

不过，主流的商业伦理理论模型显示，伦理判断是构成伦理决策心理路径的最重要的中间环节（Hunt and Vitell，2006）；受此影响，在实证研究中以伦理判断为媒介变量构建决策心理路径并予以检验，已成为伦理影响因子作用心理机制研究的主导思路。但是，由于伦理判断反映的只是决策者针对行为本身伦理属性的主观评估状态，并不强调非伦理消费行为决策中的风险问题，因而使用该变量的常态研究思路无法揭示风险感知参与下的非伦理消费行为决策规律。

同伦理判断一样，作为个体决策心理过程的重要中间变量，感知风险对行为意愿的预测作用已经在消费伦理决策情景下得到验证。如前文所述，在预测行为意愿时，感知风险扮演了类似于伦理判断的角色。就变量本质而言，感知风险是构成非伦理消费行为决策心理过程的重要环节，而直接经验是反映决策者个体属性的特征变量。从逻辑上看，感知风险可同伦理判断一样在直接经验影响非伦理消费行为意愿中扮演中介变量和调节变量的角色。从感知风险角度揭示直接经验在非伦理消费行为决策中的作用心理路径也是一个全新的研究视角。为此，本章将从新的角度开展研究以延续第七章的研究脉络。

本章从综合理论模型（见图2-9）中节选部分模块构建如图8-1所示的假设模型。其中，虚线箭头表明的就是本章的主体内容。本章将重点回答如下几个问题：

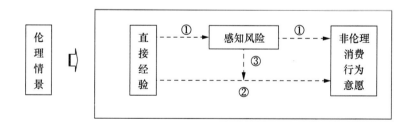

图8-1　本章研究的假设模型

（1）感知风险在直接经验影响非伦理消费行为意愿中是否可以发挥中介作用？（如图8-1中的虚线箭头①所示）（问题1）

（2）在感知风险作为中间变量参与影响时，直接经验是否可以直接影响非伦理消费行为意愿？（如图 8-1 中的虚线箭头②所示）（问题 2）

（3）当直接经验影响非伦理消费行为意愿的直接路径和感知风险间接路径同时存在时，通过直接路径传递的直接效应同通过感知风险间接路径传递的间接效应相比，哪个更为突出？（问题 3）

（4）在直接经验影响非伦理消费行为意愿的直接路径中，感知风险是否可以发挥调节作用？（如图 8-1 中的虚线箭头③所示）（问题 4）

本章将分别针对上述四个问题提出研究假设。其中，前三个问题与直接经验影响非伦理消费行为意愿心理路径以及感知风险的中介效应有关，后一个问题与感知风险在直接经验影响非伦理消费行为意愿中的调节作用相关。

第二节　研究假设

在产品购买决策研究中，有学者验证了感知风险与直接经验之间的显著负相关关系（Lee and Tan，2003），即直接经验越丰富，决策者的感知风险水平越低。另有学者验证了行为意愿与感知风险之间的负相关关系（Lopez-Nicolas and Molina-Castillo，2008），即感知风险水平越高，从事该行为的意愿越弱。在本书第五章和第六章的研究中，行为意愿与感知风险之间的这种负相关关系在非伦理消费行为决策情景下也得到了验证。

此外，还有学者揭示了感知风险在产品品牌形象、消费者创新等因素影响购买意愿或产品偏好中的中间变量角色（Alda's-Manzano，Lassala-Navarre，Ruiz-Mafe，Sanz-Blas，2009；Aghek-yan-Simonian et al.，2012）。特别是，Samadi 和 Yaghoob-Nejadi（2009）的研究证实，在线购物经验越丰富，消费者的风险感知水平越低，因而后续购买意愿越强烈。也就是说，感知风险在购物经验与后续购买意愿间发挥了重要的中介作用。

基于上述分析推断，在非伦理消费行为决策情景下，直接经验也可通过感知风险的中介作用间接影响行为意愿。进而提出如下假设：

H8 - 1：感知风险可在直接经验影响非伦理消费行为意愿时发挥中介作用。即直接经验越丰富，消费者的风险感知水平越低，因而从事非伦理消费行为的意愿越强烈。

有一些基于计划行为理论（Ajzen，1991）的研究成果显示，行为经验影响行为意愿时可不依赖中介变量（赵宝春，2012），因为行为经验也是行为意愿的直接预测因子（Conner and Armitage，1998）。本书第七章以伦理判断为决策中间变量的研究证实，在非伦理消费行为决策情景下，直接经验可直接影响非伦理消费行为意愿，不需要伦理判断的中介作用，且直接经验在非伦理消费行为意愿预测中的作用远大于伦理判断。这一结果进一步证明，在非伦理消费行为决策情景下，直接经验在行为意愿形成过程中的作用力非常突出，完全不需要借助其他变量的中介传递作用。

因此，在非伦理消费行为决策情景下，当感知风险参与影响时，直接经验也可能不必依赖这个决策中间环节而直接对行为意愿施加影响。由此提出如下假设：

H8 - 2：直接经验影响非伦理消费行为意愿时有直接路径存在。即直接经验可不需要感知风险的中介作用而直接影响消费者从事非伦理行为的意愿。

如前一章所述，有研究从不同心理路径传递作用效应相对大小的角度探讨了经验在影响个体决策中的作用特征。萨顿（1994）指出，在不断重复的情景或行为中，行为经验比行为态度等计划行为理论核心心理变量更能决定行为是否发生。康纳和麦克米兰（1999）更详细地解释说，在这样的场合，行为在很大程度上是基于个体习惯等潜在线索做出的自动反应，而计划行为理论所主张的行为态度等核心中介变量的影响则相对较弱。

在本书第七章的研究中，基于伦理判断与行为态度的同源性，提出了在非伦理消费行为决策情景下直接经验影响行为意愿时基于伦理判断的间接路径所传递的作用效应不及其通过直接路径传递的效应的研究假设，结果这一假设得到了证实。上述研究表明，从不同路径比较看，直接经验影响个体决策的作用效应主要依靠直接路径传递。这也从另一角度证实了直接经验在个体决策中的突出作用价值。

Tan（2002）在研究盗版产品购买决策规律时构建了"伦理决策的事项—风险—判断模型"（The Issue - Risk - Judgment Model of Ethical Decision Making）。在该模型中，感知风险被放在了与伦理判断相同的逻辑层次。这表明，在影响非伦理消费行为意愿时，感知风险可扮演同伦理判断类似的角色。因此，在非伦理消费行为决策情景下，当用感知风险取代伦理判断时，直接经验通过感知风险传递的间接效应也会不及其直接路径所传递的效应。由此提出假设：

H8 - 3：直接经验影响非伦理消费行为意愿的效应主要通过直接路径传递，基于感知风险间接路径传递的效应不及直接路径传递的效应。

感知风险可诱导风险降低行为（Yeung and Yee，2003）。当风险感知水平较高时，消费者就会试图采取行动以降低或规避风险（Yeung and Morris，2006）。很多研究显示，较低的风险感知水平同较低的警惕行为相连（Kreuter and Strecher，1995）；相反，提高个人的风险感知水平有利于后续风险防范的改善（Mahler，Fitzpatrick，Parke and Lapin，1997）。一般而言，风险感知水平越高，越需要采取防范或规避措施（Bauer，1960）。

还有研究发现，在面对风险时，消费者需要依赖直接经验、他人经验等信息做出决策（Cox，1967）。从根本上讲，不论是直接经验，还是他人经验，都是决策信息的重要来源，其本质都是为决策者提供更多的决策信息。即使消费者缺乏相关的知识，他们也会基于自身经验对风险做出比较性评估（Lofstedt and Renn，1997）。因此，消费者利用经验做出选择也是风险规避的一种方式。

简单地说，风险感知水平越高的消费者越有可能采取规避措施，而利用经验做出决策则是风险规避的一种具体方式。因此，基于更高的风险防范意识，与风险感知水平低的消费者相比，风险感知水平高的消费者在做出非伦理消费行为决策时会更强调对直接经验的倚重，因而直接经验对行为意愿的影响力更大。可见，直接经验影响非伦理消费行为意愿的程度受消费者的风险感知水平调节。由此提出如下假设：

H8 - 4：感知风险可以调节直接经验对非伦理消费行为意愿的影响。与风险感知水平低的消费者相比，对风险感知水平高的消费者而言，行为意愿受直接经验影响的程度更高。

第三节 研究方法

一 测量工具

在本章研究中，单因方差分析结果显示，调查对象在四类情景下的伦理信念水平有显著差异（$F - v = 3.805$，Sig. < 0.050）。这说明，四类伦理情景可被很好地区分，可用于跨伦理情景的研究。

本研究使用的直接经验、非伦理消费行为意愿和感知风险测量工具与前文相同（见表 8 - 1）。三个量表的 Cronbach α 系数分别为 0.872、0.886 和 0.787。

表 8 - 1　　　　　　　　　　潜变量及观察变量

潜变量	观察变量	因子负荷
直接经验	您曾有过这样的行为吗？	0.935
	您经常有这样的行为吗？	0.888

潜变量	观察变量	因子负荷
感知风险	通过这种方式购买的商品在经济上划算吗？	0.787
	这种行为带来经济损失的概率有多大？	0.743
	这种方式获得的商品存在质量问题的概率有多大？	0.614
	这种方式获得的商品质量不如正常购买商品的概率有多大？	0.619
	这种方式获得的商品会对身体造成伤害吗？	0.566
	与正常方式相比，此方式获得的商品更会造成身体伤害吗？	0.584
	这种行为方式与自己的形象匹配吗？	0.728
	这种行为有损自己的形象吗？	0.823
	这种行为可能改变他人对您的看法吗？	0.807
	这种行为可能有损他人对您的评价吗？	0.813
	对您而言，这种行为是否存在风险？	0.699
	这种行为给您带来风险的概率有多大？	0.635
行为意愿	如果是您，您愿意这样做吗？	0.935
	如果是您，您有多想这样做？	0.869

二 样本特征

本章研究共发放 450 份问卷，回收后剔除无效问卷，最后 280 份有效问卷用于正式分析。样本特征如表 8 - 2 所示。

表 8 - 2 样本人口统计学特征

人口统计学变量	百分比（%）
婚姻	
已婚	31.800（18.800，36.100，38.700，29.900）
单身	66.800（81.200，63.900，61.300，70.100）
其他	1.400（0.000，2.400，1.600，1.100）
学历	
高中及以下	26.900（14.600，22.900，43.500，25.300）
大专和大学	67.400（77.100，72.300，53.200，67.800）
研究生	5.700（8.300，4.800，3.200，6.900）
年龄	
≤17 岁	5.700（4.200，2.400，9.700，6.900）

续表

人口统计学变量	百分比（％）
18—22 岁	47.500（66.700，43.400，38.700，47.100）
23—30 岁	22.100（14.600，24.100，9.700，33.300）
31—40 岁	13.900（8.300，14.500，24.200，9.200）
41—50 岁	8.600（4.200，12.000，14.500，3.400）
≥51 岁	2.100（2.100，3.600，3.200，0.000）
性别	
男	53.200（56.300，57.800，33.900，60.900）
女	46.800（43.800，42.200，66.100，39.100）

三　数据检验

本研究所有观察变量因子负荷均高于 0.500 的临界标准（见表 8 - 1）。在此基础上继续检验复合信度（CR）和平均变异萃取值（AVE）等指标（见表 8 - 3）。结果发现，直接经验、感知风险和行为意愿的 CR 值均高于 0.700 的标准；AVE 值也都达到了 0.500 的标准。这表明量表测量具有较好的内部一致性。

此外，表 8 - 3 还显示，主要潜变量彼此间显著相关，且 AVE 值的平方根均高于相应的相关系数。这说明，各构念间的区分效度良好。上述结果综合显示，本研究量表具有良好的信度、聚合效度和区分效度。

表 8 - 3　　　　　　　　潜变量信效度指标及相关系数

潜变量	CR	AVE	1	2	3
行为意愿 1	0.898	0.815	（0.903）		
直接经验 2	0.908	0.831	0.559*	（0.912）	
感知风险 3	0.922	0.501	− 0.384*	− 0.308*	（0.707）

注：*表示 p < 0.050；括号中数据为 AVE 平方根。

第四节 数据分析

本章研究正式数据分析运用多元回归分析方法，主要用于直接经验影响非伦理消费行为意愿时感知风险的中介作用分析和调节作用分析，以分别检验四个研究假设。数据分析结果从中介作用和调节作用两个方面予以展示。

一 感知风险的中介作用分析

感知风险中间变量角色检验需要构建三个回归模型。其中，模型1为直接经验对非伦理消费行为意愿的影响（见表8-4）；模型2为直接经验对感知风险的影响（见表8-5）；模型3为直接经验和感知风险对非伦理消费行为意愿的共同影响（见表8-6）。

表8-4　　　　直接经验对非伦理消费行为意愿的影响

自变量	回归系数	R^2	F-v
直接经验	0.583*	0.375	41.261*
婚姻1	0.003		
婚姻2	0.007		
学历1	0.048		
学历2	0.122*		
年龄1	0.081		
年龄2	-0.040		
年龄3	0.027		
年龄4	-0.107*		
年龄5	-0.012		
性别1	-0.070		
情景1	-0.011		
情景2	-0.035		
情景3	0.221*		

注：*表示 $p < 0.050$。

在直接经验影响非伦理消费行为意愿的模型中，以非伦理消费行为意愿为因变量，以直接经验为自变量，以人口统计学变量和伦理情景为控制变量（见表 8 - 4）。结果显示，该模型成立（$R^2 = 0.375$；$F - v = 41.261$；$Sig. < 0.050$）。

表 8 - 4 还显示，直接经验显著影响非伦理消费行为意愿（$\beta = 0.583$；$Sig. < 0.050$）。这表明，在非伦理消费情景下，行为意愿与直接经验显著正相关。即直接经验越丰富，行为意愿越强烈。这一发现与前几章发现完全一致。

在直接经验影响感知风险的模型中，也以人口统计学变量和伦理情景为控制变量，以直接经验为自变量，以感知风险为因变量（见表 8 - 5）。结果显示，该模型成立（$R^2 = 0.095$；$F - v = 29.038$；$Sig. < 0.050$）。表 8 - 5 还显示，风险感知水平与直接经验显著负相关（$\beta = -0.308$；$Sig < 0.050$）。

表 8 - 5　　　　　　　　直接经验对感知风险的影响

自变量	回归系数	R^2	$F - v$
直接经验	- 0.308 *	0.095	29.038 *
婚姻 1	0.024		
婚姻 2	- 0.045		
学历 1	0.035		
学历 2	- 0.004		
年龄 1	- 0.053		
年龄 2	0.021		
年龄 3	- 0.001		
年龄 4	- 0.058		
年龄 5	0.070		
性别 1	- 0.011		
情景 1	0.041		
情景 2	- 0.084		
情景 3	- 0.041		

注：＊表示 $p < 0.050$。

在直接经验和感知风险共同影响非伦理消费行为意愿的模型中，依然以人口统计学变量和伦理情景为控制变量，但自变量包含直接经验和感知风险（见表 8-6）。结果显示，该模型也成立（$R^2 = 0.423$；$F-v = 40.233$；$Sig. < 0.050$）。

表 8-6 还显示，直接经验和感知风险都能显著影响非伦理消费行为意愿。其中，行为意愿与直接经验显著正相关（$\beta = 0.509$；$Sig. < 0.050$），与感知风险显著负相关（$\beta = -0.232$；$Sig. < 0.050$）。这表明，当直接经验和感知风险同步影响非伦理消费行为意愿时，直接经验的作用力更大。

表 8-6 直接经验和感知风险对非伦理消费行为意愿的共同影响

自变量	回归系数	R^2	$F-v$
直接经验	0.509 *	0.423	40.233 *
感知风险	-0.232 *		
婚姻 1	0.017		
婚姻 2	-0.013		
学历 1	0.081		
学历 2	0.118 *		
年龄 1	0.065		
年龄 2	-0.040		
年龄 3	0.023		
年龄 4	-0.120 *		
年龄 5	0.004		
性别 1	-0.074		
情景 1	-0.004		
情景 2	-0.062		
情景 3	0.213 *		

注：* 表示 $p < 0.050$。

表 8-4 中直接经验的标准回归系数为 0.583，表 8-6 中直接经验的标准回归系数为 0.509，这表明直接经验影响非伦理消费行

为意愿的总效应为 0.583，而直接效应为 0.509，由此可以得出直接经验依赖感知风险影响非伦理消费行为意愿的间接效应为 0.074。进一步做 Z 检验发现，直接经验的间接效应有效（Z = 3.654；Sig. < 0.050）。

表 8 - 6 显示，非伦理消费行为意愿与感知风险显著负相关；而表 8 - 5 显示，感知风险与直接经验显著负相关；再加上直接经验通过感知风险影响非伦理消费行为意愿的间接效应有效。这些结果综合表明，直接经验可通过降低感知风险而提升非伦理消费行为意愿。因此，研究假设 H1 得到了完全验证。

表 8 - 6 还显示，直接经验回归系数显著。这意味着，在非伦理消费情景下，直接经验影响行为意愿的直接效应有显著性，因此研究假设 H8 - 2 也得到了完全验证。

进一步比较分析即可发现，直接经验通过感知风险施加影响的间接效应只占总体效应的 12.693%，直接效应则占 87.307%。这表明，在直接经验影响非伦理消费行为意愿的作用路径中，直接路径占绝对主导地位，而基于感知风险的间接路径只是补充。因此，研究假设 H3 也得到了完全验证。

二　感知风险的调节作用分析

本章研究调节作用分析分三步进行：一是判断自变量（直接经验）和调节变量（感知风险）影响因变量（非伦理消费行为意愿）的主效应是否显著；二是判断自变量和调节变量的交互项影响因变量时是否显著；三是通过绘图方式判断调节变量是否能够调节自变量对因变量的影响。

表 8 - 6 主效应分析显示，自变量直接经验和调节变量感知风险都能显著影响因变量非伦理消费行为意愿。这说明，直接经验和感知风险影响非伦理消费行为意愿时的主效应都是显著的。因此，随后可利用这两个变量的交互项继续做交互效应分析。

在交互效应分析中，以非伦理消费行为意愿为因变量，以直接经验、感知风险以及二者的交互项为自变量，以伦理情景为控制变量,构建回归方程(见表 8 – 7)。结果显示,该回归方程成立($R^2 =$ 0.434;F – v = 34.891;Sig. < 0.050)。

表 8 – 7   直接经验与感知风险的交互效应

自变量	回归系数	R^2	F – v
直接经验	0.512*	0.434	34.891*
感知风险	– 0.228*		
交互项	0.104*		
婚姻1	0.014		
婚姻2	– 0.009		
学历1	0.044		
学历2	0.123*		
年龄1	0.057		
年龄2	– 0.041		
年龄3	0.033		
年龄4	– 0.120*		
年龄5	0.001		
性别1	– 0.076		
情景1	0.006		
情景2	– 0.075		
情景3	0.208*		

注: * 表示 p < 0.050。

交互效应分析结果还显示,直接经验和感知风险的交互项影响非伦理消费行为意愿时对应的标准回归系数为 0.104(Sig. < 0.050),有显著的统计意义。这一结果表明,直接经验和感知风险在影响非伦理消费行为意愿时确实存在显著的交互效应,这就为后续的调节作用分析奠定了基础。

绘制感知风险调节直接经验影响非伦理消费行为意愿坐标示意图(见图 8 – 2)。结果显示,"风险感知水平低"和"风险感知水平高"所对应的两条直线明显交叉。这表明,感知风险能够显著调

节直接经验对非伦理消费行为意愿的影响。两条直线均向右上角抬
起，且从"风险感知水平低"到"风险感知水平高"，直线仰角逐
渐升高。这表明，伴随感知风险水平的提高，直接经验对非伦理消
费行为意愿的正向影响逐渐加剧。换言之，伴随风险感知水平的提
高，消费者形成非伦理消费行为意愿时对直接经验的依赖性在
增强。

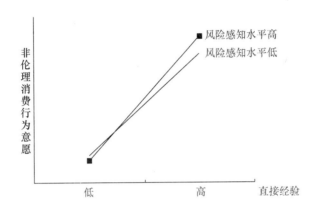

图 8 - 2　感知风险对直接经验影响非伦理消费行为意愿的调节作用

上述结果表明，风险感知水平越高，非伦理消费行为意愿受直
接经验的正面影响越强，即感知风险在直接经验影响非伦理消费行
为意愿中发挥了调节作用。因此，研究假设 H8 - 4 得到了完全
验证。

第五节　结果讨论

在消费伦理研究领域，伦理判断在揭示行为决策机制中的重要
意义受到特别强调是不言而喻的。伦理判断在消费伦理行为决策心
理过程中的中心地位为深入揭示消费伦理决策影响因子作用心理路

径提供了重要思路。不过，客观而言，这种传统观点太过统一，也在一定程度上禁锢了开辟其他研究思路的创新思维。

本章研究抛开了伦理判断这个传统的伦理决策中间变量，基于风险理论的观点，将感知风险这个决策中间变量引入，用于取代伦理判断，并系统检验和证实了感知风险在直接经验影响非伦理消费行为意愿心理路径中的中介效应和调节效应，为解释非伦理消费行为决策机制贡献了一个重要的心理介质变量，这是对消费伦理领域现有研究思路的重要拓展。

就感知风险而言，过去立足于产品购买决策情景下的实证研究关注了直接经验对消费者风险感知水平的影响（Ueltschy, Krampf and Yannopoulos, 2004；Lee and Tan, 2003；Samadi and Yaghoob - Nejadi, 2009），以及感知风险对行为意愿的影响（Tan, 2002；Donthu, 1999；Lin, 2008）。但还未有研究从心理路径的角度将三者结合起来，以深入揭示感知风险在个体决策形成心理过程中的角色。少数针对包含伦理成分的决策情景下的研究也未能在此方面做出贡献（Fraedrich and Ferrell, 1992；Chen and Chang, 2013；Liao, Lin and Liu, 2010；Tan, 2002）。而本项研究正好弥补了这一不足。

本章研究结果显示，感知风险在直接经验影响非伦理消费行为意愿中可以发挥显著的中介作用。具体而言，直接经验可通过降低决策者的风险感知水平而促进其非伦理消费行为意愿的形成。这一结论为揭示直接经验在非伦理消费行为决策中的作用机制提供了一个全新的心理路径，也是对行为经验理论和消费伦理理论的重要补充和发展。

本章研究基于感知风险路径的中介作用分析还发现，与通过感知风险这个中间变量间接影响非伦理消费行为意愿的间接效应相比，直接经验影响非伦理消费行为意愿的直接路径所传递的效应依然占据主导地位，这进一步支持了前面几章研究所获得的结论。即在影响非伦理消费行为意愿形成中，直接经验的作用非常突出。而从作用心理路径的角度看，感知风险扮演了同伦理判断相似的角色。

　　过去，还有几个研究关注感知风险在原因变量影响产品购买决策中的调节作用（Stewart，1999；Lowe，2010）。但直接经验对消费行为决策的影响是否也受感知风险的调节？这个问题还没有得到研究。尤其在非伦理消费行为决策情景下，这依然有待检验。本研究发现，在非伦理消费行为决策情景下，感知风险可显著调节直接经验对行为意愿的影响。而且，随着风险感知水平的提升，非伦理消费行为意愿受直接经验的正向影响也会增大。也就是说，风险感知水平越高的消费者形成非伦理消费行为意愿时对直接经验的依赖程度越大。这是揭示直接经验影响非伦理消费行为决策内在机制研究中的重要发现。

　　将感知风险中介效应和调节效应结合起来分析就能发现，在非伦理消费行为决策情景下，消费者前期经验（直接经验）的积累程度主要通过直接路径影响其行为意愿的形成，但即使如此，直接经验对非伦理消费行为意愿的影响依然与感知风险有关。具体而言，直接经验可依赖感知风险间接影响非伦理消费行为意愿，这是传递作用效应的次要路径。与此同时，直接经验还可直接影响非伦理消费行为意愿，这是传递作用效应的主要路径，但这一主要路径依然逃脱不了感知风险的影响，在此情况下，感知风险还能以另一种方式发挥影响，即调节作用。这也是消费伦理研究领域和行为经验研究领域的新发现。

本章小结

　　本章共提出四个研究假设，均已得到验证。本章提出的四个研究问题也已得到解答。

　　从总体上看，伴随直接经验积累程度的提升，消费者在特定情境下的风险感知水平会有所降低，作为后续的结果，其从事非伦理消费行为的意愿也会有所提高。这就是说，直接经验可通过降低风险感知水平而间接提升非伦理消费行为意愿。

本章研究还发现，与直接经验影响非伦理消费行为意愿的直接路径相比，直接经验通过感知风险对非伦理消费行为意愿施加影响的间接路径所产生的实际效应非常微弱，传递作用效应的直接路径仍然是直接经验影响非伦理消费行为意愿的主要路径。

此外，在本章研究中，感知风险在直接经验影响非伦理消费行为意愿中的调节效应也被证实。具体而言，与风险感知水平低的消费者相比，风险感知水平高的消费者从事非伦理消费行为的意愿受直接经验正向影响的程度更大。

简言之，本章研究发现，直接经验在影响非伦理消费行为意愿时可以通过感知风险这个中间变量产生间接效应，但影响非伦理消费伦理行为意愿的效用主要依靠直接路径传递；不过，在直接路径中，直接经验的作用效应仍逃脱不了感知风险的调节。这些结论不仅丰富了消费伦理理论和风险感知理论，还为非伦理消费行为治理实践提供了启示。

作为企业营销者，一是需要抑制消费者非伦理行为经验的产生；二是要降低消费者顺利使用直接经验做出决策的机会；三是通过提高非伦理消费行为处罚力度来增强风险感知水平，还可通过增加技术手段以提高非伦理消费行为识破和鉴别能力，从而提升非伦理消费行为被发现的可能性。

本章系统地剖析了感知风险在直接经验影响非伦理消费行为意愿心理过程中所扮演的中介变量角色和调节变量角色，从感知风险的视角揭示了直接经验影响非伦理消费行为决策的作用心理路径及其特征。那么，当伦理判断和感知风险两个决策中间变量同步存在的条件下，直接经验影响非伦理消费行为意愿的心理路径又表现出怎样的规律和特征呢？后一章将深入探讨这一问题。

第九章　直接经验作用心理路径研究：
基于综合比较视角

　　本章将实现如下研究目的：在伦理判断和感知风险同步存在的条件下（综合比较视角），揭示伦理判断和感知风险在直接经验影响非伦理消费行为意愿中的中介作用；通过同直接经验影响非伦理消费行为意愿直接路径横向比较，评估伦理判断和感知风险中介作用的相对大小；揭示伦理判断和感知风险在直接经验影响非伦理消费行为意愿中的调节作用，评估直接经验对非伦理消费行为意愿的影响受伦理判断和感知风险调节的程度；综合上述结果从一个全新的视角揭示直接经验在非伦理消费行为决策中的突出价值。

第一节　研究问题

　　消费伦理理论和感知风险理论两个领域的研究成果分别显示，伦理判断和感知风险都是揭示个体决策影响因子作用心理机制的重要决策中间变量。如第六章所述，就具体的决策者个体而言，在其决策过程中不可能将依托伦理标准做出选择和依托风险标准做出选择两个过程生硬地割裂开来，基于两种判断标准的决策过程必然会融合在一起，共同为决策过程服务，并通过行为意愿等决策结果变量而得以体现。也就是说，在直接经验影响非伦理消费行为意愿的心理路径中，伦理判断和感知风险必然同步进行。

　　本书第七章和第八章研究分别从伦理判断视角和感知风险视角

独自探讨了这两个重要变量在直接经验影响非伦理消费行为意愿中所发挥的中介作用和调节作用，从两个不同的视角揭示了直接经验影响非伦理消费行为决策的心理路径特征和规律。从商业伦理实证研究现状看，尽管有的研究已将伦理判断和感知风险同步引入决策心理过程中（Tan，2002），但目前还没有研究在双变量并存条件下揭示影响因子（例如，直接经验）在非伦理消费行为决策过程中的作用心理路径特征。为此，本章将在伦理判断和感知风险并存的状态下开展研究。

本章从综合理论模型（见图2－9）中节选部分模块构建如图9－1所示的假设模型。其中虚线箭头表明的即是本章的主体研究内容。包括如下五个方面：

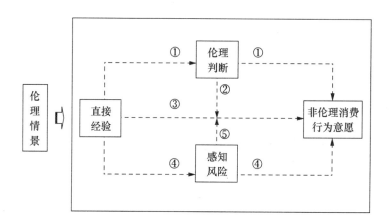

图9－1　本章研究假设模型

（1）直接经验通过伦理判断影响非伦理消费行为意愿的间接效应（如图9－1中的虚线箭头①所示）；

（2）直接经验影响非伦理消费行为意愿中的直接效应（如图9－1中的虚线箭头③所示）；

（3）伦理判断对直接经验影响非伦理消费行为意愿的调节作用（如图9－1中的虚线箭头②所示）；

（4）直接经验通过感知风险影响非伦理消费行为意愿的间接效应（如图9-1中的虚线箭头④所示）；

（5）感知风险对直接经验影响非伦理消费行为意愿的调节作用（如图9-1中的虚线箭头⑤所示）。

基于上述内容研究将回答以下问题：

（1）在伦理判断和感知风险并存的条件下，直接经验通过伦理判断影响非伦理消费行为意愿的间接效应是否显著？（问题1）

（2）在伦理判断和感知风险并存的条件下，直接经验通过感知风险影响非伦理消费行为意愿的间接效应是否显著？（问题2）

（3）在伦理判断和感知风险并存的条件下，直接经验通过伦理判断和感知风险影响非伦理消费行为意愿的间接效应呈现了怎样的差异？（问题3）

（4）在伦理判断和感知风险并存的条件下，直接经验通过伦理判断和感知风险影响非伦理消费行为意愿的间接效应与直接效应之间相比，呈现何种差异？（问题4）

（5）与单一变量研究（第七章和第八章）相比，在伦理判断和感知风险并存的混合作用条件下，伦理判断和感知风险的中介作用发生了怎样的变化？（问题5）

（6）在伦理判断和感知风险并存的条件下，伦理判断和感知风险是否依然可以调节直接经验对非伦理消费行为意愿的影响？（问题6）

（7）在伦理判断和感知风险并存的条件下，伦理判断和感知风险的调节作用有何差异？（问题7）

（8）与单一变量研究相比，在伦理判断和感知风险并存条件下，伦理判断和感知风险的调节作用分别呈现了怎样的变化？（问题8）

第二节　研究假设

　　基于计划行为理论同 H—V 伦理模型的比较分析，本书第七章推导出了直接经验可以不需伦理判断的中介作用而直接影响非伦理消费行为意愿的判断，数据分析结果也证实了这一点。而本书第八章研究则证实了在感知风险存在的条件下，直接经验也可直接影响非伦理消费行为意愿。因此，有理由相信，在伦理判断和感知风险同步存在的情况下，直接经验依然可以对非伦理消费行为意愿产生直接影响。由此提出如下研究假设：

　　H9 - 1：在伦理判断和感知风险并存的状态下，直接经验仍可直接影响消费者从事非伦理行为的意愿。即直接经验影响非伦理消费行为意愿的直接路径依然存在。

　　前文已经反复强调，一般情况下，消费伦理影响因子可以通过伦理判断间接影响非伦理消费行为意愿。本书第七章研究已经证实，直接经验确实可以通过伦理判断对非伦理消费行为意愿施加间接影响。而同样作为重要的决策中间变量，感知风险也能扮演同伦理判断类似的角色。本书第八章的研究已证实，直接经验也可通过感知风险这个中间变量间接影响非伦理消费行为意愿。

　　因此，有理由相信，当将这两个决策中间变量同步引入决策心理流程中，二者都能在直接经验影响非伦理消费行为意愿中发挥中间桥梁作用。基于第七章和第八章相应研究假设的推导思路和文献依据，本章提出如下两个研究假设：

　　H9 - 2：在伦理判断和感知风险并存的状态下，直接经验依然可以通过伦理判断间接影响消费者从事非伦理消费行为的意愿。

　　H9 - 3：在伦理判断和感知风险并存的状态下，直接经验依然可以通过感知风险间接影响消费者从事非伦理消费行为的意愿。

　　第七章研究结论还显示，直接经验对非伦理消费行为意愿的影响还受到伦理判断的调节，而第八章研究结论显示，感知风险也可以显著调节直接经验对非伦理消费行为意愿的影响。基于同样的推理思路，本章提出如下两个研究假设：

H9 - 4：在伦理判断和感知风险并存的状态下，伦理判断依然可以调节直接经验对非伦理消费行为意愿的影响。

H9 - 5：在伦理判断和感知风险并存的状态下，感知风险依然可以调节直接经验对非伦理消费行为意愿的影响。

第三节　研究方法

一　测量工具

本章研究单因方差分析结果显示，调查对象在四类情景下的消费伦理信念水平有显著差异（$F - v = 8.136$；$Sig. < 0.050$），说明上述四类行为具有不同程度的伦理成分，四类伦理情景可以被很好地区分，可用于跨伦理情景的研究。

在本研究中，直接经验、非伦理消费行为意愿、伦理判断和感知风险测量工具与前文相同（见表 9 - 1）。四个量表的 Cronbach α 系数分别为 0.833、0.834、0.769 和 0.910。

表 9 - 1　　　　　　　　　潜变量及观察变量

潜变量	观察变量	因子负荷
行为意愿	如果是您，您愿意这样做吗？	0.912
	如果是您，您有多想这样做？	0.912
感知风险	通过这种方式购买的商品在经济上划算吗？	0.922
	这种行为带来经济损失的概率有多大？	0.914
	这种方式获得的商品存在质量问题的概率有多大？	0.881
	这种方式获得的商品质量不如正常购买商品的概率有多大？	0.906
	这种方式获得的商品会对身体造成伤害吗？	0.881

续表

潜变量	观察变量	因子负荷
感知风险	与正常方式相比，此方式获得的商品更会造成身体伤害吗？	0.872
	这种行为方式与自己的形象匹配吗？	0.862
	这种行为有损自己的形象吗？	0.883
	这种行为可能改变他人对您的看法吗？	0.875
	这种行为可能有损他人对您的评价吗？	0.912
直接经验	您曾有过这样的行为吗？	0.915
	您经常有这样的行为吗？	0.909
伦理判断	这种行为消费者是主动的吗？	0.947
	只要主动就可达到自己的目的吗？	0.938
	这种行为违法吗？	0.907
	有与此类行为相关的法律规范吗？	0.855
	这种行为会对他人带来损害吗？	0.846
	这种行为给他人带来损害的程度有多大？	0.556

注：感知风险有两个测量题项在信度分析中被剔除。

二 样本特征

本章研究共发放 700 份问卷，回收后剔除无效问卷，最后 490 份有效问卷用于正式分析。样本特征见表 9 - 2。

表 9 - 2　　　　　　　样本人口统计学特征

人口统计学变量	百分比（%）
婚姻	
已婚	22.900（14.000，24.200，39.400，15.900）
单身	75.900（86.000，73.400，60.600，81.800）
其他	1.200（0.000，2.300，0.000，2.300）
学历	
高中及以下	25.100（19.000，20.300，31.200，30.300）
大专和大学	70.000（76.000，73.400，68.800，62.100）
研究生	4.900（5.000，6.300，0.000，7.600）

续表

人口统计学变量	百分比（%）
年龄	
≤17 岁	9.000（5.800，8.600，14.700，7.600）
18—22 岁	53.900（71.900，56.900，40.400，55.300）
23—30 岁	22.900（17.400，27.300，17.400，28.000）
31—40 岁	6.500（3.300，8.600，11.900，3.000）
41—50 岁	7.100（1.700，7.000，15.600，5.300）
≥51 岁	0.600（0.000，1.600，0.000，0.800）
性别	
男	54.500（45.500，63.300，54.100，54.500）
女	45.500（54.500，36.700，45.900，45.500）

三　数据检验

本章研究信度测量中，CR 值均高于 0.700 的标准，AVE 值也都达到了 0.500 的标准（见表 9－3），这表明量表测量具有较好的内部一致性；且潜变量各观察项因子负荷均大于 0.500 标准（见表 9－1），说明量表测量有较好的聚合效度。此外，各潜变量之间均显著相关，且 AVE 值的平方根大于相应的相关系数，这说明各变量之间有较好的区分效度。这些结果综合表明，本章研究量表有良好的信度、聚合效度和区分效度。

表 9－3　　　　　　　　　潜变量信效度及相关系数

潜变量	CR	AVE	1	2	3	4
行为意愿 1	0.908	0.832	(0.912)			
感知风险 2	0.975	0.794	−0.277*	(0.891)		
直接经验 3	0.908	0.832	0.301*	−0.228*	(0.912)	
伦理判断 4	0.939	0.756	−0.225*	0.316*	−0.178*	(0.870)

注：＊表示 $p < 0.050$；括号中数据为 AVE 平方根。

第四节　数据分析

本章正式数据分析主要运用多元回归分析方法，该方法用于直接经验影响非伦理消费行为意愿时的直接效应分析（研究假设 H9 - 1）、伦理判断的中介作用分析（研究假设 H9 - 2）和调节作用分析（研究假设 H9 - 4），以及感知风险的中介作用分析（研究假设 H9 - 3）和调节作用分析（研究假设 H9 - 5）。数据分析结果将从中介效应和调节效应两个方面予以展示。

一　伦理判断与感知风险的中介作用分析

为系统检验伦理判断和感知风险在直接经验影响非伦理消费行为意愿中所发挥的中介效应，依次构建四个回归方程，分别实现如下目的：一是检验直接经验对非伦理消费行为意愿的影响；二是检验直接经验对伦理判断的影响；三是检验直接经验对感知风险的影响；四是检验直接经验和伦理判断及感知风险对非伦理消费行为意愿的同步影响。

在直接经验影响非伦理消费行为意愿分析中，以非伦理消费行为意愿为因变量，以直接经验为自变量，以人口统计学变量和伦理情景为控制变量，构建回归模型（见表 9 - 4）。结果显示，该模型成立（$R^2 = 0.247$；$F - v = 39.780$；$Sig. < 0.050$）。

表 9 - 4 的结果还显示，直接经验单独也能显著影响非伦理消费行为意愿，且非伦理消费行为意愿与直接经验显著正相关（$\beta = 0.254$；$Sig. < 0.050$）。这表明，直接经验越丰富的消费者，从事非伦理消费行为的意愿越强烈。这一结果进一步印证了直接经验对非伦理消费行为意愿的促进作用。

在直接经验影响伦理判断的分析中，以伦理判断为因变量，以直接经验和感知风险为自变量，以人口统计学变量和伦理情景为控制变量，构建回归模型（见表 9 - 5）。结果显示，该模型成立

表 9 - 4   直接经验对非伦理消费行为意愿的影响

自变量	回归系数	R^2	F - v
直接经验	0.254 *	0.247	39.780 *
婚姻 1	- 0.037		
婚姻 2	0.028		
学历 1	0.008		
学历 2	0.034		
年龄 1	0.059		
年龄 2	- 0.013		
年龄 3	- 0.068		
年龄 4	- 0.114 *		
年龄 5	0.062		
性别 1	- 0.028		
伦理情景 1	- 0.316 *		
伦理情景 2	- 0.028		
伦理情景 3	0.111 *		

注：* 表示 $p < 0.050$。

表 9 - 5   直接经验对伦理判断的影响

自变量	回归系数	R^2	F - v
直接经验	- 0.185 *	0.160	18.443 *
感知风险	0.274 *		
婚姻 1	- 0.015		
婚姻 2	0.029		
学历 1	- 0.022		
学历 2	- 0.001		
年龄 1	- 0.094 *		
年龄 2	- 0.012		
年龄 3	0.038		
年龄 4	0.046		
年龄 5	0.073		
性别 1	- 0.046		
伦理情景 1	- 0.115 *		
伦理情景 2	- 0.226 *		
伦理情景 3	- 0.037		

注：* 表示 $p < 0.050$。

（$R^2 = 0.160$；$F - v = 18.443$；Sig. < 0.050）。

表 9 - 5 显示，直接经验能显著影响伦理判断，且伦理判断与直接经验显著负相关（$\beta = -0.185$；Sig. < 0.050）。这表明，直接经验越丰富的消费者，伦理判断水平越低。这一结果与前几章结果一致。

在直接经验影响感知风险的分析中，以感知风险为因变量，以直接经验和伦理判断为自变量，以人口统计学变量和伦理情景为控制变量，构建回归模型（见表 9 - 6）。结果显示，该模型成立（$R^2 = 0.145$；$F - v = 27.429$；Sig. < 0.050）。

表 9 - 6 显示，直接经验能显著影响感知风险，且感知风险与直接经验显著负相关（$\beta = -0.180$；Sig. < 0.050）。这表明，直接经验越丰富的消费者，感知风险水平越低。这一结果也与前几章结果一致。

表 9 - 6 　　　　　　　　直接经验对感知风险的影响

自变量	回归系数	R^2	$F - v$
直接经验	-0.180 *	0.145	27.429 *
伦理判断	0.290 *		
婚姻 1	-0.032		
婚姻 2	0.029		
学历 1	-0.070		
学历 2	0.033		
年龄 1	-0.058		
年龄 2	0.075		
年龄 3	-0.002		
年龄 4	-0.067		
年龄 5	-0.011		
性别 1	0.051		
伦理情景 1	0.090		
伦理情景 2	-0.079		
伦理情景 3	-0.120 *		

注： * 表示 $p < 0.050$。

在直接经验和伦理判断及感知风险同步影响非伦理消费行为意愿的分析中，以非伦理消费行为意愿为因变量，以直接经验、伦理判断和感知风险为自变量，以人口统计学变量和伦理情景为控制变量，构建回归模型（见表9－7）。结果显示，该模型成立（$R^2 = 0.288$；$F-v = 32.623$；Sig. < 0.050）。

表9－7还显示，直接经验、伦理判断和感知风险都能显著影响非伦理消费行为意愿。其中，非伦理消费行为意愿与直接经验显著正相关（$\beta = 0.206$；Sig. < 0.050），与伦理判断显著负相关（$\beta = -0.127$；Sig. < 0.050），与感知风险也显著负相关（$\beta = -0.133$；Sig. < 0.050）。

表9－7 直接经验、伦理判断和感知风险对非伦理消费行为意愿的影响

自变量	回归系数	R^2	$F-v$
直接经验	0.206*	0.288	32.623*
伦理判断	-0.127*		
感知风险	-0.133*		
婚姻1	-0.043		
婚姻2	0.036		
学历1	-0.011		
学历2	0.042		
年龄1	0.035		
年龄2	0.003		
年龄3	-0.059		
年龄4	-0.117*		
年龄5	0.049		
性别1	-0.028		
伦理情景1	-0.368*		
伦理情景2	-0.032		
伦理情景3	0.108*		

注：*表示 p < 0.050。

　　上述结果表明，在直接经验、伦理判断和感知风险共同作用条件下，直接经验越丰富的消费者从事非伦理消费行为的意愿越高；而伦理判断水平越高的消费者从事非伦理消费行为的意愿越低；风险感知水平越高的消费者从事非伦理消费行为的意愿也越低。

　　综合表9-4、表9-5、表9-6和表9-7可以发现，在伦理判断和感知风险并存的条件下，直接经验影响非伦理消费行为意愿的直接效应为0.206，有显著的统计学意义（见表9-7），因此研究假设H9-1得到了完全验证。

　　基于上述结果计算可以发现，通过伦理判断施加影响的间接效应为0.024。进一步做Z检验发现，通过伦理判断传递的间接效应对应的Z值为2.455（Sig. < 0.050），有显著性。这一结果表明，在伦理判断和感知风险并存的条件下，直接经验通过伦理判断对非伦理消费行为意愿施加的间接影响有效。因此，研究假设H9-2得到完全验证。

　　基于同样的方法计算可以发现，直接经验通过感知风险施加的间接作用效应为0.024。Z检验结果显示，直接经验通过感知风险传递的间接效应所对应的Z值为3.387（Sig. < 0.050），有显著的统计意义。这一结果表明，在伦理判断和感知风险并存的条件下，直接经验通过感知风险对非伦理消费行为意愿施加的间接影响也是显著存在的。因此，研究假设H9-3也得到了完全验证。

　　概括起来，上述结果表明，在伦理判断和感知风险同步存在的前提下，直接经验影响非伦理消费意愿的直接路径以及伦理判断间接路径和感知风险间接路径依然有效。

　　比较而言，直接经验通过直接路径传递的作用效应占总效应的81.102%，通过伦理判断间接路径和感知风险间接路径传递的间接效应各占总体效应的9.449%。因此，在伦理判断和感知风险并存的条件下，直接经验影响非伦理消费行为意愿的直接效应依然占据绝对主导地位；感知风险间接路径和伦理判断间接路径均处于次要地位。

二　伦理判断与感知风险的调节作用分析

调节作用分析依然包含三个步骤：

第一步，判断直接经验、伦理判断和感知风险影响非伦理消费行为意愿的主效应是否显著；

第二步，判断直接经验与伦理判断的交互项和直接经验与感知风险的交互项是否显著影响非伦理消费行为意愿；

第三步，通过绘图方式判断伦理判断和感知风险是否显著调节直接经验对非伦理消费行为意愿的影响。

表9-7显示的是主效应分析结果，可见，直接经验、伦理判断和感知风险同步作用下都能显著影响非伦理消费行为意愿。这表明，直接经验、伦理判断和感知风险同步影响非伦理消费行为意愿的主效应显著，接下来可以利用交互项开展后续的交互效应分析。

在交互效应分析中，以非伦理消费行为意愿为因变量，以直接经验、伦理判断、感知风险，以及直接经验分别与伦理判断和感知风险的交互项为自变量，以人口统计学变量和伦理情景为控制变量，构建回归模型（见表9-8）。结果显示，该模型成立（$R^2 = 0.327$；$F-v = 29.253$；$Sig. < 0.050$）。

表9-8显示，直接经验和伦理判断的交互项影响非伦理消费行为意愿时所对应的标准回归系数为0.437（$Sig. < 0.050$），有显著的统计意义。这一结果表明，在伦理判断和感知风险并存的条件下，直接经验和伦理判断在影响非伦理消费行为意愿时的交互效应显著存在。

表9-8还显示，直接经验和感知风险交互项对应的标准回归系数为0.414（$Sig. < 0.050$），也有显著统计意义。这一结果表明，在伦理判断和感知风险并存的条件下，直接经验和感知风险在影响非伦理消费行为意愿时的交互效应也显著存在。

概括起来，上述结果表明，在伦理判断和感知风险并存的条件下，直接经验同伦理判断和感知风险的交互项都能显著影响非伦理消费行为意愿。因此，可以继续进行伦理判断和感知风险在直接经验影响非伦理消费行为意愿中的调节作用分析。

表 9-8 　　　　　直接经验与伦理判断和感知风险影响
非伦理消费行为意愿的交互效应分析

自变量	回归系数	R^2	$F-v$
直接经验	-0.580*	0.327	29.253*
伦理判断	-0.270*		
感知风险	-0.330*		
经验判断交互	0.437*		
经验风险交互	0.414*		
婚姻 1	-0.043		
婚姻 2	0.038		
学历 1	-0.021		
学历 2	0.045		
年龄 1	0.031		
年龄 2	0.004		
年龄 3	-0.051		
年龄 4	-0.123*		
年龄 5	0.037		
性别 1	-0.042		
伦理情景 1	-0.252*		
伦理情景 2	-0.043		
伦理情景 3	0.094*		

注：*表示 $p < 0.050$。

基于表 9-8 绘制伦理判断调节直接经验影响非伦理消费行为意
愿的示意图（见图 9-2）。结果显示；伦理判断水平高和伦理判断
水平低所对应的直线有明显交叉趋势。这说明，伦理判断能够显著
调节直接经验对非伦理消费行为意愿的影响。

图 9-2 还显示，伦理判断水平高和伦理判断水平低两条直线均

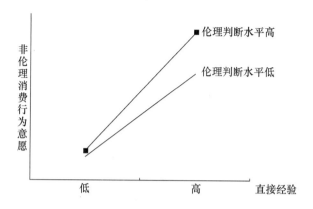

图 9 - 2　伦理判断在直接经验影响非伦理消费行为意愿中的调节作用

向右上方抬起，且伦理判断水平高对应的直线抬起角度更大。这说明，无论伦理判断水平高低，直接经验都有利于非伦理消费行为意愿的形成，且伦理判断水平越高，直接经验对非伦理消费行为意愿的促进作用越明显。

上述结果表明，在伦理判断和感知风险并存的条件下，伦理判断水平越高，非伦理消费行为意愿受直接经验正向影响程度越大。也就是说，直接经验对非伦理消费行为意愿的影响受伦理判断显著调节。因此，研究假设 H9 - 4 得到了完全验证。

此外，这一结果与第七章单独针对伦理判断的研究所获得的结论完全一致。在两种情况下，不仅伦理判断都能显著调节直接经验对非伦理消费行为意愿的影响，而且，非伦理消费行为意愿均与直接经验正相关。这表明，无论是否与感知风险同步存在，伦理判断在直接经验影响非伦理消费行为意愿中都能发挥调节作用，而且调节效应的具体特征不会因为感知风险的加入而发生根本性改变。即伦理判断水平依然可以增强直接经验对非伦理消费行为意愿的促进作用。

继续基于表 9 - 8 绘制感知风险调节直接经验影响非伦理消费行为意愿的示意图（见图 9 - 3）。结果显示，感知风险水平高和感知风险水平低所对应的直线也有明显交叉趋势。这说明,感知风险水平能够显著调节直接经验对非伦理消费行为意愿的影响。

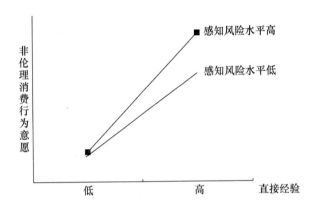

图 9 - 3　感知风险在直接经验影响非伦理消费行为意愿中的调节作用

图 9 - 3 还显示,感知风险水平高和感知风险水平低等两条直线均向右上方抬起,且感知风险水平高对应的直线抬起角度更大。这说明,无论感知风险水平高低,直接经验都有利于非伦理消费行为意愿的形成,且感知风险水平越高,直接经验对非伦理消费行为意愿的促进作用越明显。

上述结果表明,在伦理判断和感知风险并存的条件下,感知风险水平越高,非伦理消费行为意愿受直接经验正向影响程度越大。也就是说,直接经验对非伦理消费行为意愿的影响受感知风险显著调节。因此,研究假设 H9 - 5 得到了完全验证。

此外,这一结果与第八章单独针对感知风险的研究所获得的结论完全一致。在两种情况下,感知风险都能显著调节直接经验对非伦理消费行为意愿的影响,且非伦理消费行为意愿均与直接经验正相关。这表明,无论是否与伦理判断同步存在,感知风险在直接经验影响非伦理消费行为意愿中都能发挥调节作用,且调节作用的具体特征也不会发生根本性改变。即风险感知水平可以增强直接经验对非伦理消费行为意愿的促进作用。

第五节　结果讨论

　　本书前面各章都证实了直接经验在非伦理消费行为意愿形成中的促进作用。第七章和第八章研究分别基于伦理判断和感知风险等两个不同的决策中间变量深入分析了直接经验影响非伦理消费行为意愿的间接效应，并发现直接经验在伦理判断和感知风险等两个间接路径分别存在的情况下，仍然能够产生直接效应，且直接路径是传递直接经验作用效应的主要路径。

　　本章研究发现，即使在伦理判断和感知风险同步存在的条件下，伦理判断间接路径和感知风险间接路径也都存在，同时依然不能大幅度分流直接经验直接影响非伦理消费行为意愿的效应。也就是说，在伦理判断间接路径和感知风险间接路径并存的条件下，直接经验影响非伦理消费行为意愿的作用效应依然主要依靠直接路径传递。这进一步说明，在促进非伦理消费行为意愿形成过程中，直接经验具有独一无二的价值。

　　消费伦理理论和感知风险理论领域的研究成果显示，伦理判断和感知风险都可能在直接经验影响非伦理消费行为意愿中发挥显著的中介作用，本书第七章和第八章研究分别为此提供了支撑证据。但现有文献较少将这两个变量结合起来用于协同解释消费伦理决策的形成规律。尽管 Tan（2002）将伦理判断和感知风险作为同等逻辑层次的决策中间变量同步用于对盗版软件购买意愿的预测，但这一研究所关注的是这两个决策中间变量对决策流程后续行为意愿环节的影响，并不关心这两个决策中间变量在决策心理流程中可能发挥的中介效应。在现有文献中，也没有研究将这两个变量同步用于揭示影响因子影响非伦理消费行为意愿的作用心理路径上。

　　本章研究填补了这样的理论空白，并发现，在伦理判断和感知风险并存的条件下，伦理判断的中介效应和感知风险的中介效应都有显著的统计学意义。横向比较而言，感知风险在直接经验影响非伦理消费行为意愿中的中介效应与伦理判断基本持平。由于消费伦理领域的研究一直强调了伦理判断在行为意愿形成中的中心地位，而本项研究的横向比较却发现，在非伦理消费行为决策情景下，伦理判断传递行为意愿影响因子的中介效应与感知风险旗鼓相当。这也是消费伦理实证研究中的新发现。

从调节效应角度看，过去不同领域的研究成果暗示，伦理判断和感知风险在直接经验影响非伦理消费行为意愿过程中可以发挥调节作用，且本书第七章和第八章的研究分别验证了这种推断。但本章研究是在伦理判断和感知风险同步存在的条件下比较分析了伦理判断和感知风险的调节作用。结果发现，在双变量并存状态下，伦理判断和感知风险在直接经验影响非伦理消费行为意愿中的调节作用依然显著。

与单独针对伦理判断和感知风险调节效应的第七章和第八章研究相比，本章研究并未发生本质性变化。在双变量并存条件下，伦理判断和感知风险依然能够强化非伦理消费行为意愿与直接经验之间的正向关联。这也是消费伦理实证研究领域的全新尝试。

此外，将本章研究结果同第四章、第五章和第六章的研究结果进行比较可以发现，在伦理判断或（和）感知风险影响非伦理消费行为意愿时，加入直接经验后伦理判断和感知风险对非伦理消费行为意愿的抑制作用不同程度地发生了改变，甚至出现了作用方向的反转；但是，在直接经验影响非伦理消费行为意愿时，加入伦理判断或（和）感知风险后，直接经验对非伦理消费行为意愿的促进作用不会因此而发生方向性改变，反而还在伦理判断水平高和感知风险水平高的条件下得到进一步强化，从而在直接经验与伦理判断和感知风险之间产生了叠加效应。这一比较分析的结果充分说明，在非伦理消费行为意愿形成中，直接经验的作用力和作用独立性比伦理判断和感知风险都要强，也进一步说明，直接经验在促进非伦理消费行为意愿形成中具有非常突出的价值。

本章小结

本章共提出五个研究假设，均已得到验证。本章提出的五个研究问题也已得到解答。

从现有文献看，将伦理判断和感知风险同步引入以进一步揭示直接经验影响非伦理消费行为决策的心理路径是个全新的研究视角。本章研究发现，在伦理判断和感知风险同步存在的条件下，直接经验依赖伦理判断间接影响非伦理消费行为意愿的效应和依赖感知风险实施影响的间接效应都有价值。且两种间接路径传递的间接效应基本相当。不过，与直接路径作用效应相比，通过这两个间接路径传递的作用效应依然很微弱。也就是说，即便在伦理判断间接路径和感知风险间接路径同步存在的条件下，直接经验影响非伦理消费行为意愿的作用效应依然还是主要通过直接路径传递。这一发现与第七章和第八章两个在单一间接路径条件下的研究完全一致。这也进一步说明了直接经验在影响非伦理消费行为决策中的独立性非常突出。

本章研究还发现，在双变量同步存在的条件下，伦理判断和感知风险都依然能够显著调节直接经验对非伦理消费行为意愿的影响。且与单一变量调节效应相比，混合作用下伦理判断和感知风险的调节作用没有发生本质性的改变（如作用方向发生了变化）。

这些结论可为非伦理消费行为治理提供重要启示。

其一，本章研究在伦理判断间接路径和感知风险间接路径并存的条件下进一步证明了直接经验影响非伦理消费行为意愿的突出作用。因此，要做好非伦理消费行为问题治理，杜绝直接经验的产生和再次使用仍是重中之重。

其二，从中介效应角度看，在抑制直接经验对非伦理消费行为意愿的正向影响中，与伦理判断相比，感知风险的作用同样重要。因此，在非伦理消费行为问题治理中，除要基于伦理判断这个广受关注的决策中间变量的角度寻找治理措施外，还应该重视从感知风险的角度寻找防治措施。

其三，从调节效应角度看，在非伦理消费行为治理中，提高伦理判断水平或风险感知水平的意义可以从两个方面得到发掘：一是提高伦理判断水平或风险感知水平后，决策者一旦要做出非伦理消费行为选择，则需要更高的直接经验储备，这就阻止了经验储备不够的人；二是提高伦理判断水平或风险感知水平，就会进一步弱化非伦理消费行为意愿与直接经验之间的正相关性。这就意味着，提高伦理判断水平或风险感知水平可以在一定程度上抵消非伦理消费行为意愿因直接经验上升而上升的边际效应，从而有利于提高针对抑制直接经验获取或使用的治理措施的实际效果。

本章在伦理判断和感知风险两个决策中间变量同步存在的条件下，系统检验了直接经验影响非伦理消费行为意愿三条心理路径各自的特征，系统分析了伦理判断和感知风险在直接经验影响非伦理消费行为意愿中的中间变量角色和调节变量角色以及伦理判断和感知风险之间存在的差异，进一步揭示了直接经验在非伦理消费行为决策中的作用心理规律。研究结果再次表明，直接经验是影响非伦理消费行为决策的重要个体属性变量。

第十章 总结与展望

本章在系统梳理和总结全部研究内容基础上提炼研究结论，深入分析理论贡献，最后就研究的启示意义、研究局限性及未来进一步研究的方向做了详细阐述。

第一节 研究内容

本书以实证研究为主体，七个独立的实证研究共包含两个板块，即直接经验的作用效应研究和心理路径研究。不过，按照实证研究操作的一般思路，本书首先基于理论研究成果构建了理论假设模型，也就是在基础理论研究阶段从总体上规划了实证研究的操作思路和全部内容。因此，从这个角度讲，本书研究内容主要包括两个部分：一是理论研究，即第二章的内容；二是实证研究的内容，即第三章至第九章的内容。现就各部分的研究内容简单予以回顾。

一 理论研究

基础理论研究共包含研究现状、文献评述和模型构建三个主题（见第二章的研究内容）。

（一）研究现状

在第二章的"研究现状"部分，主要从理论模型和实证研究两个方面梳理和论述消费伦理研究领域的成果和理论。

在理论模型研究现状分析中，逐一展示了现有的六个主流的商业伦理理论模型，目的在于为后续建立消费伦理决策心理路径提供铺垫和服务。其中，主要是为了明确行为意愿和伦理判断在揭示非伦理消费行为决策心理路径中的重要价值，以及表明将感知风险加入到非伦理消费行为决策心理路径中的必要性和合理性；而实证研究现状部分则从伦理现状和原因变量两个层面进行梳理和归纳，主要是为了强调揭示直接经验在非伦理消费行为决策中的作用机制的重要价值，以及在执行这类研究时考虑伦理情景干扰效应的必要性。

（二）文献评述

对应于研究现状的内容，文献评述也分别从理论模型和实证研究两个视角展开。其中，理论模型研究评述包含模型演进、心理路径和感知风险三个部分；而实证研究评述则包含影响因子、直接经验和伦理情景三部分内容。

在理论模型评述中，首先，系统地梳理了主流商业伦理理论模型从感知路径向整合路径发展演变的历史过程。并发现，尽管理论视角或理论基础有所差异，但现有的主流商业伦理理论模型都包含两个基本的关注点：一是这些模型都在努力地揭示伦理情景下个体决策的心理过程；二是都很重视对影响个体伦理决策原因变量的寻找和发掘。

其次，从消费者个体决策的角度，归纳了现有商业伦理理论模型所包含的所有伦理决策心理路径，并明确指出了两条以行为意愿为决策结果变量的消费伦理决策影响因子作用心理路径，一条是以伦理判断为中间变量的"一般路径"，另一条是不包含伦理判断的"特殊路径"。这两条心理路径是构建直接经验影响非伦理消费行为意愿综合理论模型的基础。

再次，从消费伦理决策影响因子作用心理路径的角度，将感知风险理论引入，并发现在非伦理消费行为决策背景下，感知风险所扮演的角色与伦理判断非常相似。即在消费伦理决策情景下，感知风险也是传递消费伦理影响因子作用效应的决策中间变量。

在实证研究评述中，首先从消费伦理决策影响因子的角度揭示了消费伦理实证研究以"消费伦理信念"为中心的现实；并在综合商业理论模型和实证研究现状的基础上指出，作为反映决策者个体特征的属性变量，直接经验也是影响消费伦理决策的重要因子。

最后，分别从定义、属性等方面对直接经验予以了系统界定，并指出，在消费伦理现有的实证研究中，关注直接经验的研究成果还很欠缺。

鉴于消费伦理领域现有实证研究广泛关注伦理情景却又未能将之作为一个独立的原因变量予以系统研究并精确评估其在消费伦理决策中的具体影响效果的现实，实证研究评述的最后部分系统阐述了伦理情景的作用特点，并得出判断：揭示直接经验作用机制的实证研究需要关注伦理情景这个重要变量可能产生的干扰。

（三）模型构建

此部分在总结消费伦理理论模型和实证研究成果的基础上，将行为经验理论和感知风险理论引入，通过整合不同理论视角构建用于揭示直接经验影响非伦理消费行为决策作用机制的综合理论模型。

该模型包含以下几个关键点：

（1）直接经验可以显著影响非伦理消费行为意愿这个决策结果变量。

（2）直接经验还可以显著影响伦理判断和感知风险等决策中间变量，并调节"伦理判断→非伦理消费行为意愿"和"感知风险→非伦理消费行为意愿"等核心决策环节。

（3）同伦理判断一样，感知风险也是传递直接经验影响非伦理消费行为意愿作用心理路径中的重要中间环节。

（4）直接经验既可以通过伦理判断和感知风险等中间变量间接影响非伦理消费行为意愿，还可以不需任何中间环节直接作用于非伦理消费行为意愿。

（5）在直接经验直接作用于非伦理消费行为意愿时，其直接作用效应仍然受到伦理判断和感知风险等重要的决策中间变量的调节。

（6）深入揭示直接经验影响非伦理消费行为决策的作用规律需要考虑伦理情景可能产生的干扰。

后续实证研究则从不同视角对上述关键点予以系统论证。其中，第三章与第（1）点对应；第四章、第五章和第六章与第（2）点对应；第七章、第八章和第九章与第（3）点、第（4）点和第（5）点对应；而第（6）点则分布在所有的实证研究中。

二 实证研究

本书实证研究包含"作用效应研究"和"心理路径研究"两个模块，共计七章内容（第三章至第九章）。现就实证研究各章研究假设的检验情况以及研究问题的解答情况总结归纳如下：

（一）作用效应研究

本模块共包含四章内容，其中第三章以非伦理消费行为意愿这个结果变量为目标，系统分析直接经验的作用效应；第四章、第五章和第六章则以伦理判断和感知风险等决策中间变量及与之相关的决策核心环节为目标，从不同视角继续研究直接经验的作用效应。

具体而言，第三章系统分析了直接经验和非伦理消费行为意愿同人口统计学变量和伦理情景之间的关系，并在此基础上检验了直接经验影响非伦理消费行为意愿这个决策结果变量的总效应和净效应。本章共提出三个研究假设（见表10-1）。其中，除了研究假设H1未得到验证外，其他两个研究假设均得到了完全验证。

第四章从伦理判断的视角系统分析了直接经验对伦理判断的影响以及在伦理判断影响非伦理消费行为意愿中的调节作用。本章提出4个研究假设，都得到了完全验证。

第五章从感知风险的视角系统分析了直接经验对感知风险的影响以及在感知风险影响非伦理消费行为意愿中的调节作用。本章提出4个研究假设，且也都得到了完全验证。

　　第六章则将伦理判断和感知风险同步引入，在二者并存的条件下继续分析直接经验分别对伦理判断和感知风险的影响以及在伦理判断和感知风险影响非伦理消费行为意愿中所发挥的调节作用。本章提出的 8 个研究假设，7 个得到完全验证。

表 10 - 1　　　　　　　　作用效应研究假设及其检验情况

		研究假设	检验结果
第三章	H3 - 1	消费者从事非伦理消费行为的意愿与其年龄、性别、学历和婚姻状态显著相关	未被验证
	H3 - 2	伦理情景显著影响非伦理消费行为意愿。也就是说，在不同伦理情景下消费者的非伦理行为意愿具有显著差异	完全验证
	H3 - 3	直接经验越丰富的消费者从事非伦理消费行为的意愿越强烈。即非伦理消费行为意愿与消费者直接经验程度显著正相关	完全验证
第四章	H4 - 1	直接经验越丰富，伦理判断水平越低。即伦理判断水平与直接经验显著负相关	完全验证
	H4 - 2	直接经验对伦理判断的影响受伦理情景调节	完全验证
	H4 - 3	直接经验可以调节伦理判断对非伦理消费行为意愿的影响。且与直接经验程度低的消费者相比，直接经验程度高的消费者从事非伦理消费行为的意愿受伦理判断抑制的程度更低	完全验证
	H4 - 4	直接经验对伦理判断影响非伦理消费行为意愿的调节作用在不同伦理情景下有不同程度的表现	完全验证
第五章	H5 - 1	直接经验越丰富的消费者所能感知到的风险水平越低。即感知风险与直接经验显著负相关	完全验证
	H5 - 2	直接经验对感知风险的影响受伦理情景调节	完全验证
	H5 - 3	直接经验可以调节感知风险对非伦理消费行为意愿的影响。与直接经验程度低的消费者相比，直接经验程度高的消费者从事非伦理消费行为的意愿受感知风险抑制的程度更低	完全验证
	H5 - 4	直接经验对感知风险影响非伦理消费行为意愿的调节作用与伦理情景有关	完全验证

续表

		研究假设	检验结果
第六章	H6 - 1	在伦理判断和感知风险并存的状态下，伦理判断依然与直接经验显著负相关	完全验证
	H6 - 2	在伦理判断和感知风险并存的状态下，直接经验对伦理判断的影响与伦理情景的种类密切相关	完全验证
	H6 - 3	在伦理判断和感知风险并存的状态下，感知风险依然与直接经验显著负相关	完全验证
	H6 - 4	在伦理判断和感知风险并存的状态下，直接经验对感知风险的影响与伦理情景的种类密切相关	完全验证
	H6 - 5	在伦理判断和感知风险并存的状态下，直接经验依然可以调节伦理判断对非伦理消费行为意愿的影响	完全验证
	H6 - 6	在伦理判断和感知风险并存的状态下，直接经验对伦理判断影响非伦理消费行为意愿的调节作用与伦理情景有关	完全验证
	H6 - 7	在伦理判断和感知风险并存的状态下，直接经验依然可以调节感知风险对非伦理消费行为意愿的影响	完全验证
	H6 - 8	在伦理判断和感知风险并存的状态下，直接经验对感知风险影响非伦理消费行为意愿的调节作用与伦理情景有关	未被验证
		此模块共提出 19 个研究假设，17 个研究假设得到了完全验证	

在作用效应模块共涉及 19 个研究问题（见表 10 - 2），其中第三章 3 个问题，第四章 4 个问题，第五章 4 个问题和第六章 8 个问题，通过实证检验，19 个问题都已得到不同程度的解答。

表 10 - 2 作用效应研究问题解答状况

	第三章
问题 1	性别、年龄、学历和婚姻状态等人口统计学变量是否显著影响直接经验和非伦理消费行为意愿？ 答：直接经验与非伦理消费行为意愿未被发现与人口统计学变量明显相关
问题 2	消费伦理情景是否显著影响直接经验和非伦理消费行为意愿？ 答：直接经验与非伦理消费行为意愿与伦理情景显著相关

续表

	第三章
问题3	直接经验是否显著影响非伦理消费行为意愿？控制人口统计学变量和伦理情景等非伦理消费行为意愿潜在影响因子后，直接经验对非伦理消费行为意愿的影响是否发生了显著的改变？ 答：非伦理消费行为意愿与直接经验显著正相关；控制人口统计学变量和伦理情景后二者正相关程度（回归系数）有所降低

	第四章
问题1	在非伦理消费决策情景下，直接经验如何影响伦理判断？ 答：伦理判断与直接经验显著负相关
问题2	直接经验对伦理判断的影响是否与伦理情景有关？ 答：直接经验对伦理判断的影响主要表现在情景1和情景4中
问题3	在非伦理消费决策情景下，直接经验是否可以调节伦理判断对行为意愿的影响？ 答：直接经验可降低伦理判断对非伦理消费行为意愿的抑制作用，并促使作用方向的反转，经验越丰富，反转作用越强烈
问题4	直接经验在伦理判断影响非伦理消费行为意愿中的调节作用是否与伦理情景有关？ 答：直接经验对伦理判断的调节作用主要发生在情景1中

	第五章
问题1	在非伦理消费决策情景下，直接经验影响感知风险的作用效应如何？ 答：感知风险与直接经验显著负相关
问题2	在不同伦理情景下，直接经验影响感知风险的作用效应有何区别？ 答：直接经验对感知风险的显著负影响主要发生在情景1和情景4中
问题3	直接经验如何调节感知风险对非伦理消费行为意愿的影响？ 答：直接经验显著降低感知风险对非伦理消费行为意愿的抑制作用，并出现了作用方向的反转，且直接经验程度越高，这种反转的程度越大
问题4	直接经验对感知风险影响非伦理消费行为意愿的调节作用与伦理情景有怎样的关联？ 答：直接经验对感知风险作用的调节主要发生在情景2中

第六章	
问题1	在伦理判断和感知风险并存的条件下，直接经验是否能够继续影响伦理判断并调节伦理判断对非伦理消费行为意愿的影响？ 答：双变量共存的条件下，直接经验仍可显著负向影响伦理判断，并促使其影响非伦理消费行为意愿作用方向的反转，经验越丰富反转作用越强
问题2	在不同伦理情景下，直接经验影响伦理判断和调节伦理判断影响非伦理消费行为意愿的作用效应表现出怎样的变化规律？ 答：从不同伦理情景看，直接经验对伦理判断的负向影响主要表现在情景1和情景4中；直接经验对伦理判断的调节作用主要表现在情景1中
问题3	与伦理判断单一视角下的研究相比，包含伦理判断和感知风险在内的综合比较研究所发现的直接经验影响伦理判断的作用效应及调节作用是否有明显改变？ 答：与伦理判断单一视角相比，在双变量共存的条件下直接经验对伦理判断的影响和调节作用没有发生明显的变化，直接经验依然可以促使伦理判断影响非伦理消费行为意愿作用方向的反转，且无论经验程度高低，这种反转都存在
问题4	在伦理判断和感知风险并存的条件下，直接经验是否能够继续影响感知风险并调节感知风险对非伦理消费行为意愿的影响？ 答：在双变量共存的条件下，直接经验依然可以显著负向影响感知风险并调节其对非伦理消费行为意愿的影响，且无论经验程度高低，感知风险对非伦理消费行为意愿的影响都出现了作用方向的反转
问题5	在不同伦理情景下，直接经验影响感知风险和调节感知风险影响非伦理消费行为意愿的作用效应表现出怎样的变化规律？ 答：双变量共存的条件下直接经验对感知风险的影响主要表现在情景4中；调节作用在四个细分伦理情景中均无明显表现

	第六章
问题6	与感知风险单一视角下的研究相比，包含伦理判断和感知风险在内的综合比较研究所发现的直接经验影响感知风险的作用效应及调节作用是否有明显改变？ 答：双变量共存条件下直接经验依然可以显著负向影响感知风险并调节其对非伦理消费行为意愿的影响，受直接经验影响，感知风险对非伦理消费行为意愿的作用方向出现了反转，尤其对于直接经验程度高的消费者而言，这种反转作用更为明显
问题7	在伦理判断和感知风险并存的条件下，直接经验影响伦理判断和影响感知风险之间，以及在调节伦理判断影响非伦理消费行为意愿和调节感知风险影响非伦理消费行为意愿之间有何区别？ 答：在双变量共存的条件下，伦理判断与感知风险都与直接经验显著负相关；就调节作用而言，直接经验对伦理判断在非伦理消费行为意愿形成中作用效应的调节程度大于对感知风险作用效应的调节程度；且直接经验导致伦理判断影响非伦理消费行为意愿作用方向反转的程度大于感知风险反转的程度
问题8	横向比较看，伦理情景、直接经验、伦理判断和感知风险在影响非伦理消费行为意愿时的相对作用力大小如何？ 答：四个变量在影响非伦理消费行为意愿中的作用力大小依次为伦理情景、直接经验、感知风险和伦理判断

（二）心理路径研究

本模块包含三章内容（第七章、第八章和第九章），分别从伦理判断、感知风险和综合比较视角深入揭示直接经验影响非伦理消费行为决策的心理路径特征。各章研究假设检验情况分述如下。

第七章是从伦理判断视角系统分析直接经验影响非伦理消费行为意愿时伦理判断所发挥的中介效应和调节效应。共提出四个研究假设，并都得到了完全验证（见表10-2）。

第八章是从感知风险的视角系统分析直接经验影响非伦理消费

行为意愿时感知风险所发挥的中介效应和调节效应。共提出四个研究假设，并都得到了完全验证。

第九章则综合伦理判断路径和感知风险路径，在伦理判断和感知风险同步存在的条件下系统分析伦理判断和感知风险在直接经验影响非伦理消费行为意愿中的中介效应和调节效应。本章共提出五个研究假设，全部研究假设均得到了完全验证。

表 10 - 3　　　　　　　　心理路径研究假设及其检验情况

		研究假设	检验结果
第七章	H7 - 1	直接经验可通过伦理判断间接影响消费者从事非伦理行为的意愿。即直接经验影响非伦理消费行为意愿时可依赖伦理判断产生间接效应	完全验证
	H7 - 2	直接经验可直接影响消费者从事非伦理行为的意愿。即直接经验影响非伦理消费行为意愿有直接效应存在	完全验证
	H7 - 3	直接经验影响非伦理消费行为意愿时直接路径传递的作用效应大于伦理判断间接路径所传递的作用效应	完全验证
	H7 - 4	伦理判断可以调节直接经验对非伦理消费行为意愿的影响。且伦理判断水平越高，消费者从事非伦理行为的意愿受直接经验的影响越大	完全验证
第八章	H8 - 1	感知风险可在直接经验影响非伦理消费行为意愿时发挥中介作用。即直接经验越丰富，消费者的风险感知水平低，因而从事非伦理消费行为的意愿越强烈	完全验证
	H8 - 2	直接经验影响非伦理消费行为意愿时有直接路径存在。即直接经验可不需感知风险的中介作用而直接影响消费者从事非伦理行为的意愿	完全验证
	H8 - 3	直接经验影响非伦理消费行为意愿的效应主要通过直接路径传递，基于感知风险间接路径传递的效应不及直接路径传递的效应	完全验证
	H8 - 4	感知风险可以调节直接经验对非伦理消费行为意愿的影响。与风险感知水平低的消费者相比，对风险感知水平高的消费者而言，行为意愿受直接经验影响的程度更高	完全验证

续表

	研究假设	检验结果
第九章 H9-1	在伦理判断和感知风险并存的状态下，直接经验仍可直接影响消费者从事非伦理行为的意愿。即直接经验影响非伦理消费行为意愿的直接路径依然存在	完全验证
H9-2	在伦理判断和感知风险并存的状态下，直接经验依然可以通过伦理判断间接影响消费者从事非伦理消费行为的意愿	完全验证
H9-3	在伦理判断和感知风险并存的状态下，直接经验依然可以通过感知风险间接影响消费者从事非伦理消费行为的意愿	完全验证
H9-4	在伦理判断和感知风险并存的状态下，伦理判断依然可以调节直接经验对非伦理消费行为意愿的影响	完全验证
H9-5	在伦理判断和感知风险并存的状态下，感知风险依然可以调节直接经验对非伦理消费行为意愿的影响	完全验证
此模块共提出 13 个研究假设，全部得到完全验证。		

在心理路径模块中共涉及 16 个研究问题（见表 10-4），其中第七章 4 个问题，第八章 4 个问题，第九章 8 个问题，通过实证检验，16 个问题也都已得到不同程度的解答。

表 10-4 　　　　　　　心理路径研究问题解答状况

第七章	
问题 1	伦理判断在直接经验影响非伦理消费行为意愿中是否可以发挥中介作用？ 答：伦理判断可在直接经验影响非伦理消费行为意愿中发挥中介作用。直接经验程度越高，伦理判断水平越低，因而非伦理消费行为意愿越强烈
问题 2	在伦理判断作为中间变量参与影响时，直接经验是否可以直接影响非伦理消费行为意愿？ 答：当伦理判断间接路径存在的条件下，直接经验可以直接影响非伦理消费行为意愿

第七章	
问题3	当直接经验影响非伦理消费行为意愿的直接路径和伦理判断间接路径同时存在时，通过直接路径传递的直接效应同通过伦理判断间接路径传递的间接效应相比，哪个更突出？ 答：伦理判断间接路径和直接路径并存的条件下，直接经验影响非伦理消费行为意愿的作用效应主要靠直接路径传递
问题4	在直接经验影响非伦理消费行为意愿的直接路径中，伦理判断是否可以发挥调节作用？ 答：当直接经验直接影响非伦理消费行为意愿时，伦理判断可以发挥调节作用，与伦理判断水平低的消费者相比，伦理判断水平高的消费者直接经验对非伦理消费行为意愿的促进作用力更强

第八章	
问题1	感知风险在直接经验影响非伦理消费行为意愿中是否可以发挥中介作用？ 答：感知风险可在直接经验影响非伦理消费行为意愿中发挥中介作用。直接经验程度越高，感知风险水平越低，因而非伦理消费行为意愿越强烈
问题2	在感知风险作为中间变量参与影响时，直接经验是否可以直接影响非伦理消费行为意愿？ 答：在感知风险间接路径存在的条件下，直接经验可以直接影响非伦理消费行为意愿
问题3	当直接经验影响非伦理消费行为意愿的直接路径和感知风险间接路径同时存在时，通过直接路径传递的直接效应同通过感知风险间接路径传递的间接效应相比，哪个更为突出？ 答：当感知风险间接路径和直接路径并存时，直接经验影响非伦理消费行为意愿的作用效应主要通过直接路径传递
问题4	在直接经验影响非伦理消费行为意愿的直接路径中，感知风险是否可以发挥调节作用？ 答：当直接经验直接影响非伦理消费行为意愿时，感知风险可以发挥调节作用，与感知风险水平低的消费者相比，感知风险水平高的消费者直接经验对非伦理消费行为意愿的促进作用力更强

续表

第九章	
问题1	在伦理判断和感知风险并存的条件下，直接经验通过伦理判断影响非伦理消费行为意愿的间接效应是否显著？ 答：在双变量并存的条件下，直接经验仍可以通过伦理判断传递对非伦理消费行为意愿的间接影响
问题2	在伦理判断和感知风险并存的条件下，直接经验通过感知风险影响非伦理消费行为意愿的间接效应是否显著？ 答：在双变量并存的条件下，直接经验仍可以通过感知风险传递对非伦理消费行为意愿的间接影响
问题3	在伦理判断和感知风险并存的条件下，直接经验通过伦理判断和感知风险影响非伦理消费行为意愿的间接效应呈现了怎样的差异？ 答：在双变量并存的条件下，直接经验仍可以通过伦理判断和感知风险传递对非伦理消费行为意愿的间接影响，且两条路径的间接作用效应基本相当
问题4	在伦理判断和感知风险并存的条件下，直接经验通过伦理判断和感知风险影响非伦理消费行为意愿的间接效应与直接效应之间相比，呈现何种差异？ 答：在双变量并存的条件下，直接经验通过直接路径传递的作用效应远远大于伦理判断间接路径和感知风险间接径传递的作用效应总和
问题5	与单一变量研究（第七章和第八章）相比，在伦理判断和感知风险并存的混合作用条件下，伦理判断和感知风险的中介作用发生了怎样的变化？ 答：在双变量并存的条件下，伦理判断和感知风险在传递直接经验影响非伦理消费行为意愿作用效应上没有发生本质性改变，两条间接路径依然显著
问题6	在伦理判断和感知风险并存的条件下，伦理判断和感知风险是否依然可以调节直接经验对非伦理消费行为意愿的影响？ 答：在双变量共存的条件下，伦理判断和感知风险依然可以调节直接经验对非伦理消费行为意愿的影响

续表

	第九章
问题7	在伦理判断和感知风险并存的条件下，伦理判断和感知风险的调节作用有何差异？ 答：在双变量共存的条件下，伦理判断和感知风险对直接经验影响非伦理消费行为意愿的调节作用表现出很大的相似性，与伦理判断水平（或感知风险水平）低相比，伦理判断水平（或感知风险水平）高的消费者直接经验对非伦理消费行为意愿的促进作用更加明显
问题8	与单一变量研究相比，在伦理判断和感知风险并存的条件下，伦理判断和感知风险的调节作用分别呈现了怎样的变化？ 答：没有明显变化。伦理判断或感知风险水平越高，直接经验对非伦理消费行为意愿的促进作用越强烈。在调节变量的两种情况下都是如此

第二节　研究结论

本书将从理论研究和实证研究两个方面提炼研究结论。而实证研究则分别从直接经验作用效应和心理路径两个方面予以总结。

一　理论研究

主流的商业伦理理论模型高度一致地肯定了行为意愿在揭示个体伦理行为决策机制中的重要作用。在消费伦理研究中，消费者从事（非）伦理行为的意愿是揭示个体决策规律的重要目标变量。

为了揭示伦理决策情景下消费者行为意愿的形成机制，伦理判断常常被利用。在此问题上，伦理学家同样达成了高度一致，并认为，伦理判断是消费伦理行为意愿最有力的预测变量，同时，也是揭示消费伦理决策影响因子影响行为意愿心理路径特征的重要核心变量。

基于伦理判断是否参与其中，可以将消费伦理决策影响因子作用心理路径归结为两条：一条是通过伦理判断的中介作用间接影响行为意愿的一般路径；另一条是不需伦理判断参与的直接影响行为意愿的特殊路径。也正是在特殊路径下，行为意愿客观上表现出了与伦理判断之间的不一致。

从感知风险理论角度看，感知风险同样是揭示个体决策机制的重要心理变量。在非伦理消费行为决策情景下，感知风险同伦理判断一样可以被用于对消费者从事非伦理消费行为意愿的预测上。同时，感知风险也是揭示消费伦理决策影响因子影响行为意愿心理路径的重要中间变量。

针对行为经验的研究成果显示，直接经验是影响消费者产品购买决策的重要个体属性变量。还有一些零星的研究暗示，直接经验也是影响非伦理消费行为决策的重要变量。在中国市场上，非伦理消费行为问题日益严重，很多非伦理消费行为是基于自身经验积累的行为再犯，并客观表现出了"积习难改"的特征。基于这些信息判断，直接经验在促进非伦理消费行为的形成方面具有突出的作用，揭示直接经验在非伦理消费行为决策中的作用机制对非伦理消费行为问题治理具有重要的价值。

综合消费伦理理论和感知风险理论的观点，可以发现，要深入揭示直接经验影响非伦理消费行为决策的内在机制需要将上述两种理论结合起来，整合直接经验影响非伦理消费行为意愿的直接路径、伦理判断间接路径和感知风险间接路径，共同构建用于揭示直接经验作用心理机制的综合理论模型。

从内容构成看，直接经验影响非伦理消费行为决策的内在机制可以通过作用效应和心理路径等方面得以体现。其中，作用效应研究是在不考虑具体心理路径条件下从总体上揭示直接经验影响非伦理消费行为意愿这个决策结果变量的影响，和对伦理判断、感知风险及与之相关的决策核心环节的影响。而心理路径研究则需要从伦理判断视角、感知风险视角以及同步包含伦理判断和感知风险在内的综合比较视角等不同角度深入揭示伦理判断和感知风险这两个重要的决策中间变量在直接经验影响非伦理消费行为意愿中所发挥的中介效应和调节效应。

理论研究还发现，伦理情景是影响消费者伦理决策的重要变量。这个变量的特殊性就表现在，现有的实证研究几乎都包含与此变量相关的信息，但在这些研究中，伦理情景仅仅被用于研究者为调查对象提供一个具体的评价标的或决策目标，而研究的核心内容并不能解释伦理情景在消费伦理决策中究竟发挥了怎样的作用。由于任何伦理决策都离不开具体的伦理情景，这一变量对消费者伦理决策的影响是全方位的。因此，要想揭示直接经验影响非伦理消费行为决策的真实作用机制需要控制伦理情景可能产生的干扰。这也是本书全部实证研究均将伦理情景作为控制变量予以对待的根本原因。

二　实证研究

（一）作用效应研究

本书第三章有关直接经验影响非伦理消费行为意愿的总效应和净效应研究发现，尽管直接经验与性别、年龄、学历和婚姻状态等人口统计学变量的关系不太显著，但在影响非伦理消费行为意愿形成中，直接经验的作用非常突出。控制伦理情景这个变量后，直接经验对非伦理消费行为意愿形成的促进作用依然明显。这也从伦理情景的比较视角显示了直接经验在促进非伦理消费行为意愿形成中的独特价值。

基于伦理判断视角的作用效应研究发现，直接经验能够显著影响伦理判断，且伦理判断与直接经验显著负相关，这种关系在第一种伦理情景和第四种伦理情景中尤为突出；同时，该研究还发现，直接经验可以显著调节伦理判断对非伦理消费行为意愿的影响。具体而言，直接经验程度高低不同的消费者形成非伦理消费行为意愿时受伦理判断的影响有所不同。其中，直接经验积累程度较高的消费者从事非伦理消费行为的意愿与其伦理判断水平正相关，即对具有丰富直接经验的消费者而言，伦理判断水平越高，从事非伦理消费行为的意愿越强烈；而直接经验积累程度较低的消费者从事非伦理消费行为的意愿受伦理判断水平的正向激励较弱。该研究发现，直接就经验对伦理判断影响非伦理消费行为意愿的调节作用主要表现在第一种伦理情景中。

　　基于感知风险视角的作用效应研究发现，直接经验可以显著影响感知风险，感知风险与直接经验显著负相关，且这种负相关关系主要表现在第一种伦理情景和第四种伦理情景中。同时还发现，直接经验可以显著调节感知风险对非伦理消费行为意愿的影响。具体而言，直接经验积累程度不同的消费者所形成的非伦理消费行为意愿受感知风险的影响有所不同。其中，与直接经验程度高的消费者相比，直接经验程度低的消费者所形成的非伦理消费行为意愿仍然受到感知风险的抑制，只是这种抑制作用较为微弱。但对于经验丰富的个体而言，感知风险反而可以促进非伦理消费行为意愿的形成。不过从细分伦理情景角度看，直接经验对感知风险的调节作用主要表现在第二种伦理情景中。

　　基于综合比较视角的作用效应研究发现，在伦理判断和感知风险同步存在的条件下，直接经验仍然能够显著影响伦理判断和感知风险，且伦理判断与感知风险都与直接经验显著负相关。其中，伦理判断与直接经验的负相关关系主要表现在第一种伦理情景和第四种伦理情景中，而感知风险与直接经验的负相关关系主要表现在第四种伦理情景中。

　　同时，该研究还发现，在双变量共存的条件下，直接经验也能继续显著调节伦理判断和感知风险对非伦理消费行为意愿的影响。就伦理判断而言，在这种双变量共存的状态下，非伦理消费行为意愿与伦理判断正相关，而对于直接经验高的消费者而言，这种正相关性程度更高。即对于直接经验积累程度较高的消费者而言，伦理判断水平越高，从事非伦理消费行为的意愿越强烈。与基于伦理判断单一视角的研究相比，在这种双变量共存的状态下，直接经验的调节作用并未表现出根本性改变。从细分伦理情景的角度看，在双变量共存下，直接经验对伦理判断的调节作用主要表现在情景1中，与第四章伦理判断单一变量存在条件下的发现完全相同。

就感知风险而言，在双变量共存的状态下，对于直接经验积累程度较高的消费者来说，非伦理消费行为意愿表现出了与感知风险明显的正相关关系，而对于直接经验程度低的消费者而言，这种正相关性较为微弱。与单一状态下的调节效应相比，感知风险对非伦理消费行为意愿的影响有些改变。在单一状态下，对于直接经验不太丰富的消费者而言，感知风险对非伦理消费行为意愿的形成仍能保持微弱的抑制作用，而在双变量共存的状态下，感知风险的抑制作用基本消失了，且没有出现作用方向的逆转。这是与伦理判断的不同之处。从细分伦理情景的角度看，在双变量共存下，直接经验对感知风险的调节作用在四种细分伦理情景中均无明显表现。

从伦理情景、直接经验、伦理判断和感知风险四个变量影响非伦理消费行为意愿相对作用力的角度看，该研究发现四个变量中影响非伦理消费行为意愿作用力最大的首先是伦理情景，其次是直接经验，再次是感知风险，最后是伦理判断。这是一个有重要创新意义的发现。

（二）心理路径研究

基于伦理判断视角的心理路径研究发现，直接经验可以通过降低伦理判断水平而间接提升非伦理消费行为意愿；不过，直接经验影响非伦理消费行为意愿的作用效应绝大部分是通过直接路径传递的，与直接路径相比，通过伦理判断间接路径影响非伦理消费行为意愿的作用效应较弱；该研究还发现，伦理判断可以显著调节直接经验对非伦理消费行为意愿的影响，与伦理判断水平较低的消费者相比，伦理判断水平较高的消费者在形成非伦理行为意愿时对直接经验的依赖程度较高。

基于感知风险视角的心理路径研究发现，直接经验可以通过降低感知风险水平而间接提升非伦理消费行为意愿；但是，与这一间接路径相比，直接经验影响非伦理消费行为意愿的直接路径也是主角。即直接经验仍然主要通过直接路径影响非伦理消费行为意愿的形成，而通过感知风险间接施加的影响也较弱；该研究还发现，感知风险可以显著调节直接经验对非伦理消费行为意愿的影响，且风险感知水平越高的消费者，其从事非伦理消费行为的意愿受直接经验正向影响的程度越大。

基于综合比较视角的心理路径研究发现，在伦理判断和感知风险同步存在的条件下，在传递直接经验影响非伦理消费行为意愿作用下，伦理判断间接路径、感知风险间接路径和直接经验直接路径都依然存在。不过，与伦理判断间接路径和感知风险间接路径相比，直接经验的作用效应还是主要依靠直接路径传递的。这也进一步证明了直接经验在非伦理消费行为意愿形成中的突出价值。就伦理判断间接路径和感知风险间接路径比较而言，二者在传递直接经验影响非伦理消费行为意愿作用效应中的贡献基本相当。

该研究（第九章）还发现，在伦理判断和感知风险并存的条件下，伦理判断和感知风险都能显著调节直接经验对非伦理消费行为意愿的影响。且与上述的基于伦理判断路径和基于感知风险路径的单一路径研究（第七章和第八章）相比，两种路径并存条件下的调节效应并未表现出新的特征。也就是说，伦理判断和感知风险都能增强直接经验对非伦理消费行为意愿的促进作用。

三　研究结论

基于理论研究和实证研究等各模块的研究结论，可为本书提炼一个最重要的研究结论：直接经验在促使非伦理消费行为再犯中扮演了独一无二的角色。这个结论依赖以下几个方面的论据：

第一，直接经验在促进非伦理消费行为意愿形成中的作用贡献独一无二。尤其与伦理判断和感知风险等重要的行为意愿影响因子相比，直接经验的作用效应遥遥领先，足以见证，直接经验积累是促使非伦理消费行为再犯的最重要因素。

第二，直接经验对非伦理消费行为决策过程中间环节的干扰作用独一无二。正是基于伦理判断和感知风险对非伦理消费行为意愿的抑制作用，从这两个方面采取措施是非伦理消费行为治理的重要思路。然而，当直接经验加入其中后，伦理判断和感知风险对非伦理消费行为意愿的抑制作用发生了明显的变化，甚至绝大多数情况下都出现了作用方向的反转；而与此对应的是，伦理判断和感知风险可调节直接经验对非伦理消费行为意愿的影响，却不能促使其作用方向发生逆转。这又从一个新的视角显示了直接经验的强大影响力。

第三，直接经验影响非伦理消费行为意愿作用效应传递路径独一无二。尽管伦理判断和感知风险被认为是个体决策心理过程中的重要核心，也是传递行为意愿其他影响因子作用效应的重要桥梁，但就直接经验这个行为意愿影响因子而言，伦理判断和感知风险并非必不可少。因为直接经验作用效应的绝大部分依赖直接路径传递，伦理判断和感知风险间接路径始终只是补充。

概括而言，在非伦理消费行为决策情景下，直接经验不仅强烈影响行为意愿这个决策结果变量以及伦理判断和感知风险等决策中间变量，还可从根本上改变伦理判断和感知风险对行为意愿的影响，更重要的是，其作用效应的传递路径具有高度的独立性。

此外，本书的研究还能获得其他研究结论：

第一，伦理情景确实在直接经验影响非伦理消费行为决策中发挥了重要的作用。无论是直接经验对伦理判断和感知风险这些重要的决策中间变量的影响，还是直接经验对伦理判断和感知风险影响非伦理消费行为意愿的调节，都与伦理情景种类密切相关。

第二，伦理判断是揭示直接经验在非伦理消费行为决策中的作用机制的重要决策中间变量，在传递直接经验影响非伦理消费行为意愿作用效应中发挥了一定的作用，但这个变量不是揭示非伦理消费行为决策机制的唯一决策中间变量。

第三，感知风险在直接经验影响非伦理消费行为意愿中发挥了同伦理判断高度类似的角色，作为另一个揭示个体决策规律的重要决策中间变量，感知风险同样可以用于对直接经验影响非伦理消费行为决策作用机制的研究。

第三节　理论贡献

一　理论研究

从直接经验角度看，过去围绕行为经验的研究大多集中于产品购买决策情景下，在伦理决策情景下的研究非常欠缺。而且，整体来看，无论在产品购买决策还是伦理决策情景下，系统揭示行为经验作用机制的研究还很不足。其中一个最重要的原因就是用于揭示行为经验作用机制的理论模型非常欠缺。

从感知风险角度看，作为影响个体决策的重要变量，感知风险常常被用于对行为意愿的预测，或作为揭示个体决策特点的目标变量用于寻找影响因子。这些研究没有将感知风险当成个体决策影响因子影响后续行为意愿心理过程的中间变量。也就是说，没有将感知风险引入到揭示个体决策影响因子作用机制的心理路径中，以揭示个体决策形成规律。

从伦理决策角度看，常态下的商业伦理理论强调了行为意愿是揭示个体伦理决策规律的重要目标变量，并高度一致地将伦理判断视为预测行为意愿的核心变量。这些理论还认为，影响消费伦理决策的原因变量一般都是通过伦理判断这个中间变量间接影响行为意愿的。这种思路为实证研究提供了方向。但高度一致的观点也约束了创新思维的产生。像感知风险这样也能发挥桥梁作用的中间变量很少出现在揭示消费伦理影响因子作用机制的研究中。

为了揭示直接经验在非伦理消费行为决策中的作用机制，本书第二章在全面、系统的文献研究基础上，将感知风险作为具有同伦理判断一样价值的决策中间变量引入到非伦理消费行为决策心理过程中，通过整合感知风险理论和消费伦理理论的研究成果，融合了直接经验影响非伦理消费行为意愿的直接路径、通过伦理判断影响非伦理消费行为意愿的间接路径（伦理判断间接路径）和通过感知风险施加影响的间接路径（感知风险间接路径）三条路径，构建了用于揭示直接经验影响非伦理消费行为决策作用机制的综合理论模型（如第二章图 2 - 9 所示）。

这一综合理论模型不仅首次将感知风险作为决策中间变量引入到个体决策心理路径中，还将之作为与伦理判断同等重要的决策中间变量融入消费伦理决策心理流程中，将伦理判断和感知风险这两个决策中间变量紧密结合起来，共同用于对直接经验影响非伦理消费行为决策内在机制的研究。这是对消费伦理理论、感知风险理论和行为经验理论的重要拓展和补充。

二　实证研究

（一）作用效应研究

本书第三章的研究将人口统计学变量同非伦理消费行为意愿以及消费者过去从事非伦理消费行为的经验积累结合起来，改变了长期以来常常将之同消费伦理信念这个变量联系起来的传统研究思路。此研究还发现，非伦理消费行为意愿和直接经验都与伦理情景密切相关。如前文所述，伦理情景是基于消费伦理信念划分的。过去，基于消费伦理信念的研究都暗示了伦理情景在个体伦理决策中的重要价值。但这些研究都没有将伦理情景作为一个独立的变量予以研究，尤其是没有定量地评估伦理情景影响个体伦理决策的实际效果。而第三章的研究不仅发现在非伦理消费行为决策情景下消费者的行为意愿和行为经验与伦理情景有明显的相关性，还通过直接经验影响非伦理消费行为意愿总效应和净效应的比较分析，定量地揭示了伦理情景在影响非伦理消费行为决策中的重要意义。这也是消费伦理实证研究中的重要尝试，为后续的实证研究提供了重要的示范。

直接经验在消费伦理决策中的潜在价值已经在主流的商业伦理理论模型中有所体现。消费伦理实证研究中也有少量针对仿冒品消费等单一伦理决策情景的研究成果为此提供了佐证。而本书第三章的研究在控制伦理情景干扰条件下剥离出了直接经验影响非伦理消费行为意愿的净效应，尤其是通过同伦理情景作用效应的比较分析揭示了直接经验在影响消费者非伦理行为意愿中的突出作用效应，这种基于宏观视角的研究为消费伦理理论研究补充了崭新的实证成果。

本书第四章研究将伦理判断视为影响非伦理消费行为意愿的原因变量，将研究视角向前推移，不仅继续分析直接经验对伦理判断这个决策中间变量的影响，还重点分析直接经验在伦理判断影响非伦理消费行为意愿中的调节作用。这也是一个崭新的研究视角。尽管消费伦理理论强调伦理判断在（非）伦理消费行为意愿形成中的重要性，但实证研究并未系统发现和检验在非伦理消费行为决策中可以调节伦理判断作用发挥的变量。本章研究发现，伦理判断对非伦理消费行为意愿的抑制作用受到直接经验的显著削弱，并出现了作用方向的逆转。尤其对于直接经验丰富的决策者而言，伦理判断水平越高，从事非伦理消费行为的意愿越强烈。这一结果再次证实，在消费伦理决策实践中伦理判断与行为意愿不一致的现象确实存在。而且，在非伦理消费行为决策情景下，直接经验可以通过发挥调节作用进而导致伦理判断与行为意愿之间的冲突。这也是对 H—V 伦理理论的重要支撑。

本书第五章研究则从感知风险的视角开展研究，并发现直接经验不仅可以显著影响感知风险，而且还可以显著调节感知风险对非伦理消费行为意愿的影响。过去的研究常常发现，提高消费者的风险感知水平可以在一定程度上抑制后续行为意愿的产生。这就意味着，在非伦理消费行为决策的情景下，可以通过提高风险感知水平降低消费者从事非伦理消费行为的意愿。但本章研究还发现，当考虑到决策者的经验积累状况时，感知风险对非伦理消费行为意愿的抑制作用则有所变化，尤其对于经验丰富的个体而言，感知风险对非伦理消费行为意愿的影响出现了很明显的作用方向逆转。这也是一个全新的发现。

而第六章研究将伦理判断和感知风险整合起来继续探讨直接经

验的作用效应。本章研究发现，在伦理判断和感知风险并存的状态下，直接经验在感知风险影响非伦理消费行为意愿中所发挥的调节效应发生了一些改变。在单一路径下，直接经验程度低的消费者从事非伦理消费行为的意愿受到感知风险的微弱抑制，但在混合作用状态下，这种抑制作用基本消失了，同时也没有表现出作用方向的逆转。从伦理判断和感知风险的比较看，在影响非伦理消费行为意愿中，前者受直接经验的影响更加显著，后者受直接经验的影响程度要弱些；同时，前者在影响非伦理消费行为意愿中的作用效应受直接经验调节的程度要大于后者。

第六章还有一个重要的贡献在于横向比较了伦理情景、直接经验、伦理判断和感知风险在影响非伦理消费行为意愿中的作用力相对大小。这也是一个全新的尝试。

（二）心理路径研究

本书第七章研究继承了消费伦理传统研究思路，将伦理判断作为揭示消费伦理决策心理路径的核心变量予以运用，除发现了伦理判断在直接经验影响非伦理消费行为决策中所发挥的中介作用外，还发现了伦理判断的调节作用，这是伦理判断从未被揭示的全新角色。本章研究还发现，直接经验影响非伦理消费行为意愿的绝大部分效应通过直接路径传递，而通过伦理判断中介传递较少。也就是说，直接经验可以绕开伦理判断这个中间环节，直接作用于行为意愿这个决策结果变量。这一结果从一个新的角度为商业伦理领域主流的 H—V 伦理理论提供了重要的实证证据。

本书第八章研究则避开了以伦理判断视角揭示消费伦理决策心理路径的常态思路，而是基于感知风险理论将感知风险引入以取代伦理判断，并发现了感知风险在直接经验影响非伦理消费行为意愿中的中介作用和调节作用。同第七章研究一样，本章研究还发现，直接经验虽然可以通过感知风险间接影响非伦理消费行为意愿，但直接路径依然是直接经验发挥作用的主要途径。本章研究证实，感知风险同样是解释非伦理消费行为决策心理机制的重要介质变量，这是对消费伦理领域现有研究思路的重要拓展。本章研究首次将直接经验同感知风险和非伦理消费行为意愿等变量结合起来，从整体上揭示三个变量所扮演的不同角色及彼此之间的关系，弥补了消费伦理、行为经验和感知风险研究中的不足。

本书第九章的研究将消费伦理理论和感知风险理论整合起来，在伦理判断间接路径、感知风险间接路径和直接路径并存的条件下继续揭示直接经验影响非伦理消费行为决策心理路径特征。并发现，在这种状态下，伦理判断和感知风险在直接经验影响非伦理消费行为意愿中依然可以发挥中介作用和调节作用。本章首次将伦理判断同感知风险作为伦理决策的中间变量同步纳入消费伦理决策心理过程中，证实了伦理判断间接路径和感知风险间接路径在消费伦理决策过程中同步存在的推断，为进一步揭示消费伦理决策机制提供了全新的思路。同时，在伦理判断路径和感知风险路径并存的条件下，本章研究还发现，直接路径依然是传递直接经验作用效应的主要途径，而伦理判断间接路径和感知风险间接路径所传递的间接效应基本相当。

将心理路径研究同作用效应研究结合起来分析还有新的发现。在作用效应研究中，直接经验可以显著调节伦理判断和感知风险对非伦理消费行为意愿的影响，且可以从根本上改变伦理判断和感知风险影响非伦理消费行为意愿的作用方向；而在心理路径研究中，也发现伦理判断和感知风险可以显著调节直接经验对非伦理消费行为意愿的影响，但这两个变量不能从根本上改变直接经验影响非伦理消费行为意愿的作用方向。这说明，在非伦理消费行为决策情景下，直接经验的影响力强于伦理判断和感知风险。

第四节　研究启示

上述研究结论对非伦理消费行为问题治理有重要的指导意义。

下面分别基于直接经验、伦理判断和感知风险三个不同角度阐述本书研究结论的重要启示。

一　基于直接经验的治理启示

鉴于直接经验在影响非伦理消费行为决策中的突出作用，在非伦理消费行为问题治理中，基于直接经验角度采取治理措施是首选。这些措施主要包括：

（一）杜绝获利体验

由于直接经验是由决策者本人参与实践所获得的，因此，阻止消费者在消费行为过程中获取相关经验是重中之重。营销者始终要将阻止消费者获取直接经验放在首要位置，可通过加大监管投入、改进管理方法、优化业务流程等方法，切实降低消费者获取直接经验的机会。同时，营销者还应该切实降低消费者正常获取产品或服务的支出成本，使消费者意识到根本不用打破伦理规则即可轻易地获得想要的商品。这也是消除非伦理消费行为经验获取机会的重要方法。

（二）降低再犯机会

如果通过降低直接经验获取机会的措施仍有漏网之鱼，还可以通过降低直接经验使用机会的方式予以治理。直接经验顺利被用于再次的行为决策中有一个先决条件，即决策环境保持稳定。因此，营销者可以通过变换交易场景布局、改变常态业务范式、尝试新的营销手段等方法打破决策环境的稳定性，让那些获得经验的消费者无再次"伸手"的机会。

二　基于伦理判断的治理启示

尽管与直接经验相比，伦理判断在非伦理消费行为意愿形成中的作用效应并不突出，但这并不意味着基于传统文化标准的道德教育可以不要。相反，消费者的道德教育应该得到加强，并重点做好以下几个方面：

（一）倡导"清心寡欲"

从本质上讲，非伦理消费行为之所以发生，其根本原因在于决策者对行为附着利益的追求。在行为结果包含的物质利益的强烈诱惑下，消费者主动放弃了基于伦理规范的行为判断标准，进而做出了非伦理的行为选择。因此，有必要大力倡导"清心寡欲"的伦理观，以有效减少超出自身承受能力的消费欲望。尤其在繁荣的市场经济条件下，消费者面临的物质诱惑纷繁复杂、花样百出，任由物欲膨胀将使自己丧失自我和理性。

（二）强调"取之有道"

当然有很多的非伦理消费者是在正常需求得不到满足的状态下产生的。很多企业为了获取暴利或出于对品牌形象的考虑有意抬高定价，从而导致了消费者的报复性反应。例如，常用的电脑软件价格远远超出消费者预期和承受能力，或者在全球不同地区采取歧视性定价和采取不对等的售后服务措施，等等，这些营销措施都有可能成为诱导非伦理消费行为发生的原因。但无论是什么原因，非伦理消费行为终究是不对的，企业不当的营销举措不应成为消费者选择非伦理行为的借口。因此，作为非伦理消费行为治理方之一的消费教育部门，还是应该加强"君子爱财、取之以道"观念教育。

（三）鼓励"洁身自好"

在非伦理消费行为天天发生且行为主体丝毫不会因此遭受损失的环境下，坚持道德标准的社会个体显得有些"高处不胜寒"。正如在日常生活中所见到的，在盗版软件随处可见的现实环境中，坚持使用正版软件的消费者反而显得与众不同。此外，随着现代技术的快速更新，出现了很多陌生的新型消费场景，但相应的社会规范标准却还来不及产生，由此导致了大量的、崭新的伦理困惑，并进一步导致了群体漠视和群体失范的社会问题。在这样的背景下，作为社会个体，尤其是有较高道德追求的个体更应该坚持自立原则，拒绝"同流合污"。"洁身自好"的道德意识应该受到鼓励。

三　基于感知风险的治理启示

由于感知风险包含了负面结果严重性和负面结果可能性两个要素，因此，基于感知风险的非伦理消费行为治理应该从这两个方面着手。

（一）加大机会成本

提高机会成本是指提高非伦理消费行为一旦被发现行为主体将遭受惩罚并为此付出的代价。从社会规范理论的角度看，社会惩罚包含周围人群、社会舆论等软性手段，还包含经济处罚等硬性手段。比较而言，在中国集体主义文化背景下，软性手段所产生的心理威慑作用更为重要，而经济处罚等硬性手段容易导致报复性反弹。因此，构筑伸张"公平""正义""诚信"的主流社会舆论导向，引导社会个体敢于承担自身行为后果的责任意识，在整个社会形成一种"非伦理行为不可为""一旦为之需付出代价"的环境氛围，进而改善对非伦理消费行为后果严重性的认知水平，并提高潜在行为者进行道德自我约束的内生动力。而经济处罚等硬性措施则要谨慎对待。

（二）改善识别能力

本书基于综合比较视角的研究结果显示，伦理判断和感知风险对非伦理消费行为意愿的抑制作用之所以疲软，其根本原因在于，在主动获利的前提下，为了保证获利的实现，决策者需要依赖前期的经验积累就行为结果做出准确的评估。其中，在中国环境下，甚至在更小空间范围内，某种特定非伦理行为是否能被发现也是决策者评估的重要内容。如果能够提高非伦理消费行为被发现的概率，并让"伸手必被捉"得以真正实现，则决策者的风险感知水平会明显提高，从而引导出真正的心理威慑效应。尤其是对经验丰富的决策者而言，必须使之"在阴沟里翻船"。因此，提高甄别和发现非伦理消费行为的技术能力非常必要。

四　基于横向比较的治理启示

横向比较而言，在影响非伦理消费行为意愿中，直接经验的作用效应最为突出，且这种影响主要通过直接路径传递，依赖伦理判断和感知风险中介作用所传递的效应比例很小；且从调节效应的角度看，直接经验对非伦理消费行为意愿的促进作用并不会因为伦理判断和感知风险的调节作用而发生方向性改变，即直接经验的促进作用不会消失；而伦理判断和感知风险对非伦理消费行为意愿的抑制作用却因为直接经验的调节作用而有所减弱，甚至出现了方向性逆转。也就是说，因为直接经验的调节，伦理判断和感知风险的提升反而有利于非伦理消费行为意愿的形成。

因此，综合上述结论可以发现，在上述基于直接经验视角、基于伦理判断视角和基于感知风险视角的治理措施中，更应该以降低直接经验获取和使用机会等措施为主，而基于后两种视角的治理措施应该为辅，并努力实现三种治理思路的协同和互补。

第五节 研究局限

理所当然，本书研究还存在一些有待改进的地方，现从研究内容和研究方法两个方面分述如下：

一 研究内容

本书实证研究起始于第二章的理论研究，该章在融合消费伦理、行为经验和感知风险等理论基础上构建了包含直接路径、伦理判断间接路径和感知风险间接路径在内的直接经验影响非伦理消费行为决策的综合理论模型。这对深入、系统地揭示直接经验在非伦理消费行为决策中的作用规律有重要的指导意义。但将研究视域放到更大的范围看，是否可以为直接经验找到更多的类似于伦理判断和感知风险的决策中间变量呢？这还有待进一步探索。

本书的主要研究目的在于揭示直接经验在非伦理消费行为决策形成中的作用规律，并发现了直接经验在促成非伦理消费行为意愿中的突出作用。但同时还发现，当同步考虑直接经验、伦理判断和感知风险这些影响因子作用于非伦理消费行为意愿的具体效应时，三者之间出现了某种特定的联动效应。尤其是在直接经验调节作用研究中，与单一变量相比，在伦理判断和感知风险并存的混合状态下，直接经验影响感知风险作用发挥的调节作用发生了稍许的改变。而与此同时，伦理判断却没有丝毫的改变。这背后是否隐藏了什么非常重要的原因？伦理判断和感知风险之间的这点差异是否是这两个变量本身的特质造成的？这些问题都还有待探究。

心理路径研究为揭示直接经验影响非伦理消费行为决策内在机制找到了伦理判断和感知风险两个调节变量，并为非伦理消费行为治理提供了重要思路。不过，从个体决策流程看，直接经验对非伦理消费行为意愿的影响还有可能受到决策事项属性、决策主体属性和决策环境属性变量的调节。但就目前看来，这方面的研究还非常欠缺。

本书研究结论特别显现了直接经验在非伦理消费行为再犯中所发挥的突出作用，从而可在一定程度上揭示非伦理消费行为"积习难改"的特征。但现实生活中非伦理消费行为"近墨者黑""群体失范"等同行为经验密切相关的实践问题还很多，这些问题背后隐藏的规律还需要继续研究。仅仅揭示直接经验在非伦理消费行为"积习难改"中的角色还不能完全揭示非伦理消费行为决策的形成规律，因此，要想建立非伦理消费行为全方位的长效治理机制，还需要从其他方面着手研究。

从行为经验的角度看，目前，实证研究中常常从消费者过去的行为经历角度测量自身经验，并较为一致地利用行为频度来评估行为经验的丰富程度。但行为经验是个包含丰富内容的多维构成，目前还没有研究系统揭示其多维构成的具体内容，经验的测量工具仍然有待完善，但这项工作有一定的挑战性。当多维的经验测量工具开发出来后，具有更加丰富内涵的行为经验在非伦理消费行为决策中又有怎样的作用规律呢？这也是一个值得解答的科学命题。

二　研究方法

本书研究包含了两种主要的研究方法：一是基于文献发掘的理论研究，主要目的在于构建指导后续实证研究顺利开展的理论模型；二是实证研究，七个独立的实证研究均是通过问卷调查的方式获得研究数据。客观而言，全部利用问卷作拦截调查的实证研究方法在数据获取上显得有些单调。实证研究中，还有其他方法也可被利用。例如，深度访谈有利于深入获知决策者内心的真实想法，有利于开展具有高度创新性的研究；再如，实验研究有利于精确设计并实施研究方案，可以定位准确、细致入微地揭示潜在机制，尤其是现场实验研究，更有利于增强实证研究的实践性，从而更加逼真地揭示直接经验的作用规律。这些方法可以同问卷调查之间实现优势互补。

第六节　未来方向

基于上述分析可以发现，揭示非伦理消费行为决策形成规律还有很多内容有待探讨，后续研究可以从以下几个方面拓展。

第一，进一步完善直接经验影响非伦理消费行为决策综合理论模型，尤其要发现和检验可能加入作用心理过程中的决策中间变量，为继续揭示直接经验影响非伦理消费行为意愿作用效果传递心理路径提供方向性指导。

第二，发现和检验调节直接经验影响非伦理消费行为决策作用效应发挥的调节变量是一个亟待填补的空缺。调节变量的发现有利于揭示直接经验影响非伦理消费行为决策所需的内外条件，这类研究有利于引导非伦理消费行为治理方从调节变量的角度采取措施，从而切断直接经验对非伦理消费行为意愿的促进效应。

第三，在个体决策中，直接经验和间接经验所扮演的角色有所不同，但两者所发挥的作用究竟有何不同？特别是在非伦理消费行为决策情景下，两者能够表现出怎样的差异呢？解决这个问题有利于进一步解释基于经验的非伦理消费行为决策规律。这是未来研究的主要方向。

　　第四，混合运用多种研究方法，充分发挥深度访谈透析问题的深入性、问卷调查样本规模充分性和随机性以及实验研究操作的精准性等优势，有利于发挥不同研究方法的长处，并可实现不同研究方法所获结论的相互印证，这也是未来研究应该尝试的内容。

参考文献

[1] 蔡雪芹：《当代军人消费伦理观建设》，《军队政工理论研究》2005 年第 4 期。

[2] 陈科、周洁琼：《适度消费伦理构建的价值选择与实践路径》，《中共四川省委党校学报》2009 年第 2 期。

[3] 程培堽、殷志扬：《风险知觉、风险偏好和消费者对食品安全事件的反应——以瘦肉精事件为例》，《管理评论》2012 年第 12 期。

[4] 储昭海、朱华：《孟子的消费伦理思想浅析》，《经济师》2006 年第 3 期。

[5] 褚小荣：《消费者对仿冒奢侈品的态度及购买倾向的研究》，复旦大学，2011 年。

[6] 郭俊辉、袁云峰、徐小青：《仿冒品重复消费的动力机制》，《财贸经济》2012 年第 1 期。

[7] 李国荣：《简论墨子的经济伦理思想》，《经济与社会发展》2005 年第 10 期。

[8] 刘军：《农村人情消费的经济学思考》，《消费经济》2004 年第 4 期。

[9] 刘腾飞、徐福明、马红宇、马向阳、吴修良：《行为决策研究的新取向——基于经验的决策》，《心理科学进展》2012 年第 7 期。

[10] 陆剑清：《信用卡消费者透支行为的心理特征及其人群分类研究》，《心理科学》2008 年第 2 期。

［11］陆施予：《消费者非伦理行为产生的原因及对策研究》，《经济研究导刊》2013 年第 11 期。

［12］马志鹏：《时尚仿冒品购买行为：人格特征和购买经验的作用》，复旦大学，2008 年。

［13］乔法容、杨建国：《基于循环经济视角下的生产伦理研究》，《中州学刊》2009 年第 1 期。

［14］史瑗宁、程英升：《影响购买仿冒奢侈品行为的关系研究》，《市场营销导刊》2009 年第 4 期。

［15］宋启林：《论道德失效》，《道德与文明》2003 年第 5 期。

［16］孙瑾：《消费者对比决策过程研究：专业化水平和购买情境的调节作用》，《管理评论》2014 年第 9 期。

［17］孙淼：《国家助学贷款的拖欠与防治问题研究》，《内蒙古农业大学学报》（社会科学版）2007 年第 6 期。

［18］唐凯麟、陈科华：《孔子的经济伦理思想研究》，《孔子研究》2004 年第 6 期。

［19］汪秀英：《奢侈消费的经济学界定》，《郑州航空工业管理学院学报》2006 年第 4 期。

［20］王丰年：《道家消费观的生态伦理意义》，《清华大学学报》（哲学社会科学版）2002 年第 6 期。

［21］王建平：《浪漫伦理与现实理性：中产阶级的消费伦理及其两面性》，《国外社会科学》2006 年第 5 期。

［22］王月英：《青少年日常生活伦理教育不可忽视》，《思想理论教育》2006 年第 4 期。

［23］武永春：《我国绿色消费的障碍因素分析》，《经济体制改革》2004 年第 4 期。

［24］杨韶昆：《论荀子的消费伦理思想及其现代价值》，《河南师范大学学报》（社会科学版）2004 年第 5 期。

［25］曾伏娥：《消费者非伦理行为形成机理及决策过程研究》，武汉大学出版社 2010 年版。

［26］曾伏娥、甘碧群：《消费者伦理信念及关系质量对消费者非伦理行为的影响》，《经济管理》2007 年第 18 期。

［27］曾洁珍：《消费教育的重构——新世纪德育的重要课题》，《上海教育科研》2001 年第 6 期。

［28］张旭：《浅析中国实施绿色消费的障碍及对策》，《经济与管理》2006 年第 10 期。

［29］赵宝春：《经济理性与规范理性的关联研究》，《财政监督》2011 年第 6 期。

［30］赵宝春：《西方消费伦理实证研究述评》，《外国经济与管理》2009 年第 9 期。

［31］赵宝春：《消费伦理研究：基础理论与中国实证》，中国人民大学出版社 2014 年版。

［32］赵宝春：《消费者伦理信念水平与其出生地的关联：中国城乡二元社会背景下的实证研究》，《管理世界》2011 年第 1 期。

［33］赵宝春：《直接经验对自主学习意愿的影响：基于计划行为理论的应用》，《心理科学》2012 年第 4 期。

［34］赵宝春：《中国消费者伦理行为研究：基于社会性的视角》，华中科技大学，2008 年。

［35］赵何娟：《现代城市女性消费行为的伦理意义分析》，《集团经济研究》2004 年第 8 期。

［36］郑红娥：《新节俭观与节约型社会的创建》，《学术探索》2006 年第 2 期。

［37］ Aaker, D. A. , *Building Strong Brands*, New York：Free Press, 1996.

［38］Aghekyan – Simonian, M. , S. Forsythe, W. S. Kwon, V. Chattaraman, "The Role of Product Brand Image and Online Store Image on Perceived Risks and Online Purchase Intentions for Apparel", *Journal of Retailing and Consumer Services*, No. 19, 2012, pp. 325 – 331.

[39] Ajzen, I. , "The Theory of Planned Behavior", *Organizational Behavior and Human Decision Processes*, No. 50, 1991, pp. 179 – 211.

[40] Al – Khatib, J. A. , S. J. Vitell and M. Y. A. Rawwas, "Consumer Ethics: A Cross – Cultural Investigation", *European Journal of Marketing*, Vol. 31, No. 11/12, 1997, pp. 750 – 767.

[41] Alba, J. and J. W. Hutchinson, "Dimensions of Consumer Expertise", *Journal of Consumer Research*, No. 13, 1987, pp. 411 – 454.

[42] Albers – Miller, N. D. , "Consumer Misbehavior: Why People Buy Illicit Goods", *The Journal of Consumer Marketing*, Vol. 16, No. 3, 1999, pp. 273 – 288.

[43] Albert, L. S. and L. M. Horowitz, "Attachment Style and Ethical Behavior: Their Relationship and Significance in the Marketplace", *Journal of Business Ethics*, 87, 2009, pp. 299 – 316.

[44] Alda's – Manzano, J. , C. Lassala – Navarre, C. Ruiz – Mafe' and S. Sanz – Blas, "The Role of Consumer Innovativeness and Perceived Risk in Online Banking Usage", *International Journal of Bank Marketing*, Vol. 27, No. 1, 2009, pp. 53 – 75.

[45] Ang, S. H. , P. S. Cheng, E. A. C. Lin and S. K. Tambyah, "Spot the Difference: Consumer Responses towards Counterfeits", *The Journal of Consumer Marketing*, Vol. 18, No. 3, 2001, pp. 219 – 235.

[46] Armstrong, R. W. , "The Relationship between Culture and Perception of Ethical Problems in International Marketing", *Journal of Business Ethics*, Vol. 15, No. 11, 1996, pp. 1199 – 1208.

[47] Arslanl, Y. , F. Geçti and H. Zengin, "Examining Perceived Risk and Its Influence on Attitudes: A Study on Private Label Consumers in Turkey", *Asian Social Science*, Vol. 9, No. 4, 2013,

pp. 158 – 166.

[48] Ashford, R. , P. Cuthbert and N. Shani, "Perceived Risk and Consumer Decision Making Related To Health Services: A Comparative Study", *International Journal of Nonprofit and Voluntary Sector Marketing*, Vol. 5, No. 1, 2000, pp. 58 – 72.

[49] Atkinson, J. W. , *An Introduction of Motivation*, New York: Van Nostrand, 1964.

[50] Bagozzi, R. P. and S. K. Kimmel, "A Comparison of Leading Theories for the Prediction of Goal – directed Behaviours", *British Journal of Social Psychology*, No. 34, 1995, pp. 437 – 461.

[51] Bao, Y. Q. , K. Z. Zhou and C. T. Su, "Face Consciousness and Risk Aversion: Do They Affect Consumer Decision – Making?", *Psychology & Marketing*, Vol. 20, No. 8, 2003, pp. 733 – 755.

[52] Barnett, T. and S. Valentine, "Issue Contingencies and Marketers' Recognition of Ethical Issues, Ethical Judgments and Behavioral Intentions", *Journal of Business Research*, No. 57, 2004, pp. 338 – 346.

[53] Barron, G. and S. Leider, "The Role of Experience in the Gambler's Fallacy", *Journal of Behavioral Decision Making*, Vol. 23, 2010, pp. 117 – 129.

[54] Bass, K. , T. Barnett and G. Brown, "Individual Difference Variables, Ethical Judgments and Ethical Behavioral Intentions", *Business Ethics Quarterly*, No. 9, 1999, pp. 183 – 205.

[55] Bauer, R. A. , "Consumer Behavior As Risk Taking" in R. S. Hancock (ed.), Dynamic Marketing for a Changing World, Proceedings of the 43rd Conference of the American Marketing Association, 1960, pp. 389 – 98.

[56] Berger, I. E. and A. A. Mitchell, "The Effect of Advertising on Attitude Accessibility, Attitude Confidence and the Attitude – be-

havior Relationship", *Journal of Consumer Research*, No. 16, 1989, pp. 269 – 279.

[57] Bertea, P., "Perceived Risk and Consumer Protection Strategies", *Young Economists' Journal*, No. 14, 2010, pp. 43 – 54.

[58] Bonsu, S. K. and D. Zwick, "Exploring Consumer Ethics in Ghana, West Africa", *International Journal of Consumer Studies*, No. 31, 2007, pp. 648 – 655.

[59] Boshoff, C., C. Schlechter and S. J. Ward, "Consumers' Perceived Risks Associated with Purchasing on a Branded Web Site: The Mediating Effect of Brand Knowledge", *South African Journal of Business Management*, Vol. 42, No. 1, 2011, pp. 45 – 54.

[60] Bostrom, A., B. Fischhoff and G. M. Morgan, "Characterizing Mental Models of Hazardous Process: A Methodology and an Application to Radon", *Journal of Social Issues*, No. 48, 1992, pp. 85 – 100.

[61] Braus, P., "Everyday Fears", *American Demographics*, Vol. 16, 1994, pp. 32 – 40.

[62] Bruwer, J., M. Fong and A. Saliba, "Perceived Risk, Risk – Reduction Strategies (RRS) And Consumption Occasions Roles in the Wine Consumer's Purchase Decision", *Asia Pacific Journal of Marketing and Logistics*, Vol. 25, No. 3, 2013, pp. 369 – 390.

[63] Cacioppo, J. T. and R. E. Petty, *Central and Peripheral Routes to Persuasion: The Role of Message Repetition*, In L. F. Alwitt and A. A. Mitchell (eds.), Psy – chological Processes and Advertising Effects (pp. 91 – 111), 1985, Hillsdale, NJ: Lawrence Erlbaum.

[64] Camilleri, A. R. and B. R. Newell, "The Role of Representation in Experience – based Choice", *Judgment and Decision Making*, Vol. 4, No. 7, 2009, pp. 518 – 529.

[65] Campbell, M. C. and R. C. Goodstein, "The Moderating Effect of Perceived Risk on Consumers' Evaluations of Product Incongruity: Preference for the Norm", *The Journal of Consumer Research*, Vol. 28, No 3, 2001, pp. 439 – 449.

[66] Carù, A. and B. Cova, "Revisiting Consumption Experiences: A more Humble but Complete View of the Concept", *Marketing Theory*, Vol. 3, No. 2, 2003, pp. 267 – 286.

[67] Chan, A., S. Wong and P. Leung, "Ethical Beliefs of Chinese Consumers in Hong Kong", *Journal of Business Ethics*, Vol. 17, No. 11, 1998, pp. 1163 – 1170.

[68] Chatzidakis, A. and D. Mitussis, "Computer Ethics and Consumer Ethics: The Impact of the Internet on Consumers' Ethical Decision – Making Process", *Journal of Consumer Behaviour*, No. 6, 2007, pp. 305 – 320.

[69] Chaudhuri, A., "Consumption Emotion and Perceived Risk: A Macro – Analytic Approach", *Journal of Business Research*, Vol. 39, No. 1, 1997, pp. 81 – 92.

[70] Chen, R. and F. He, "Examination of Brand Knowledge, Perceived Risk and Consumers' Intention to Adopt an Online Retailer", *TQM & Business Excellence*, Vol. 14, No. 6, 2003, pp. 677 – 693.

[71] Chen, Y. S. and H. Chang, "Greenwash, and Green Trust: The Mediation Effects of Green Consumer Confusion and Green Perceived Risk", *Journal of Business Ethics*, Vol. 114, 2013, pp. 489 – 500.

[72] Chi, M., P. J. Feltovich and R. Glaser, "Categorization and Representation of Physics Problems by Experts and Novices", *Cognitive Science*, Vol. 5, No. 2, 1981, pp. 121 – 152.

[73] Childers, T. L. and A. G. Rao, "The Influence of Familial and

Peer – Based Reference Group on Consumer Decisions", *Journal of Consumer Research*, Vol. 19, No. 2, 1992, pp. 198 – 211.

[74] Chiou, J. S. and L. Y. Pan, "The Impact of Social Darwinism Perception, Status Anxiety, Perceived Trust of Perceived Trust of People and Cultural Orientation on Consumer Ethical Beliefs", *Journal of Business Ethics*, Vol. 78, 2008, pp. 487 – 502.

[75] Chonko, L. B. and S. D. Hunt, "Ethics and Marketing Management: An Empirical Examination", *Journal of Business Research*, Vol. 13, No. 4, 1985, pp. 339 – 359.

[76] Cole, D., M. J. Sirgy and M. M. Bird, "How Do Managers Make Teleological Evaluations in Ethical Dilemmas? Testing Part of the Extending the Hunt – Vitell Model", *Journal of Business Ethics*, Vol. 26, No. 3, 2000, pp. 259 – 269.

[77] Conchar, M. P., G. M. Zinkhan, C. Peters and S. Olavarrieta, "An Integrated Framework for the Conceptualization of Consumers' Perceived – Risk Processing", *Journal of the Academy of Marketing Science*, Vol. 32, No. 4, 2004, pp. 418 – 436.

[78] Conner, M. and B. McMillan, "Interaction Effects in the Theory of Planned Behaviour: Studying Cannabis Use", *The British Journal of Social Psychology*, Vol. 38, 1999, pp. 195 – 222.

[79] Conner, M. and D. J. Armitage, "Extending the Theory of Planned Behavior: A Review and Avenues for Further Research", *Journal of Applied Social Psychology*, Vol. 28, 1998, pp. 1429 – 1464.

[80] Corbitt, B. J., "Trust and E – commerce: A Study of Consumer Perceptions", *Electronic Commerce Research & Applications*, Vol. 2, No. 3, 2003, pp. 203 – 215.

[81] Cox, D. F., *Risk Handling In Consumer Behavior – An Intensive Study Of Two Cases*, In D. Cox (ed.), Risk Taking and Information Handling in Consumer Behavior, Harvard University Press,

1967, pp. 34 – 82.

[82] Cunningham, L. F. , J. H. Gerlach and M. D. Harper, "Perceived Risk and E – Banking Services: An Analysis from the Perspective of the Consumer", *Journal of Financial Services Marketing*, Vol. 10, No. 2, 2005, pp. 165 – 178.

[83] Cunningham, S. M. , *The Major Dimensions of Perceived Risk*, In D. F. Cox (ed.), Risk Taking and Information Handling in Consumer Behavior, Harvard University Press, Boston, 1967, pp. 82 – 108.

[84] Devellis, R. F. :《量表编制：理论与应用》, 重庆大学出版社 2004 年版。

[85] Devonish, D. , P. A. Alleyne, C. Cadogan – McClean and D. Greenidge, "An Empirical Study of Future Professionals' Intentions to Engage in Unethical Business Practices", *Journal of Academic Ethics*, No. 7, 2009, pp. 159 – 173.

[86] Donoho, C. L. , M. J. Polonsky, S. Roberts and D. A. Cohen, "A Cross – Cultural Examination of the General Theory of Marketing Ethics: Does It Apply to the Next Generation of Managers?" *Asia Pacific Journal of Marketing and Logistics*, Vol. 13, No. 2, 2001, pp. 45 – 63.

[87] Donthu, N. , "The Internet Shopper", *Journal of Advertising Research*, Vol. 39, No. 3, 1999, pp. 52 – 63.

[88] Dowling, G. R. and R. Staelin, "A Model of Perceived Risk and Intended Risk – Handling Activity", *The Journal of Consumer Research*, Vol. 21, No. 1, 1994, pp. 119 – 134.

[89] Dowling, G. R. , "Perceived Risk: The Concept and Its Measurement", *Psychology & Marketing*, No. 3, 1986, pp. 193 – 210.

[90] Dubinsky, A. J. and B. Loken, "Analyzing Ethical Decision Making in Marketing", *Journal of Business Research*, Vol. 19, 1989,

pp. 83 – 107.

[91] Erffmeyer, R. C. , B. D. Keillor and D. T. LeClair, "An Empirical Investigation of Japanese Consumer Ethics", *Journal of Business Ethics*, Vol. 18, No. 1, 1999, pp. 35 – 50.

[92] Fazio, R. H. , M. C. Powell and C. J. Williams, "The Role of Attitude Accessibility in the Attitude – behavior Process", *Journal of Consumer Research*, Vol. 16, 1989, pp. 280 – 288.

[93] Featherman, M. S. and P. A. Pavlou, "Predicting E – Services Adoption: A Perceived Risk Facets Perspective", *International Journal of Human – Computer Studies*, Vol. 59, No. 4, 2003, pp. 451 – 474.

[94] Featherman, M. S. , J. S. Valacich and J. D. Wells, "Is that Authentic or Artificial? Understanding 250 Chechen Liao et al. , Consumer Perceptions of Risk in E – Service Encounters", *Information Systems Journal*, Vol. 16, No. 2, 2006, pp. 107 – 134.

[95] Ferrell, O. C. and L. G. Gresham, "A Contingency Framework for Understanding Ethical Decision Making in Marketing", *Journal of Marketing*, Vol. 49, Summer, 1985, pp. 87 – 96.

[96] Ferrell, O. C. , and S. J. Skinner, "Ethical Behavior and Bureaucratic Structure in Marketing Research Organizations", *Journal of Marketing Research*, Vol. 25, No. 1, 1988, pp. 103 – 109.

[97] Ferrell, O. C. , J. Fraedrich and L. Ferrell, *Business Ethics: Ethical Decision Making and Cases*, 7th ed. , Boston: Houghton Mifflin, 2008.

[98] Ferrell, O. C. , L. G. Gresham and J. Fraedrich, "A Synthesis of Ethical Decision Models for Marketing", *Journal of Macromarketing*, Vol. 9, No. 2, 1989, pp. 55 – 64.

[99] Ferrell, O. C. , M. W. Johnston and L. Ferrell, "A Framework for Personal Selling and Sales Management Ethical Decision Making",

Journal of Personal Selling and Sales Management, Vol. 27, No. 4, 2007, pp. 291 –299.

[100] Fishbein, M. and I. Ajzen, *Belief, Attitude, Intention and Behavior: An Introduction to Theory and Research*, MA: Addison – Wesley, 1975.

[101] Fisher, R. J. and D. Ackerman, "The Effects of Recognition and Group Need on Volunteerism: A Social Norm Perspective", *Journal of Consumer Research*, Vol. 25, No. 3, 1998, pp. 262 – 275.

[102] Ford, R. C. and W. D. Richardson, "Ethical Decision Making: A Review of the Empirical Literature", *Journal of Business Ethics*, Vol. 13, No. 3, 1994, pp. 205 –231.

[103] Forsythe, S. M. and B. Shi, "Consumer patronage and risk perceptions in internet shopping", *Journal of Business Research*, Vol. 56, 2003, pp. 867 –875.

[104] Fraedrich, J. P. and O. C. Ferrell, "The Impact of Perceived Risk and Moral Philosophy Type on Ethical Decision Making in Business Organizations", *Journal of Business Research*, Vol. 24, No. 4, 1992, pp. 283 –295.

[105] Frewer, L. J., C. Howard, D. Hedderley and R. Shepherd, "Methodological approaches to assessing risk perceptions associated with food – related hazards", *Risk Analysis*, Vol. 18, 1998, pp. 95 – 102.

[106] Fukukawa, K., "A Theoretical Review of Business and Consumer Ethics Research: Normative and Descriptive Approaches", *The Marketing Review*, No. 3, 2003, pp. 381 –401.

[107] Fukukawa, K., "Developing a Framework for Ethically Questionable Behavior in Consumption", *Journal of Business Ethics*, Vol. 41, 2002, pp. 99 – 119.

[108] Glöckner, A. and G. Hochman, "The Interplay of Experiences -
based Affective and Probabilistic Cues in Decision Making: A-
rousal Increases when Experiences and Additional Cues Con-
flict", *Experimental Psychology*, Vol. 58, No. 2, 2011,
pp. 132 - 141.

[109] Godin, G. , P. Valois and L. Lepage, "The Pattern of Influence
of Perceived Behavioural Control upon Exercising Behaviour: An
Application of Ajzen's Theory of Planned Behavior", *Journal of
Behavioral Medicine*, Vol. 16, 1993, pp. 81 - 102.

[110] Goolsby, J. R. and S. D. Hunt, "Cognitive Moral Development
and Marketing", *Journal of Marketing*, Vol. 56, 1992, pp. 55 -
68.

[111] Greatorex, M. and V. W. Mitchell, *Developing the Perceived Risk
Concept: Emerging Issues in Marketing*, In Davies, M. et al.
(Eds), Proceedings of the Marketing Education Group Confer-
ence, Loughborough, 1993, pp. 405 - 415.

[112] Harding, T. S. , D. D. Carpenter, C. J. Finelli and H.
J. Passow, "Does Academic Dishonesty Relate to Unethical Be-
havior in Professional Practice? An Exploratory Study", *Science
and Engineering Ethics*, No. 10, 2004, pp. 311 - 324.

[113] Hau, R. B. , T. J. Pleskac and R. Hertwig, "Decisions from Ex-
perience and Statistical Probabilities: Why They Trigger Different
Choices Than A Priori Probabilities", *Journal of Behavioral Deci-
sion Making*, Vol. 23, No. 1, 2010, PP. 48 - 68.

[114] Hirunyawipada, T. and A. K. Paswan, "Consumer Innovative-
ness and Perceived Risk: Implications for High Technology Prod-
uct Adoption", *Journal of Consumer Marketing*, Vol. 23,
No. 4, 2006, pp. 182 - 198.

[115] Ho, F. N. , S. J. Vitell, J. H. Barnes and R. Desborde, "Ethi-

cal Correlates of Role Conflict and Ambiguity in Marketing: The Mediating Role of Cognitive Model Development", *Journal of the Academy of Marketing Science*, Vol. 25, No. 2, 1997, pp. 117 – 126.

[116] Hoeffler, S. and D. Ariely, "Constructing Stable Preferences: A Look into Dimensions of Experiences and Their Impact on Preference Stability", *Journal of Consumer Psychology*, Vol. 8, No. 2, 1999, pp. 113 – 139.

[117] Hofstede, G., *Value Systems in 40 Countries: Interpretation, Validation, and Consequences for Theory*, in L. H. Eckensberger, W. J. Lonner and Y. H. Poortinga (eds.), Cross – Cultural Contributions to Psychology, Swets and Zeitlinger, Lisse, 1979, pp. 398 – 407.

[118] Hofstede, G., "The Cultural Relativity of Organizational Practices and Theories", *Journal of International Business Studies*, Fall, 1983, pp. 80 – 95.

[119] Hogarth, R. M. and E. Soyer, "Sequentially Simulated Outcomes: Kind Experience Versus Nontransparent Ddescription", *Journal of Experimental Psychology*, Vol. 140, 2011, pp. 434 – 463.

[120] Hsu, L. L. and Z. Walter, "Search Engine or Content Website? A Local Information Seeking Classification Model Based on Consumer Characteristics and Website Perceptions", *International Journal of Human – Computer Interaction*, Vol. 31, No. 4, 2015, pp. 263 – 276.

[121] Hu, Y. J., "Exploring the Relationship between Customer Involvement, Brand Equity, Perceived Risk and Customer Loyalty: The Case of Electrical Consumer Products", *The International Journal of Organizational Innovation*, Vol. 4, No. 1, 2011,

pp. 111 – 127.

[122] Huang, C. C., L. C. Lu, C. S. You, S. W. Yen, "The Impacts of Ethical Ideology, Materialism and Selected Demographics on Consumer Ethics: An Empirical Study in China", *Ethics and Behavior*, Vol. 22, No. 4, 2012, pp. 315 – 331.

[123] Hunt, S. D. and S. J. Vitell, *The General Theory of Marketing Ethics: A Retrospective and Recision*, In Ethics in Marketing, edited by N. C. Smith and J. A. Quelch, pp. 775 – 784. Homewood, IL: Irwin, 1993.

[124] Hunt, S. D. and S. J. Vitell, "A General Theory of Marketing Ethics", *Journal of Macromarketing*, Vol. 6, No. 1, 1986, pp. 5 – 16.

[125] Iacobucci, D. :《中介作用分析》, 李骏译, 上海人民出版社 2012 年版。

[126] Jaccard, J. and R. Turrisi:《多元回归中的交互作用》, 上海人民出版社 2012 年版。

[127] Jacoby, J. and L. B. Kaplan, *The Components of Perceived Risk*, Proceedings of the 3rd Annual Conference, Association for Consumer Research, 1972, pp. 382 – 393.

[128] Jones, T. M. and F. H. Gautschi Ⅲ, "Will the Ethics of Business Change? A Survey of Future Executives", *Journal of Business Ethics*, Vol. 7, No. 4, 1988, pp. 231 – 248.

[129] Jones, T. M., "Ethical Decision Making by Individuals in Organizations: An Issue – Contingent Model", *Academy of Management Review*, No. 2, 1991, pp. 366 – 395.

[130] Joy, A., "Gift giving in Hong Kong and the Continuum of Social Ties", *Journal of Consumer Research*, Vol. 28, No. Sept, 2001, pp. 239 – 256.

[131] Jungermann, H., H. Schutz and M. Thuring, "Mental Models

in Risk Assessment: Informing People about Drugs", *Risk Analysis*, No. 8, 1988, pp. 147 – 155.

[132] Kallis, M. J. , K. A. Krentier and D. J. Vanier, "The Value of User Image in Quelling Aberrant Consumer Behavior", *Journal of the Academy of Marketing Science*, Vol. 14, 1986, pp. 29 – 35.

[133] Kang, J. and S. H. Kim, "What Are Consumers Afraid of? Understanding Perceived Risk toward the Consumption of Environmentally Sustainable Apparel", *Family and Consumer Sciences Research Journal*, Vol. 41, No. 3, 2013, pp. 267 – 283.

[134] Kavak, B. , E. Gurel, C. Eryigit and O. O. Tektas, "Examining the Effects of Moral Development Level, Self – Concept and Self – Monitoring on Consumers' Ethical Attitudes", *Journal of Business Ethics*, Vol. 88, 2009, pp. 115 – 135.

[135] Kelley, S. W. , O. C. Ferrell and S. J. Skinner, "Ethical Behavior among Marketing Researchers: An Assessment of Selected Demographic Characteristics", *Journal of Business Ethics*, No. 9, 1990, pp. 681 – 688.

[136] Kenhove, V. P. , I. Vermeir and S. Verniers, "An Empirical Investigation of The Relationships between Ethical Beliefs, Ethical Ideology, Political Preference and Need for Closure", *Journal of Business Ethics*, Vol. 32, No. 4, 2001, pp. 347 – 351.

[137] Kenhove, V. P. , K. D. Wulf and S. Steeenhaut, "The Relationship between Consumers' Unethical Behavior and Customer Loyalty in a Retail Environment", *Journal of Business Ethics*, Vol. 44, 2003, pp. 261 – 278.

[138] Kidwell, J. M. , R. E. Stevens and A. L. Bethke, "Differences in the Ethical Perceptions Between Male and Female Managers: Myth or Reality", *Journal of Business Ethics*, Vol. 6, No. 6, 1987, pp. 489 – 493.

[139] Kini, R. B., A. Rominger and B. S. Vijayaraman, "An Empirical Study of Software Piracy and Moral Intensity among University Students", *The Journal of Computer Information Systems*, Vol. 40, No. 3, 2000, pp. 62 – 72.

[140] Kline, B. and J. Wagner, "Information Sources and Retail Buyer Decision – making: The Effect of Product – particular Buying Experiences", *Journal of Retailing*, Vol. 70, No. 1, 1994, pp. 75 – 88.

[141] Knight, F. H., *Risk, Uncertainty and Profit*, Houghton – Mifflin, Boston, MA, 1948.

[142] Kohlberg, L., *Moral Stages and Moralization*, in Lickona, T. (ed.), Moral Development and Behaviour, Holt, Rinehart and Winston, New York, NY, 1976.

[143] Kohlberg, L., *Stages and Sequences: The Cognitive Development Approach to Socilaization*, in "Handbook of Socialization Theory of Research", eds. Goslin, D. A., 1969, Rand McNally in Chicago IL, pp. 347 – 480.

[144] Koritzky, G. and E. Yechiam, "On the Robustness of Description and Experience based Decision Tasks to Social Desirability", *Journal of Behavioral Decision Making*, Vol. 23, No. 1, 2010 pp. 83 – 99.

[145] Kreuter, M. W. and V. J. Strecher, "Changing Inaccurate Perceptions of Health Risk: Results from A Randomized Trial", *Health Psychology*, Vol. 14, 1995, pp. 56 – 63.

[146] Kulik, B. W., M. J. O'Fallon and M. S. Salimath, "Do Competitive Environments Lead to the Rise and Spread of Unethical Behavior? Parallels from Enron", *Journal of Business Ethics*, Vol. 83, 2008, pp. 703 – 723.

[147] Kunze, O. and L. W. Mai, "Consumer Adoption of Online Music

Services: The Influence of Perceived Risks and Risk – Relief Strategies", *International Journal of Retail & Distribution Management*, Vol. 35, No. 11, 2007, pp. 862 – 877.

[148] Kwong, K. K., O. H. M. Yau, J. S. Y. Lee, L. Y. M. Sin and A. C. B. Tse, "The Effects of Attitudinal and Demographic Factors on Intention to Buy Pirated CDs: The Case of Chinese Consumers", *Journal of Business Ethics*, Vol. 47, 2003, pp. 223 – 235.

[149] Laczniak, G. and E. J. Inderrieden, "The Influence of Stated Organizational Concern upon Ethical Decision Making", *Journal of Business Ethics*, Vol. 6, No. 4, 1987, pp. 297 – 307.

[150] Langdon, P., T. Lewis and J. Clarkson, "The Effects of Prior Experiences on the Use of Consumer Products", *Universal Access in the Information Society*, No. 6, 2007, pp. 179 – 191.

[151] Laroche, M., J. Bergeron and C. Goutaland, "How Intangibility Affects Perceived Risk: The Moderating Role of Knowledge and Involvement", *Journal of Services Marketing*, Vol. 17, No. 2, 2003, pp. 122 – 140.

[152] Laroche, M., Z. Yang, G. H. G. McDougall and J. Bergeron, "Internet Versus Bricks – and – Mortar Retailers: An Investigation into Intangibility and Its Consequences", *Journal of Retailing*, Vol. 81, No. 4, 2005, pp. 251 – 267.

[153] Lee, K. and S. J. Tan, "E – retailing Versus Physical Retailing: A Theoretical Model and Empirical Test of Consumer Choice", *Journal of Business Research*, Vol. 56, No. 11, 2003, pp. 877 – 885.

[154] Liao, C. C., H. N. Lin and Y. P. Liu, "Predicting the Use of Pirated Software: A Contingency Model Integrating Perceived Risk with the Theory of Planned Behavior", *Journal of Business*

Ethics, Vol. 91, 2010, pp. 237 – 252.

[155] Lim, N., "Consumers' Perceived Risk: Sources Versus Conse-quences", *Electronic Commerce Research and Applications*, No. 2, 2003, pp. 216 – 228.

[156] Lin, W. B., "Investigation on the Model of Consumers' Per-ceived risk – integrated viewpoint", *Expert Systems with Applica-tions*, 2008, Vol. 34, pp. 977 – 988.

[157] Liu, Z. Q., F. Zeng and C. Su, "Does Relationship Quality Mat-ter in Consumer Ethical Decision Making? Evidence from China", *Journal of Business Ethics*, Vol. 88, 2009, pp. 483 – 496.

[158] Lofstedt, R. E. and O. Renn, "The Brent Spar Controversy: An Example of Risk Communication Gone Wrong", *Risk Analysis*, Vol. 17, 1997, pp. 131 – 136.

[159] Logsdon, J. M., J. K. Thompson and R. A. Reid, "Software Pi-racy: Is it Related to Level of Moral Judgement?", *Journal of Business Ethics*, Vol. 13, 1994, pp. 849 – 857.

[160] Lopez – Nicolas, C. and F. J. Molina – Castillo, "Customer Knowledge Management and E – commerce: The Role of Customer Perceived Risk", *International Journal of Information Manage-ment*, Vol. 28, 2008, pp. 102 – 113.

[161] Lowe, B., "Consumer Perceptions of Extra Free Product Promo-tions and Discounts: The Moderating Role of Perceived Perform-ance Risk", *Journal of Product & Brand Management*, Vol. 19, No. 7, 2010, pp. 496 – 503.

[162] Lund, D. B., "An Empirical Examination of Marketing Profes-sionals' Ethical Behavior in Differing Situations", *Journal of Business Ethics*, Vol. 24, No, 4, 2000, pp. 331 – 342.

[163] Mahler, H. I. M., B. Fitzpatrick, P. Parker and A. Lapin, "The Relative Effects of a Health – Based versus an Appearance –

Based Intervention Designed to Increase Sunscreen Use", *American Journal of Health Promotion*, Vol. 11, 1997, pp. 426 – 429.

[164] Mai, L. W. ,"Effective Risk Relievers for Dimensional Perceived Risks on Mail – Order Purchase: A Case Study on Specialty Foods in the UK", *Journal of Food Products Marketing*, Vol. 7, No. 1/2, 2001, pp. 35 – 51.

[165] Miniard, P. W. , S. Bhatla, K. R. Lord, P. R. Dickson and H. R. Unnava, "Picture – based Persuasion Processes and the Moderating Role of Involvement", *Journal of Consumer Research*, Vol. 18, 1991, pp. 92 – 107.

[166] Mitchell, A. A. and P. A. Dacin, "The Assessment of Alternative Measures of Consumer Expertise", *Journal of Consumer Research*, Vol. 23, 1996, pp. 219 – 239.

[167] Mitchell, V. W. and P. Boustani, "Market Development Using New Products and New Customers: A Role for Perceived Risk", *European Journal of Marketing*, Vol. 27, No. 2, 1993, pp. 18 – 33.

[168] Mitchell, V. W. , "Consumer Perceived Risk: Conceptualisations and Models", *European Journal of Marketing*, Vol. 33, No. 1/2, 1999, pp. 163 – 195.

[169] Mitchell, V. W. , "Understanding Consumers' Behaviour: Can Perceived Risk Theory Help?", *Management Decision*, Vol. 30, No. 3, 1992, pp. 26 – 31.

[170] Morris, M. H. , D. L. Davis and J. W. Allen, "Fostering Corporate Enterpreneurship: Cross – Cultural Comparisons of the Importance of Individualism Versus Collectivism", *Journal of International Business Studies*, 1st Quarter, 1994, pp. 65 – 89.

[171] Mudrack, P. E. and E. S. Mason, "Ethical Judgment: What Do We Know, Where Do We Go?", *Journal of Business Ethics*, Vol. 115, No. 3, 2013, pp. 575 – 597.

[172] Muncy, J. A. and J. K. Eastman, "Materialism and Consumer Ethics: An Exploratory Study", *Journal of Business Ethics*, Vol. 17, No. 2, 1998, pp. 137 – 145.

[173] Muncy, J. A. and S. J. Vitell, "Consumer Ethics: An Investigation of the Ethical Beliefs of the Final Consumer", *Journal of Business Research*, Vol. 24, No. 4, 1992, pp. 297 – 311.

[174] Murphy, P. E. and B. M. Enis, "Classifying Products Strategically", *Journal of Marketing*, Vol. 50, 1986, pp. 24 – 42.

[175] Murray, K. B. and J. L. Schlater, "The Impact of Services Versus Goods on Consumers' Assessment of Perceived Risk", *Journal of the Academy of Marketing Science*, Vol. 18, No. 1, 1990, pp. 51 – 65.

[176] Nga, J. K. H. and E. W. S. Lum, "An Investigation into Unethical Behavior Intentions among Undergraduate Students: A Malaysian Study", *Journal of Academic Ethics*, Vol. 11, 2013, pp. 45 – 71.

[177] Nisbett, R. and L. Ross, *Human Inference: Strategies and Shortcomings of Social Judgment*, New York: Prentice Hall, 1980.

[178] Nonis, S. and C. O. Swift, "An Examination of the Relationship between Academic Dishonesty and Workplace Dishonesty: A Multicampus Investigation", *The Journal of Education for Business*, Vol. 77, No. 2, 2001, pp. 69 – 77.

[179] Norman, P. and L. Smith, "The Theory of Planned Behavior and Exercise: An Investigation into the Role of Prior Behaviour, Behavioural Intentions and Attitude Variability", *European Journal of Social Psychology*, Vol. 12, 1995, pp. 403 – 415.

[180] Oliver, P., "Rewards and Punishments as Selective Incentives an Apex Game", *The Journal of Conflict Resolution*, Vol. 28, No. 1, 1984, pp. 123 – 148.

[181] Ouellette, J. A. and W. Wood, "Habit and Intention in Everyday Life: The Multiple Processes by Which Past Behavior Predicts Future Behavior", *Psychological Bulletin*, Vol. 124, 1998, pp. 54 – 74.

[182] Park, C. W., D. L. Mothersbaugh and L. Feick, "Consumer Knowledge Assessment", *Journal of Consumer Research*, Vol. 21, 1994, pp. 71 – 82.

[183] Park, J. K. and S. J. Yang, "The Moderating Role of Consumer Trust and Experiences: Value Driven Usage of Mobile Technology", *International Journal of Mobile Marketing*, No. 2, 2006, pp. 24 – 32.

[184] Pavlou, P. A., "Consumer Acceptance of Electronic Commerce: Integrating Trust and Risk with the Technology Acceptance Model", *International Journal of Electronic Commerce*, Vol. 7, No. 3, 2003, pp. 101 – 134.

[185] Penz, E. and B. Stöttinger, "Forget the Real Thing – Take the Copy! An Explanatory Model for the Volitional Purchase of Counterfeit Products", *Advances in Consumer Research*, Vol. 32, 2005, pp. 568 – 575.

[186] Polonsky, M. J., P. Q. Brito, J. Pinto and N. Higgs – Kleyn, "Consumer Ethics in the European Union: A comparison of Northern and Southern Views", *Journal of Business Ethics*, Vol. 31, No. 2, 2001, pp. 117 – 130.

[187] Raju, P. S., S. C. Lonial and W. G. Mangold, "Differential Effects of Subjective Knowledge, Objective Knowledge and Usage Experiences on Decision Making: An Exploratory Investigation", *Journal of Consumer Psychology*, Vol. 4, No. 2, 1995, pp. 153 – 180.

[188] Rallapalli, K. C., S. J. Vitell, F. A. Wiebe and J. H. Barnes,

"Consumer Ethical Beliefs and Personality Traits: An Exploratory Analysis", *Journal of Business Ethics*, Vol. 13, No. 7, 1994, pp. 487 – 495.

[189] Rawwas, M. Y. A. and H. Isakson, "Ethics of Tomorrow's Business Managers: The Influence of Personal Beliefs and Values, Individual Characteristics and Situational factors", *Journal of Education for Business*, Vol. 75, No. 6, 2000, pp. 321 – 330.

[190] Rawwas, M. Y. A., G. L. Patzer and M. L. Klassen, "Consumer Ethics in Cross – Cultural Settings: Entrepreneurial Implications", *European Journal of Marketing*, Vol. 29, No. 7, 1995, pp. 62 – 78.

[191] Rawwas, M. Y. A., G. L. Patzer and S. J. Vitell, "A Cross – Cultural Investigation of the Ethical Values of Consumers: The Potential Effect of War and Civil Disruption", *Journal of Business Ethics*, Vol. 17, No. 4, 1998, pp. 435 – 448.

[192] Rawwas, M. Y. A., S. J. Vitell and J. A. Al – Khatib, "Consumer Ethics: The Possible Effects of Terrorism and Civil Unrest on the Ethical Values of Consumers", *Journal of Business Ethics*, Vol. 13, No. 3, 1994, pp. 223 – 231.

[193] Rawwas, M. Y. A., Z. Swaidan and M. Oyman, "Consumer Ethics: A Cross – Cultural Study of the Ethical Beliefs of Turkish and American Consumers", *Journal of Business Ethics*, Vol. 57, 2005, pp. 183 – 195.

[194] Rawwas, M. Y. A., "Consumer Ethics: An Empirical Investigation of the Ethical Beliefs of Austrian Consumers", *Journal of Business Ethics*, Vol. 15, No. 9, 1996, pp. 1009 – 1019.

[195] Rawwas, M. Y. A., "Culture, Personality and Morality: A Typology of International Consumers' Ethical Beliefs", *International Marketing Review*, Vol. 18, No. 2, 2001, pp. 188 – 205.

[196] Redmond, W. H., "On Institutional Rationality", *Journal of Economic Issues*, Vol. 38, 2004, pp. 173 – 188.

[197] Reidenbach, R. E. and D. P. Robin, "Toward the Development of a Multidimensional Scale for Improving Evaluations of Business Ethics", *Journal of Business Ethics*, Vol. 9, 1990, pp. 639 – 653.

[198] Rest, J. R., *Development in Judging Moral Issues*, Minneapolic: University of Minnesota Press.

[199] Rest, J. R., *Moral Development: Advances in Research and Theory*, New York: Praeger, 1986.

[200] Riquelme, I. R. and S. Román, "The Relationships among Consumers' Ethical Ideology, Risk Aversion and Ethically – Based Distrust of Online Retailers and the Moderating Role of Consumers' Need for Personal Interaction", *Ethics Information Technology*, No. 16, 2014, pp. 135 – 155.

[201] Robin, D. P., R. E. Reidenbach and B. J. Babin, "The Nature Measurement and Stability of Ethical Judgments in the Workplace", *Psychological Reports*, Vol. 80, 1997, pp. 563 – 580.

[202] Rodgers, W., S. Negash and K. Suk, "The Moderating Effect of On – line Experiences on the Antecedents and Consequences of On – line Satisfaction", *Psychology and Marketing*, Vol. 22, No. 4, 2005, pp. 313 – 331.

[203] Roselius, T., "Consumer Rankings of Risk Reduction Methods", *Journal of Marketing*, Vol. 35, No. 1, 1971, pp. 56 – 61.

[204] Ruegger, D. and E. W. King, "A Study of the Effect of Age and Gender upon Student Business Ethics", *Journal of Business Ethics*, Vol. 11, No. 3, 1992, pp. 179 – 186.

[205] Samadi, M. and A. Yaghoob – Nejadi, "A Survey of the Effect of Consumers' Perceived Risk on Purchase Intention in E – Shop-

ping", *Business Intelligence Journal*, Vol. 2, No. 2, 2009, pp. 261 – 275.

[206] Sarwono, S. S. and R. W. Armstrong, "Microcultural Differences and Perceived Ethical Problems: An International Business Perspective", *Journal of Business Ethics*, Vol. 30, No. 1, 2001, pp. 41 – 56.

[207] Serwinek, P. J., "Demographic and Related Differences in Ethical Views among Small Businesses", *Journal of Business Ethics*, Vol. 11, No. 7, 1992, pp. 555 – 566.

[208] Shaw, D., E. Grehan, E. Shiu, L. Hassan and J. Thomson, "An Exploration of Values in Ethical Consumer Decision Making", *Journal of Consumer Behaviour*, Vol. 4, No. 3, 2005, pp. 185 – 200.

[209] Shim, S. I. and Y. Lee, "Consumer's Perceived Risk Reduction by 3D Virtual Model", *International Journal of Retail & Distribution Management*, Vol. 39, No. 12, 2011, pp. 945 – 959.

[210] Sims, R. L., "The Relationship between Academic Dishonesty and Unethical Business Practices", *The Journal of Education for Business*, Vol. 68, 1993, pp. 207 – 211.

[211] Singhapakdi A., M. Y. A. Rawwas, J. K. Marta and M. I. Ahmed, "A Cross – Cultural Study of Consumer Perceptions about Marketing Ethics", *The Journal of Consumer Marketing*, Vol. 16, No. 3, 1999, pp. 257 – 274.

[212] Sitkin, S. B. and A. L. Pablo, "Reconceptualizing the Determinants of Risk Behavior", *Academy of Management Review*, Vol. 17, No. 1, 1992, pp. 9 – 38.

[213] Slovic, P., "Perception of Risk", *Science*, Vol. 236, 1987, pp. 280 – 285.

[214] Sparks, J. R. and Y. Pan, "Ethical Judgments in Business Ethics

Research: Definition and Research Agenda", *Journal of Business Ethics*, Vol. 91, 2010, pp. 405 – 418.

[215] Starr, C., "Social Benefit Versus Technological Risk", *Science*, Vol. 165, 1969, pp. 1232 – 1238.

[216] Steenhaut, S. and P. V. Kenhove, "An Empirical Investigation of the Relationship among a Consumer's Personal Values, Ethical Ideology and Ethical Beliefs", *Journal of Business Ethics*, Vol. 64, 2006, pp. 137 – 155.

[217] Stewart, K. J., *Transference as a Means of Building Trust in World Wide Web Sites*, In the Proceedings of the 20th International Conference on Information Systems, 1999, pp. 459 – 464.

[218] Stone, R. N. and F. W. Winter, *Risk: Is it still uncertainty times consequences?*, in Belk, R. W. et al. (eds.), Proceedings of the American Marketing Association, Winter Educators Conference, Chicago, 1987, IL, pp. 261 – 265.

[219] Sutton, S., *The Past Predicts the Future: Interpreting Behaviour – Behaviour Relationship Social Psychological Models of Health Behaviours*, In D. R. Rutter and L. Quine (eds.), Social Psychology and Health: European Perspectives, 1994, pp. 71 – 88. Aldershot: Avebury.

[220] Swaidan, Z., S. J. Vitell and M. Y. A. Rawwas, "Consumer Ethics: Determinants of Ethical Beliefs of African Americans", *Journal of Business Ethics*, Vol. 46, No. 2, 2003, pp. 175 – 188.

[221] Tan, B., "Understanding Consumer Ethical Decision Making with Respect to Purchase of Pirated Software", *Journal of Consumer Marketing*, Vol. 19, 2002, pp. 96 – 111.

[222] Teichmann, K., "Expertise, Experiences and Self – confidence in Consumers' Travel Information Search", *International Journal of Culture, Tourism and Hospitality Research*, Vol. 5, No. 2,

2011, pp. 184 – 194.

[223] Thong, J. Y. L. and C. S. Yap, "Testing an Ethical Decision – Making Theory: The Case Of Softlifting", *Journal of Management Information Systems*, Vol. 15, No. 1, 1998, pp. 213 – 237.

[224] Tom, G., B. Garibaldi, Y. Zeng and J. Pilcher, "Consumer Demand for Counterfeit Goods", *Psychology and Marketing*, Vol. 15, No. 5, 1998, pp. 405 – 421.

[225] Trevino, L. K., "Ethical Decision Making in Organizations: A Person – Situation Interactionist Model", *Academy of Management Review*, Vol. 11, No. 3, 1986, pp. 601 – 617.

[226] Tsiakis, T., "Consumers' Issues and Concerns of Perceived Risk of Information Security in Online Framework: The Marketing Strategies", *Procedia – Social and Behavioral Sciences*, Vol. 62, 2012, pp. 1265 – 1270.

[227] Tyler, T. R., "Leadership and Cooperation in Groups", *The American Behavioral Scientist*, Vol. 45, No. 5, 2000, pp. 769 – 783.

[228] Ueltschy, L. C., R. F. Krampf and P. Yannopoulos, "A Cross – National Study of Perceived Consumer Risk Towards Online (Internet) Purchasing", *Multinational Business Review*, Vol. 12, No. 2, 2004, pp. 59 – 82.

[229] Veloutsou, C. and X. Bian, "A cross – national Examination of Consumer Perceived Risk in the Context of Non – deceptive Counterfeit Brands", *Journal of Consumer Behavior*, No. 7, 2008, pp. 3 – 20.

[230] Verma, J., "The Ingroup and its Relevance to Individual Behavior: A Study of Collectivism and Individualism", *Psychologia*, Vol. 28, 1985, PP. 173 – 181.

[231] Vitell, S. J. and J. A. Muncy, "Consumer Ethics: An Empirical Investigation of Factors Influencing Ethical Judgments of the final consumer", *Journal of Business Ethics*, Vol. 11, No. 8, 1992, pp. 585 – 597.

[232] Vitell, S. J. , A. Singhapakdi and J. Thomas, "Consumer Ethics: An Application and Empirical Testing of The Hunt – Vitell Theory of Ethics", *The Journal of Consumer Marketing*, Vol. 18, No. 2, 2001, pp. 153 – 178.

[233] Vitell, S. J. , J. R. Lumpkin and M. Y. A. Rawwas, "Consumer Ethics: An Investigation of the Ethical Beliefs of the Ethical Beliefs of Elderly Consumers", *Journal of Business Ethics*, Vol. 10, No. 5, 1991, pp. 365 – 375.

[234] Vitell, S. J. , "Consumer Ethics Research: Review, Synthesis and Suggestions for the Future", *Journal of Business Ethics*, Vol. 43, No. 1/2, 2003, pp. 33 – 47.

[235] Wallace, R. P. D. , "How the Internet Has (not) Changed the Influence of Prior Product Experience on the Consumption and E-valuation of Experience Goods", *Journal of Customer Behaviour*, Vol. 12, No. 2 – 3, 2013, pp. 193 – 210.

[236] Walls, A. R. , F. Okumus, Y. Wang and D. J. W. Kwun, "An Epistemological View of Consumer Experiences", *International Journal of Hospitality Management*, Vol. 30, 2011, pp. 10 – 21.

[237] Wandel, M. , "Understanding Consumer Concern about Food – Related Health Risks", *British Food Journal*, Vol. 96, 1994, pp. 35 – 40.

[238] Weinstein, N. D. , P. D. Grubb and J. S. Vautier, "Increasing Automobile Seat Belt Use: An Intervention Emphasizing Risk Susceptibility", *Journal of Applied Social Psychology*, Vol. 71, 1986, pp. 285 – 290.

[239] Westland, J. C., "Transaction Risk in Electronic Commerce", *Decision Support Systems*, Vol. 33, No. 1, 2002, pp. 87 – 103.

[240] Whipple, T. W. and D. F. Swords, "Business Ethics Judgments: A Cross – cultural Comparison", *Journal of Business Ethics*, Vol. 11, No. 9, 1992, pp. 671 – 678.

[241] Wood, C. M. and L. K Scheer, "Incorporating Perceived Risk into Models of Consumer Deal Assessment and Purchase Intent", *Advances in Consumer Research*, Vol. 23, 1996, pp. 399 – 406.

[242] Wood, W., "Attitude Change: Persuasion and Social Influence", *Annual Review of Psychology*, Vol. 51, 2000, pp. 539 – 570.

[243] Yan, R., J. Yurchisin and K. Watchravesringkan, "Use of care labels: linking need for cognition with consumer confidence and perceived risk", *Journal of Fashion Marketing and Management*, Vol. 12, No. 4, 2008, pp. 532 – 544.

[244] Yee, C. J., N. C. San and C. H. Khoon, "Consumers' Perceived Quality, Perceived Value and Perceived Risk Towards Purchase Decision on Automobile", *American Journal of Economics and Business Administration*, Vol. 3, No. 1, 2011, pp. 47 – 57.

[245] Yeung, R. M. W. and J. Morris, "An Empirical Study of the Impact of Consumer Perceived Risk on Purchase Likelihood: A Modeling Approach", *International Journal of Consumer Studies*, Vol. 30, No. 3, 2006, pp. 294 – 305.

[246] Yeung, R. M. W. and W. M. S. Yee, "Risk Reduction: An Insight from the UK Poultry Industry", *Nutrition & Food Science*, Vol. 33, 2003, pp. 219 – 229.

[247] Yeung, R. M. W., W. Yee and J. Morris, "The Effects of Risk – Reducing Strategies on Consumer Perceived Risk and on Purchase

Likelihood: A Modeling Approach", *British Food Journal*, Vol. 112, No. 3, 2010, pp. 306 – 322.

[248] Yoo, B. and S. H. Lee, "Buy Genuine Luxury Fashion Products or Counterfeits?" *Advances in Consumer Research*, Vol. 36, 2009, pp. 280 – 286.

[249] Zeithaml, V. A. and M. J. Bitber, *Services Marketing: Integrating Customer Focus across the Firms*, second ed., New York: McGraw – Hill, 2000.

[250] Zhao, A. L., S. Hanmer – Lloyd, P. Ward and M. M. H. Goode, "Perceived Risk and Chinese Consumers' Internet Banking Services Adoption", *International Journal of Bank Marketing*, Vol. 26, No. 7, 2008, pp. 505 – 525.

[251] Zhao, B. C. and Z. L. Tian, "Relationship between Consumer Ethics and Social Rewards – Punishments in Mainland China", *International Journal of Business Innovation and Research*, No. 3, 2009, pp. 52 – 69.

[252] Zhao, H. and Y. Li, "Research on the Influence of Perceived Risk in Consumer Online Purchasing Decision", *Physics Procedia*, Vol. 24, 2012, pp. 1304 – 1310.

后　记

本书受国家自然科学基金项目"经验在非伦理消费行为决策中的作用机制研究：中国环境下的实证"（71472189）资助而完成。

在消费伦理实证研究领域，西方已经领先我国多年。从时间节点看，西方学者自20世纪90年代初就开始将研究视野从单一聚焦于企业伦理逐渐向消费伦理领域扩展。此后的20年间，西方消费伦理研究发展速度很快。尤其是一些专属测量工具成功开发和其他领域的测量工具被成功引入消费伦理领域后，这一领域的实证研究成果出现了爆炸式增长。而在此期间，中国本土的研究却仍停滞不前。

在中国市场，伴随改革开放的逐渐深入，消费领域的伦理问题也逐渐显现并日益严重。20世纪末，本土学者开始关注并研究这一问题，但这些研究基本都是立足本土文化特点的辨析式研究。这种粗放式的研究方法虽然关注到了中国本土文化和市场环境的特点，但揭示理论问题的深度非常不够。21世纪后有一些学者开始引进西方较为成熟的测量工具用于本土的定量研究，并使本土研究向世界前沿更靠近一步。不过，这些尝试性的研究具有明显的跟随性和复制性特点，对西方理论体系和基础性研究工具的依附特点非常突出，而彰显本土特点的原创性研究成果依然匮乏。

笔者自2005年开始关注这一主题，随着研究的逐步深入，越来越意识到开展基于中国国情的原创性研究非常紧迫。从国际学术交流的角度看，伴随中国全球影响力的进一步提升，特别是在2008年金融危机大背景下，中国市场和中国消费者已经成为全球关注的焦点，无论是实业界还是理论界，都对中国市场充满兴趣。基于中国市场特点开展本土化研究有利于引导来自世界各地的理论研究者和企业实践者正确地认识中国市场和中国消费者，因此，大力开展中国市场的本土研究具有重要的理论价值和实践意义。

但是，传统的辨析式定性研究很难得到国际同行的认可，将国外主流的研究范式同中国市场特点结合起来开展研究是促进本土研究成果走向世界的理想选择。不过，仅仅针对中国市场特有现象开展研究还远远不够，因为这种研究所获结论在其他文化或市场环境下难以再现，其理论贡献较为有限。因此，扎根于中国市场土壤并瞄准消费伦理决策领域中的核心理论问题开展系统性研究成为必然选择。本书就是基于这种思路进行尝试的产物。

关注"直接经验在非伦理消费行为决策中的作用机制"这个命题，动因源自现实生活中的矛盾和冲突。众所周知，曾有一段时间，与中国式过马路相关的新闻报道充斥于各大媒体，并引起了广泛的关注和讨论，这个问题之所以难以治理，其根本原因在于行为者长期形成的行为惯性使然，即所谓"积习难改"。其实，在消费领域，现实发生的很多非伦理消费行为同样表现出了这样的特征，很多当事人根本就没有意识到行为的不当，违背伦理道德标准的消费行为在不知不觉中发生，显得那么顺理成章和理所当然。然而，这种现象背后隐藏的行为机制还没有得到很好的揭示，所以治理起来难度也很大。

尽管从表面上看，"积习难改"聚焦的是行为习惯，但从决策过程来看，影响行为决策的介质变量却是经验。其本质即是，基于自身经验的积累，决策者在后续决策中更容易重复过去的行为模式。那么，直接经验究竟是怎样促进非伦理消费行为的重复选择呢？从学术角度看，直接经验在非伦理消费行为决策中的作用机制是怎样的？这是一个非常有价值但又没有得到深入研究的理论课题。

本书从直接经验作用效应和心理路径等方面为回答上述问题做

出了探索，并有了一些新的发现。例如，直接经验在非伦理消费行为决策中的突出影响力；伦理情景在非伦理消费行为决策中的作用效应；直接经验对伦理判断和感知风险等决策中间变量的影响以及对伦理判断和感知风险影响行为意愿的调节；感知风险在直接经验影响非伦理消费行为意愿中的角色；感知风险和伦理判断在传递直接经验作用效应中的差异，等等。与这些内容相关的研究结论都具有重要的理论创新性，也有较强的实践指导意义。

尽管本书还有种种不足和欠缺，但笔者心头的喜悦依然无法掩饰。从数据收集到完成书稿历时多年，过程的艰辛只有自己才能真真切切地感受到。

在此，我还要由衷地感谢我的导师田志龙教授，是他将我引入这个绚丽多姿的学术殿堂；更要感谢国家自然科学基金委的资助。

此外，还要感谢我的同事、同学、朋友以及为本书提供大量文献成果的同行。

由于笔者学术水平和写作水平有限，本书中出现不妥甚至错误之处在所难免，恳请同行专家和读者朋友批评指正。

赵宝春

2016 年 10 月